ちくま新書

産業革命史

——イノベーションに

郭四志
Guo Sizhi

1609

産業革命史——イノベーションに見る国際秩序の変遷【目次】

第4章　第三次産業革命――ヘゲモニー国の変遷（二〇世紀後半～二〇世紀末）　153

はじめに

二〇二〇年代に入り、国際政治・経済のパワーバランスは大きく変わろうとしている。一八世紀後半から一九世紀末まではイギリスが世界の政治経済を支配したいわゆるパックス・ブリタニカの時代であり、その後、二〇世紀にはイギリスに代わり、アメリカがパックス・アメリカーナの下で世界の政治経済を支配してきた。他方、二〇世紀中葉から西ドイツおよび日本の復興・高度成長に伴い、アメリカの世界経済におけるパワーが低下し、動揺した。一九九〇年代以後はアジアＮＩＥｓ（新興工業経済地域）や中国をはじめとする新興国が台頭し、グローバリゼーションが加速する中、輸出貿易やＧＤＰ（国内総生産）の世界シェアを大いに伸ばしているが、世界の政治経済の舞台では依然として、アメリカが大きな影響力を持ち続けている。

しかしながら二一世紀に入り、とりわけ二〇〇七～二〇〇八年の世界金融危機を経て、世界政治経済の構造およびパワーバランスは大きく変わろうとしている。世界政治経済の構造はこれまでのアメリカなど先進国を中心とする一極構造から、米日欧先進国・中国などの新興国が併存する多極構造へと変わり、これにより既存の世界政治経済構造や国際政治経済秩序は大きく揺らぎ、変容しつつある。

こうしたなか、米中両大国の世界政治経済構造・秩序の主導権をめぐる摩擦・対立がエスカレートし、加えて諸外国の政治経済を取り巻く環境はポピュリズム・保護貿易主義の高揚でますます厳しくなっている。今後、二〇二〇年代以降の世界政治構造・国際政治経済の秩序がいかに形成されるのか、そのゆくえが注目されている。

一八世紀中葉から二〇二〇年までの世界政治経済のパワーバランスの変化のプロセス、主な背景と要因がどのようなものであったか。そして今後、国際政治経済の構造・秩序の変化、形成のゆくえがどうなっていくのか。本書ではそうした国際政治経済の動きを産業革命史の視点から捉え、それを動かしてきたイノベーションを観察し、明らかにする。そこで、次のような視角をもって上述の課題に焦点を当てる。

第一の視角——産業革命はどのように形成されてきたか。第一次産業革命から現在進行中の第四次産業革命までの関連性・共通性、特徴はどのようなものであったか、そして主要国の産業革命のパターン・軌跡はいかなるものであるかを考察する。

第二の視角——産業革命の本質・含意およびその構造・技術構成はどのようなものである

か。産業革命のゆくえ、諸外国の産業・経済発展への影響について分析する。
第三の視角――産業革命・イノベーションはいかにして、世界の政治経済秩序・システムの変容に影響を与えてきたかを観察する。

このように、産業革命の変遷から見た産業革命と経済体系（モノづくり資本主義、金融資本主義など）、および社会経済発展・分業との関係、国際政治経済の構造転換、国際政治経済秩序の変容に焦点を当てて分析する。

上述の分析視角と問題意識を踏まえて、以下のように本書の構成を試みた。
まず第1章「イノベーションと産業革命」ではイノベーションと産業革命の概念・関係を分析した上で第一次産業革命から第四次産業革命までの展開・軌跡を概観し、その共通性・相違性・特徴や産業革命の構造・技術構成を明らかにしようとする。

第2章「第一次産業革命――イギリス発の工業化（一七六〇年代〜一八三〇年代）」ではイギリス発の第一次産業革命の形成とその背景・条件について分析する。

第3章「第二次産業革命――イギリスからアメリカへのパワーシフト（一八六〇年代〜二〇世紀前半）」、第4章「第三次産業革命――ヘゲモニー国の変遷（二〇世紀後半〜二〇世紀末）」では産業革命による国際政治経済構造のパワーバランスの変容について考察する。

第3章ではイギリスのヘゲモニーとその後退、アメリカのヘゲモニー確立について考察し、主要国の産業革命・工業化のパターンを検討し、経済発展をもたらした変化を考察する。近代中国になぜ産業革命が起きなかったかということにも触れる。

第4章では技術大国であるドイツ・日本の存在感の高まりと中国・新興国の台頭について見ていく。中国には技術の格差、ソフトパワーの欠如（制度上の競争劣位）、包容性・多様性の欠如など克服すべき課題が残っているため、ヘゲモニー国家になる可能性は低いと考えられる。最後には旧ソ連崩壊の主因である技術革新の停滞について触れる。

第5章「第四次産業革命――グローバル化と競争の激化（二〇一〇年代〜）」では中国・アメリカを中心とした産業をめぐる国際的な摩擦について触れる。技術貿易・技術移転がさらに難しくなり、新冷戦体制に入りつつある中、中国のような社会主義国家は、冷戦時代にアメリカをはじめとする西側陣営が旧ソ連に対して技術封鎖した時と同様に、チップなどのハイテク技術を入手しにくくなり、競争で優位に立てていない。

終章「国際政治経済秩序のゆくえ――産業革命史の視点から」では、今後の展望について述べる。中国は5Gなどのハイテク分野においてプレゼンスを増している。そのGDP規模は世界シェアの一七％以上に達し、アメリカの三分の二に迫り、第4章で述べるように、中国をはじめとする新興・途上国の台頭に伴い、世界政治経済はアメリカを中心とした一極構造から多極構造へと変容している。

国際システムの多極化については人民元国際化、デジタル人民元、ＡＩＩＢ銀行（アジアインフラ投資銀行）・ＢＲＩＣＳ銀行（新開発銀行）の創設、金融・通貨システムの変化、ＩＭＦ（国際通貨基金）・ＳＤＲ（特別引出権）の割り当て率の変化、中国・新興国のＷＴＯ（世界貿易機関）における存在感の強まり、Ｇ７からＧ20への変化、世界環境会議・パリ協約などさまざまな動きがあり、こうしたなかポピュリズム・保護貿易主義が高揚している。さらにアメリカは貿易摩擦、技術摩擦に加え、二〇二〇年一月に始まる新型コロナウイルス感染症の流行や、香港国家安全法による中国政府の圧力などを受けて習近平政権への不信感を増幅させ、対中包囲圏の構築を進めている。それに対する中国の対抗などもあり、世界政治経済システムは大きく揺らぎつつある。

第１章
イノベーションと産業革命

イノベーションの重要性を説いたシュンペーター

1　産業革命の各段階

†イノベーションとパラダイム転換

イノベーションとは一般には物事の「新結合」や「新機軸」、「新しい創出」として捉えられる。それは新しい技術の発明・誕生のみならず、新しいアイデアから意義のある新たな価値を作り出し、社会的に生産方式・ライフスタイルなどの大きな変化をもたらす人・組織・社会の幅広い変革を意味する。

このイノベーションの定義についてはさまざまに論じられてきた。ヨーゼフ・シュンペーターによると、イノベーションとは新たなものを創出するものである。つまりそれは資源などの生産要素の新しい転換・結合であり、新しい商品の投入、生産方式・方法の導入や経営理念の革命的転換、新しい市場の開拓、新たな組織構造の誕生などを指す。イノベーションの担い手、特に実行・推進の主役は企業家・経営者であり、これは社会階層・組織の移動や社会生産様式・生活様式変化の重要なきっかけとなる。必要な資金を所有する前に人が企業家になれるのは資本主義・市場経済においてのみであり、このような機会・メカニズムがあるからこそイノベーションの土台が構築され、その産出が促進される。イノベーションにチャレンジする個人・企業・組織が次々と登場し、役割を果たすことが企業・産業の発展や社会経済の繁栄につながり、持続的な経済発展のためには絶えず、新たなイノベーションによる創造的破壊が行われることが重要である。

他方、ピーター・ドラッカーは経営思想の視点からイノベーションを論じている。ドラッカーによればイノベーションとは企業家に特有の道具・手段で、これは資源に富を創造する能力を与え、さらにはイノベーション自体が資源を創造する。既存の資源から得られる富の創出能力を増大させるのも、すべてイノベーションである。ドラッカーは「多様な知識や技術を有する人たちをともに働かせるための知識としてのマネジメントも二〇世紀の最大のイノベーションであった」と強調している。

彼らはともに企業・企業家がイノベーションを起こす主役であり、イノベーションは社会経済発展の鍵になると位置づけている。そして、そうした画期的なイノベーション、つまり技術の量的蓄積から技術の質的変化への激変こそが産業革命である(1)。

この変革において指摘すべきは、トーマス・クーンのパラダイムという概念である。アメリカの科学史家であるクーンは『科学革命構造』(一九六二年)でこの概念を導入し、パラダイムの変革によって世界自体も変革されると主張している。パラダイムとはもともと「範例」を意味するギリシャ語の「パラデイグマ（paradeigma）」に由来し、現在では支配的・主導的な見方・考え方・認識の枠組みといった意味で用いられる。

パラダイムの転換（シフト）はまさに発想の転換、固定観念の消滅や新しいアイデアの導入を意味し、さらには人間の生産・生活様式の転換につながり、経済社会に大きな影響・インパクトをもたらす。トーマス・クーンのパラダイム転換の概念はイノベーション・産業革命に必要不可欠な鍵であると言える。

†第一次産業革命――動力・エネルギー

産業革命という用語は一七三〇年代、フランスの経済学者のジェローム＝アドルフ・ブランキによって初めて用いられた。その後、一八八四年にフリードリヒ・エンゲルスの『イギリスにおける労働者階級の状態』によって広まり、アーノルド・トインビーのオックスフォード大学での講義をまとめた『イギリス産業革命史』（*Lectures on the Industrial Revolution*, 1890）により学術用語として定着した。これはもともと一七六〇年代から一八三〇年代にかけてイギリスで起こった、蒸気機関・動力革命を代表とする第一次産業革命を指す言葉だが、社会発展段階論における市民革命と並んで近代とそれ以前を分かつ分水嶺とされたため、ベルギー、フランス、アメリカ、ドイツなどでも産業革命が起こったと見なされた。

以下、産業革命の各段階を概観していきたい。まず第一次産業革命である。

第一次産業革命はイギリスで起きた「動力・エネルギー革命」を中心とするものであった。ジェームズ・ワットが一七六九年に開発した「蒸気機関」によって石炭の大量消費が始まり、紡績、船舶、鉄道を中心とした最初の「動力・石炭エネルギー革命」が起こった。その結果、イギリス国内から欧州・世界まで陸地に鉄道線路が張りめぐらされ、海域・海洋では蒸気機関船が大西洋、インド洋、太平洋などの世界海洋を航海するようになり、必然的に生産様式や社会生活様式は大きく変容した。第一次産業革命は一八世紀後半にイギリスで始まり、「産業、経済、社会上の大変革」をもたらした。生産方式の主流を工場制手工業から工場制機械工業へと転換させたことで工業生産における大量生産を実現し、資本主義体制の確立を促進した。

一九世紀前半までのイギリスは生産活動の機械化・動力化、工場制の普及、その結果としての工業都市の誕生、都市化の進展、産業資本家層と工場労働者の階層の勃興など、農村社会から資本主義的工業社会への急激な大転換を遂げていたが、第一次産業革命の結果、多くの産業都市が劇的に発展した。綿工業を中心に産業革命の拠点となったマンチェスター、金属・素材工業で発達したバーミンガム、港湾都市として繁栄したリヴァプール、造船・タバコ・製糖などで知られたブリストルやリーズ、グラスゴーなどといった都市が、ロンドンに並ぶほどに巨大都市化した。これらの都市では商業資本主義から産業資本主義へとシフトし、産業資本家があらゆる分野で資本主義体制における支配的地位を確立し、工場制手工業から工場制機械工業への転換が実現した。

T・S・アシュトンは『産業革命』で「産業革命は、工学上の出来事であると同時に、経済学上の出来事でもあった。つまり、それは、資源の量や分配について変革でもあった」と述べている。(2) こうして産業革命を契機として、工学と経済学が密接に結びついた変革により経済成長が拡大し、国民所得が増加し始めた。

†第二次産業革命――重化学工業

それに対して第二次産業革命は一八六五年から一九〇〇年までの間に起こったもので、一七六〇年代における産業革命の第二段階を意味している。この期間にドイツ、アメリカの工業力が大きく向上し、イギリスに代わり世界の主要工業国となった。また、鉄道や蒸気船などの交通インフラが発達し、鉄鋼業ではベッセマー法やシーメンスの平炉などといった大きなイノベーションが起こった。アメリカではトーマス・エジソン、ニコラ・テスラおよびジョージ・ウェスティングハウスを先駆けとする電気の発明・実用化、およびフレデリック・テイラーによって考案された科学的管理法により生産効率が大幅に向上し、大量生産方式が確立された。

第一次産業革命が主に「動力・エネルギー革命」であるのに対し、第二次産業革命は主に

「重化学工業による革命」である。一八八五年にゴットリープ・ダイムラーが開発した内燃機関をはじめとして上述の鉄鋼や自動車、石油化学、電気を中心とする大きな技術革新が誕生し、重化学工業革命を起こした。

また、自動車の進化によって一般道路網が整備されたことはもちろんのこと、高速道路が造られことにより、モノの輸送や人々の移動はますます活発化した。さらに大型飛行機・高速船舶により人・モノの輸送・移動が高速化・大量化し、社会生活・産業活動がよりスムーズとなり、グローバリゼーションが促進された。

この時期に鉄鋼や石油、化学、電力など重化学分野における技術革新が進んだ結果、大量生産財のみならず、大量消費財が大量生産されるようになった。食料や飲料、衣類などの製造・縫製の機械化、輸送手段の革新がなされ、エンターテインメント分野における映画、ラジオおよび蓄音機、通信分野での電話・電報が開発・導入され、大衆のライフライン変化・生活水準の向上がもたらされた。また、雇用効果・都市化が拡大し、大量消費力が高まり消費市場の拡大につながった。

第二次産業革命における経済・生産システムや経営・ビジネスモデルは大量生産・大量販売・大市場をベースとしていた。

大量生産・大量販売を目指す大企業は、大規模な固定資本、設備投資を投入し、単一の製品

	第一次産業革命	第二次産業革命	第三次産業革命	第四次産業革命
技術キャリア	蒸気機関	内燃機関	自動制御・IT	IoT・AI
主要エネルギー源	石炭	石油・電力	石油・電力・原子力	石油・電力・原子力・新エネ
加工・組立機械	同種専用機並列（少種類）	異種専用機固定的組み合わせ（多種類）	数字制御・異種専用多目的機	IoT・AIに関わる異種専用多目的機
生産システム	古典的大量	少品種大量（大ロット）	数字制御；少品種大量と多品種少量併存（小ロット）	IoT・ロボット；多品種少量（小ロット・柔軟）

表1-1　産業革命の構造・技術構成と生産システム
出所：各種資料より筆者作成。

を大量に生産・販売して、単位コストの低下による「規模利益」を実現した。これを競争力の源泉として、「企業優位」を形成し、企業や産業・経済の発展を促進していった。

†第三次産業革命——コンピューター、省力化

第三次産業革命は主に「情報革命」、つまり情報通信産業を中心とする革命である。元の「情報」から計算により加工・抽出し、別の形の情報を得るプロセスである情報処理（Information Processing）は経済ビジネス活動に付加価値をもたらしたのみならず、社会全体の利便性・効率性も大きく伸ばした。

誰でもどこでも、いつでも高速で加工・移動し、利用することが可能となり、産業界でも様々な変化が起こった（表1−1）。

第三次産業革命は次のような経緯で始まった。一九七一年、インテルが発表した世界初の「情報機関（エンジン）」である

マイクロプロセッサの登場、さらには一九九〇年代初頭に起きたインターネットの劇的な発展により、デジタル技術による「情報革命」が起こった。その結果、eコマースをはじめとしてネットワークを利用する様々な新サービスが産声を上げ、情報通信産業は超巨大産業へと変貌を遂げ[3]、ライフスタイルや生産様式は大きく変化した。

第三次産業革命では情報通信ネットワークを中心としてME(マイクロ・エレクトロニクス)やIT技術を活用しており、これはPLC(プログラマブル・ロジック・コントローラ)をはじめとする電気とIT技術を組み合わせた自動化方式・自動制御などといったオートメーション化を実現した。二〇世紀後半、コンピューターの登場により工場で生産の自動化が進み、さらなる大量生産が可能となった。コンピューターの演算処理をつかさどる回路素子の性能は真空管からトランジスタ、さらにはIC(集積回路)からLSI(大規模集積回路)へと集積化されることで格段に向上し、モノづくり産業は飛躍的に発展した[4]。

こうした第三次産業革命はオートメーション、企業とユーザー間の電子取引などを拡大させ、産業用ロボットによる生産工程の変革をもたらし、産業構造は知識・技術集約型の軽薄短小、いわゆる情報・知識・サービスを土台にする製品やセクターにシフトしていった。

第二次産業革命時期における大量生産・大量流通の性格とは異なり、この時期には多品種容量生産小口・多頻度流通の生産・流通様式やそれによるネットワーク型の取引形態が主流であった。その背景には従来の少品種大量生産向けの生産・流通システムに代わり、製造業や流通業を取り巻く市場・環境の変化、消費者ニーズの多様化に柔軟に対応するため、多品種少量生産向けの生産システムの必要性が高まってきたということがある。こうした経営生産システムは生産体制を効率化し、企業の在庫を減らすことに役立った。

第三次産業革命は革新的であったが、その経済効果は必ずしも大きくはなかった。二〇〇〇年以後の技術革新は主に通信・エンターテインメント・SNS分野に集中している。それは、第二次産業革命のような、生産財に必要不可欠な電気、自動車・輸送機械・エンジン、電動機、工作機械などにおけるイノベーションほどモノづくりの生産性・ライフライン変化に伴う生活水準の大幅な向上に貢献していない。また、一九世紀後半の第二次産業革命の成果がTFP(全要素生産性)の上昇(一九二〇〜一九七〇年の年率は一・八九%)に貢献したのに対し、第三次産業革命時期の前半(一九七〇〜一九九四年)のTFPの年伸び率はわずか〇・五七%であり、第三次産業革命による貢献度は低かったと言える。ICT(Information and Communication Technology:情報通信技術)、デジタル化が進んだ第三次産業革命の後半(一九九四〜二〇〇四年)にはTFPの年伸び率は一・〇三%まで回復したが、第二次産業革命が半世紀にわたってTFPの伸び率を大幅に高めたのに比べてその期間はかなり短く、規模も小さい。

世界的に見ても第二次産業革命の時期に比較的に高い成長率を達成している。たとえば第一次産業革命における先進諸国の成長率はイギリス二・〇％（一七九〇〜一八二〇年）、ドイツ二・七％（一八五〇〜一八八〇年）、アメリカ三・〇％（一八二〇〜一八五〇年）、日本四・〇％（一八七六〜一九〇〇年）であったが、第二次産業革命、特に後期段階における一八六〇〜六八年の先進国の成長率は五・〇％にまで達していた。[5]

また、先進国の労働生産性は一八七〇年の時点で一・六一であったのに対し、一九一三年に三・一二、一九五〇年に五・五四、一九七三年には一六・二一まで大幅に伸びた。[6] 他方、新興国では先進国の第二次産業の技術成果・ノウハウを学習・活用することにより労働集約的産業・工程を中心とするモノづくり産業が発達し、世界における工業生産、輸出シェアが拡大している。新興国の多くは、日米欧先進国の多国籍企業の対内直接投資・技術移転を通じて第二次産業革命をはじめとする技術成果を活用し、成功したのである。

たとえば中国は一九七九年から現在に至るまで四〇年余りにわたり、先進国をはじめとする対内直接投資を受け入れてきた。二〇二〇年前期の時点で中国における日米欧などの直接投資額は二兆ドル以上に及び、多国籍企業の子会社・事業拠点は約一〇〇万社にのぼる。なかでも米系・日系企業はそれぞれ三万社以上に達している。中国にある多国籍企業の大半は製造業であり、二〇一二年には世界第一位の輸出・貿易大国となり、世界工業生産におけるシェアは二五％以上を占めている。これについては、先進国などの多国籍企業が果たした役割が大きい。

輸出を例に取れば、数年前には多国籍企業における中国からの輸出シェアは六割以上に達しており、特にハイテク製品は現在に至るまで全体の八割強をも占めており、世界第一位の輸出・工業国であり続けることに貢献している。

また、アメリカなど先進国の多国籍企業が中国・新興国に生産・事業拠点を移転するにつれて、第二次産業革命を中心とする成熟した技術が新興国に活かされ、利益を上げている。

第四次産業革命――IoT・AI

近年、IoT、AI、新エネルギーなどの分野で第四次産業革命が起こり始めており、そこでのイノベーションは二一世紀の経済社会、人類の生産方式、ライフスタイル、人間の価値観に大きな影響を与えつつある。

目下進行中のこの第四次産業革命は、IoT（モノのインターネット）、AI（人工知能）、ロボット、ビッグデータなどの分野で、社会経済生産様式や国民の生活様式に大きな変化をもたらしている。ただし、枯渇しつつある化石エネルギーに代わる革新的な新エネルギー分野におけるR&D（研究開発）成果、地球温暖化を抑えるための環境技術成果はまだ小さい。将来的に予想される化石エネルギーの枯渇や地球環境危機に備えるため、石油に代わる新エネルギーを発明する必要性は言うまでもない。現在のエネルギーや環境負荷に伴う高コストは、社会の生産性・国民の生活にマイナスの影響を及ぼしており、これは進行中の第四次産業革命における喫緊の課題である。加えて、目下蔓延している新型コロナウイルス感染症に対処するための医療分野における技術革新・発明もまた、緊急かつ必要不可欠な課題となるであろう。

いま進行中の第四次産業革命の、すべての成果について評価を下すには時間を要する。先進国、特にアメリカやイギリスではGDPに占める製造業の比率はわずか一割で、金融・サービスなど非実体の第三次産業がGDPを押し上げている。その上、第四次産業革命は工業・製造業を中心とした第二次産業革命ほど効果が大きくならず、高成長とはならないと予測されている。

そもそも第四次産業革命とは、ドイツ発のインダストリー4・0(Industry 4.0)に由来する概念である。インダストリー4・0とはインターネットなどの情報技術(IT)を製造業と結合させ、製造業のイノベーションをもたらそうというものである。

二〇一一年に提唱されたこの概念は、これまで述べてきたような人類の長い歴史における三次の産業革命——蒸気機関の発明・動力の誕生による第一次産業革命、電気・モーターによる第二次産業革命、コンピューターによる第三次産業革命——に続く、「第四次産業革命」という意味が込められている。すなわち、インターネット導入による生産自動化・最適化を第四次産業革命(表1-1)とするもので、第一次の一八世紀から一九世紀にかけて起きた、水力や蒸気機関による工場の機械化、第二次の一九世紀後半に進んだ電力・内燃機関の活用、第三次の二〇世紀後半に生まれた「プログラマブル・ロジック・コントローラ（PLC：工場などで自動制御に使われる装置）」による生産工程の自動化に続くものである。インダストリー4・0はこれらに比肩する技術革新として位置づけられている。(7)

今後、第四次産業革命の駆動力は世界経済の発展に大きな影響を及ぼし、主要国の産業活動と国民生活活動にインパクトを与えていくであろう。新型コロナウイルスの感染拡大により国際政治経済社会（構造・思考・行動）は大きく変化しており、これは今後、さらに進んでいくと考えられる。従来のデジタル化、IoT化やAI化などの大きな変化に加え、いわゆるポストコロナやカーボンニュートラルに向けた低炭素化への対応が求められる。

2　産業革命の構造と技術構成

†産業革命の核心技術

これまで述べてきたように、産業革命は一八世紀後半から二一世紀（二〇二〇年代）に至るまで四回起きている。それぞれの産業革命の構造・技術構成は表1-1に示したような特徴を持つ一方で、共通の特質を有している。それぞれの産業革命段階では代表的な核心技術である技術キャリアが存在する。たとえば第一次産業革命段階の蒸気機関、第二次産業革命段階の内燃機関、第三次産業革命段階の自動制御・IT（情報通信技術）、第四次産業革命段階のIoT（モノのインターネット）、AI（人工知能）がそれである。

第一次産業革命の技術キャリアは蒸気機関である。一七八九年、ジェームズ・ワットはトーマス・ニューコメンの原初的蒸気機関に改良を加え、シリンダーの内部のみならず外部でも復水器という装置で燃料を効率的に使用し、ピストンの往復運動を組むことで動力を起こせるようにした。

第二次産業革命の技術キャリアである内燃機関は蒸気機関原理の上に誕生した。一八六二年、フランスの技術者アルフォンス・ボー・ドゥ・ロシャスは四ストロークエンジンの特許を取得した。それは概念のみで実物は製造されていなかったが、同年、ドイツの発明家ニコラウス・オットーが照明用ガスを燃料とする内燃機関を設計した。これにより、シリンダーなど内燃機関でガソリンなどの燃料を燃焼させ、そこで発生した燃焼ガスを用いて直接に動力を得る原動機が誕生した。

第三次産業革命段階の技術キャリアは自動制御コンピューターである。現代技術にリンクしているこの時期の技術考案・発明に関しては、数学者の果たした役割が大きい。特にサイバネティクスを考案したノーバート・ウィーナーや電子計算機の基礎理論を構築したジョン・フォン・ノイマンなどが知られるが、なかでもウィーナーが構築した情報管理の方法としてのサイバネティクスが活用されている。

また、この段階の核心技術であるコンピューターが生産経済の発展をもたらしたことから工場での機械自動化が進み、より効率的に商品を大量生産することが可能となった。またICTの普及により、生産・流通分野の自動化も進んだ。

このように近年、ICTの急速な発展がモノやその製造工程、生産様式およびライフスタイルにまで変化を促した。これにより新たな産業革命・第四次産業革命が起き始めている。第四次産業革命はIoT（モノのインターネット）、AI（人工知能）をはじめとするロボット工学、ブロックチェーン、ナノテクノロジー、量子コンピューター、生物工学、3Dプリンター、自動運転車など多岐にわたる分野における新興の技術革新を特徴としている。

IoTやAIおよびビッグデータの活用により工場の機械の稼働状況から交通、気象、個人の健康状況まで様々な情報がデータ化されている。それらをネットワークでつなげ、解析・利用することにより、新たな付加価値が生まれている。

第三次産業革命と第四次産業革命はともにIT・コンピューターが重要な役割を果たしているという点で共通しているが、一方で誰がコンピューターをコントロールするかという点では大きく異なる。第三次産業革命より前までは人間がコンピューターを制御していたが、第四次産業革命ではＡＩがコンピューターを制御することになる。

†産業革命の技術キャリアの特徴

各回の産業革命の技術キャリアは産業革命の核心技術と位置づけられるが、技術だけでは不十分で、やはり作業機械によって製品を作る必要がある。各回の産業革命はその技術キャリアによって機械メカニズム・機械システムに働きかけ、生産・モノづくりを実現する。

たとえば第一次産業革命の起爆剤・技術キャリアである蒸気機関は紡績機械を動かし、紡績・繊維製品を作り出す。そこでは原動力・原動機となった蒸気機関が伝動機を通じて紡績機などの作業機械を動かし、多くの部品を正確に制作して組み合わせ、正確に動作するように仕上げなければならない。

第二次産業革命の内燃機関である電動機は輸送機械、鉄鋼、一般機械、工作機械などの作業機械を動かすことにより、製品の創出や乗り物の走行を実現する。第三次産業革命の起爆剤・技術キャリアである自動制御・コンピューター技術は作業機械に自動化・コンピューター情報・記憶装置を付与し、作業機械の電子自動化を実現し、効率的に製品を作れるようにする。たとえばＮＣ工作機械は、工作機械に自動制御・コンピューター回路装置をリンクさせたもの

第一次産業革命	蒸気機関（原動機）→伝導機構→作業機械
第二次産業革命	内燃機関（原動機）→伝導機構→作業機械
第三次産業革命	自動制御・コンピューター（技術キャリア）→対象物・伝導機械→作業機械
第四次産業革命	IoT・AI（技術キャリア）→対象物・伝導機械→作業機械

表1-2　産業革命の技術キャリアと対象物との関係
出所：各種資料より筆者作成。

である。

さらに第四次産業革命において、その代表的な革新技術であるＩｏＴはＩＴと機械・モノを結合させ、生産・流通分野をはじめとする経済社会活動を行う。ＩｏＴを応用する分野としては製造業、医療、物流、農業、交通などが挙げられる。

工場・生産の現場ではあらゆる設備や管理システムをインターネットにつなげてデータ・情報を収集し、各工程の作業員の作業を数値化することにより、生産性の合理化・最大化を実現することが可能となる。また生産設備・機器の運行状態をセンサーやレーダーによって監視することにより、振動や温度の変化などの異常・不具合を検知・把握することができるため、素早い対応・メンテナンスが可能となる。日立製作所は二〇一五年、ＩｏＴによる「作業改善支援システム」、「工場シミュレーター」、「ＲＦＩＤ生産監視システム」「モジュラー設計システム」で主力製品の生産リードタイムを半分に短縮し、これにより設計工程で二〇％、調達で二〇％、製造で一〇％のコストダウンを達成した。またＩｏＴを活用した高効率生産モデルを確立し、代表製品において生産リードタイムの五〇％短縮を実現している。[8]

これまで述べてきたように、ＩｏＴはあらゆるモノ・サービスのインターネットとして新たな価値やビジネスモデル・手法を創出する連携・結合として特徴づけられる。

これまでの産業革命は共通して、駆動力[9]・起爆剤である技術キャリアによって製造業におけるモノづくり・機械機器と非製造業のサービスを結合させ、生産力の拡大をもたらしてきた。産業革命の効果はその結合の度合い、結合させる要素（駆動力・技術キャリアの対象物）の品質・優劣と大きく関わる（表１－２）。言い換えれば、駆動力・技術キャリアの対象物（機械・設備機器など）が劣る場合、駆動力・技術キャリアの作用や対象物への働きかけは限定的になると考えられる。

（１）郭四志「第四次産業革命と世界経済の発展」『化学経済』二〇一六年九月号、八八頁。
（２）T. S. Ashton, *The Industrial Revolution 1760-1830*, Oxford University Press, 1948（中川敬一郎訳『産業革命』岩波文庫、一九七三年、一〇八頁）。
（３）坂井直樹「我々はいま歴史上四回目の「産業革命」を目のあたりにしている」『現代ビジネス』二〇一二年七月一三日、二頁。
（４）山田太郎『日本版インダストリー４．０の教科書――ＩｏＴ時代ものづくり戦略』日経ＢＰ社、二〇一六年、一五頁。一九七〇年代以後、日本のモノづくり産業は第三次産業革命の流れに乗って急速に競争力をつけ、日本は高品質の「世界の工場」となり、ジャパン・アズ・ナンバーワンとまで評価された。

(5) 経済企画庁『昭和四五年経済年次報告――新たな発展のための条件』一九六九年一二月一八日(https://www5.cao.go.jp/keizai3/sekaikeizaiwp/wp-we70/wp-we70-02401.html)。

(6) 増山幸一「世界経済の発展と技術革新――第一次産業革命から二〇世紀初頭まで」『経済学研究』明治学院大学第一二六号、二〇〇三年、六頁。

(7)「ドイツの「第4次産業革命」 つながる工場が社会問題解決」『日本経済新聞』二〇一四年一月二八日。

(8) HITACHI「大みか事業所にて、IoTを活用した高効率生産モデルを確立」二〇一六年一〇月二五日。(https://www.hitachi.co.jp/New/cnews/month/2016/10/1025.html)

(9) 産業革命の駆動機関ともいう。たとえば、蒸気機関、内燃機関・電動機、コンピューターなどである。駆動力・機関転換(渡部昭典「米国産業革命の駆動機関による発展区分 蒸気革命・電気革命・電子革命」日本産業技術史学会『技術と文明』一三巻二号(三〇)、二〇〇三年七月、三三頁)は、各回の産業革命が変化・交代するための必要不可欠なファクターである。

第 2 章

第一次産業革命

——イギリス発の工業化（1760年代～1830年代）

ワットの蒸気機関（後期タイプ、マドリード工科大学）

1　イギリスはなぜ産業革命に至ったのか

†イギリス産業革命の主要条件

本章では主にイギリス発の第一次産業革命の形成背景・条件を分析する。

産業革命は一七三〇年代のイギリスの綿工業に端を発して一七六〇年代に大きく展開し、一七七〇年代に産業機械化の実現により本格的に達成された。では、なぜイギリスで産業革命が達成されたのか。それには次のようないくつかの主要条件と背景がある。

①イギリスは一七～一八世紀の時点で工業製品の原料の供給市場となるインドを植民地として有しており、これは綿工業をはじめとする産業革命において有利な条件となっている。

②イギリスでは産業振興・革命に必要な投資・資本蓄積が進んでおり、農村の毛織物工業、とくに「三角貿易」により数多くの富を得ていた。一七～一八世紀にイギリスはアフリカ黒人奴隷をアメリカ大陸・西インド諸島に運び、同地域から欧州に綿花、砂糖、たばこを輸入した。イギリスが「三角貿易」により得た利潤は産業革命を推進する重要な財源となった。

③イギリスの資本主義的農場経営のための開放農地の囲い込みにより、農民の賃金労働者化、食料増産が促進された。つまり、農業革命といわれる休耕地をなくすための四輪作の導入、囲い込みによる集約的土地利用などにより食料生産が飛躍的に伸びた一方で、中小の農民は自営農から賃金労働者に転身した。農民の賃金労働者化や食料生産の増加でもたらされた人口の増加により、産業革命に必要な労働力がまかなわれたと言える。
④名誉革命以来、議会制度が定着し、市民の自由な活動が認められる市民社会となり、産業革命の形成と資本主義の発展を促進した。

イギリスでは、生産力の発展を背景として成長した、私有財産を所有する豊かな都市住民層は彼らが政治権力を握った変革（市民革命）により、市民としての自由と人権を認められた。個人として自立し、議会などを通じて政治に関わることができるこれらのブルジョワジーは技術革新、産業革命の形成・発展における重要な社会的土台となった。

†その他のイギリス産業革命の背景

このほかにイギリス産業革命の背景としては、次のような点が挙げられる。

第一に、技術発明・イノベーションのニーズが新技術・発明を行う主因となった。よく知ら

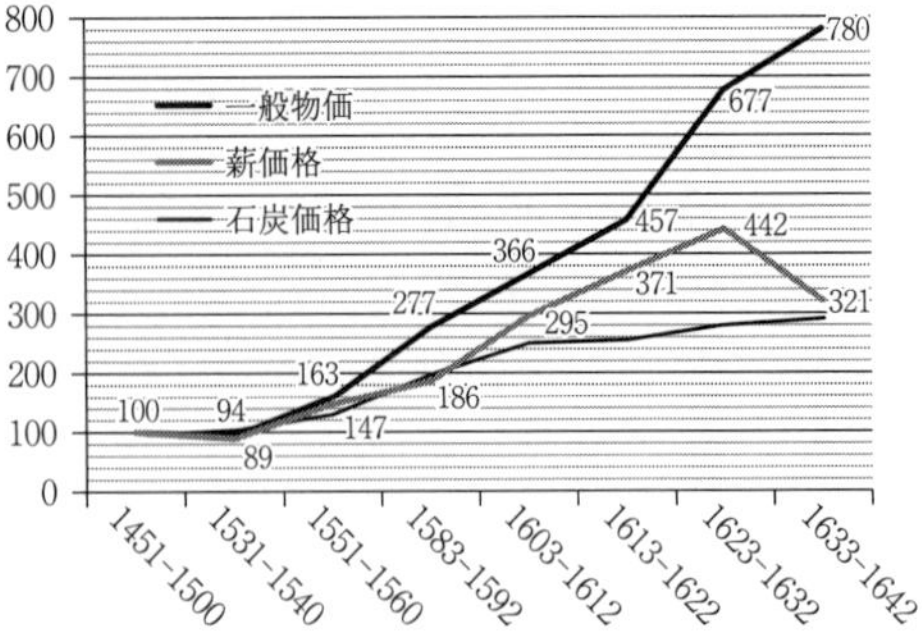

図 2-1　ロンドンにおける一般物価、薪および石炭価格の指数の歴史的変化
出所：中村進『工業社会の史的展開』晃洋書房、1987 年。

れている蒸気機関の発明には、トーマス・ニューコメンが探鉱の採掘による流出水の排水用ポンプを起動させる必要性から取り組んだ。その後、一七八一年にジェームズ・ワットが石炭使用効率を引き上げるため、ニューコメンの蒸気機関の改良に成功した。

綿工業の代表的な「飛び杼《ひ》」は一七三三年、織布工のジョン・ケイが手織りの織布過程の速度を上げるために発明した。これにより経糸の間に緯糸を素早く通して織る時間が大幅に短縮され、紡績部門の生産の拡大を促した。

第二に、石炭・鉄鉱石という鉱物資源に恵まれていたことが挙げられ、これは産業革命の技術キャリアである蒸気機関の誕生・動力源の確保につながっている。

イギリスでは、産業革命初期の石炭の生産量は年間六〇〇万〜一〇〇〇万トンで資源賦存・生産コストの優位性をもち、木炭などといった有機エネルギーを代替してきた。図2-1に示したように、イギリスのロンドンでは薪炭よりも石炭のほうが安価であり、一五三〇年代〜一六三〇年代の一〇〇年間で、石炭の価格指数が薪炭の約八七％から四二％まで大幅に低下し、高価な薪炭の代わりに石炭が家庭用の暖房に使われていた。たとえば一六世紀半ば以降、都市としての成長著しいロンドンではそれまで家庭内の暖房燃料であった木材の価格が上昇したため、代替暖房燃料として石炭が注目されるようになった。[1] その後、石炭は価格の優位性により消費量が着実に増加し、一七五〇年には一次エネルギー供給構造の六割、さらに一八五〇年には九割を占めていた。

鉱物エネルギーの利用拡大によるエネルギー革命により、第一次産業革命の動力源として蒸気機関が誕生し、これが利用されることにより第一次産業革命が推進されてきた。

第三に、イギリス経験論哲学の系譜において科学的知識が普及したことで技術発明が進み、とりわけ職人が発明し、それを経営者が実用化するというケースが非常に多かった。イギリス産業革命における当初の機械技術は、大学や研究機関などでの理論研究によって発明されたものではなく、職人や熟練工が現場での重複労働・手作業を節約し、省力化を図る過程で生まれたものであった。よってイギリス産業革命を引き起こしたのは技術・機械装置の発明者とそれを実用化・企業化した経営者である。新技術を開発するのは発明者であるが、そういった技術や新しい構想を実用化・企業化し、これを市場で実現して利潤を得るのは企業家・経営者である。[2]

技術発明と実用・企業化が当時のイギリス産業革命を推進した。たとえばジェニー紡績機は値段がそれほど高価ではなく、しかも小型であったため、一旗上げようとする中産農民ヨーマンや起業の意欲、向上心に富む熟練職人が競って手に入れて起業した。彼らは納屋や倉庫を改造して工場で綿糸の大量生産に乗り出し、利潤の再投資（再生産拡大）によって雪ダルマ式に規模を大きくし、これは近代的大工場にまで成長した。

第四に重商主義時代以来、ロンドンのシティでイングランド銀行などの金融ネットワークが比較的に発達していたため、産業革命の資金支援・サポートがなされた。

そして最後に、特許制度の確立は産業革命を実現するうえで必要不可欠な条件である。これまで述べてきた条件が相互に影響・作用したことにより産業革命が達成されたと考えられる。とりわけイギリスの市民社会の形成と議会制度の定着により、市民の権利・自由な活動が保障され、こうした保障の下での特許制度の確立により、職人・技術者がインセンティブを与えられ、産業革命の核心技術の発明をもたらした。

イギリスでは一六二三年に専売条例として制定されたものが近代的な特許制度の始まりである。綿布業の通商上での特許状の制度が発展し、現代の特許制度の発火点である知的財産権の火種となった。これが専売条例となり、特許制度による発明の保護により発明者が最新技術を自ら進んで公開するようになり、発明が爆発的に増加した（宮本隆司、二〇〇九）。特許制度は一七世紀の代表的な重要な技術発明、つまりワットの蒸気機関やリチャード・アークライトの水力紡績機、マイケル・ファラデーの電磁コイルなどといった技術の誕生につながった。こうした技術発明によって第一次産業革命が起こり、イギリスは農業国から近代的な工業国へと変貌し、世界第一位の工業大国へと発展した。

専売条例は一八世紀半ばから始まった産業革命とともに相乗効果を発揮した。産業の礎は「投資を守る仕組み」にある。特許制度もその一種であり、これは産業革命を促進する原動力となった。(3)

専売条例ではヨーロッパの最新技術を導入するため、イギリス以外の研究者や技術者の発明に対しても独占権が与えられた。この時代の代表的な発明として先のワットやアークライト、ファラデーの発明などが挙げられる。こうした特許制度は産業革命を下支えする技術の発明・誕生を促したのみならず、技術優位・技術覇権を確立することに大きく貢献した。

イギリスのほかに後述のアメリカ、ドイツ、日本の産業革命においても特許制度の確立・発達がイノベーション・産業革命を達成させるための極めて重要な条件となった。

2 イギリスの産業革命——三つの特徴

†手工業の熟練

前述のようにイギリスではさまざまな要因により、早い段階で第一次産業革命が達成された。第一に、イギリスでは手工業工場から機械製大工業生産へと移行しつつ、かなりの度合いで熟練した手工業の技術に依存していた。イギリスでは一七三〇年代に綿工業での技術革新が始まって一七六〇年代に著しく進行し、一七八〇年代には産業が機械化するに至った。近代資本主義が最も順調に成長したイギリスではその確立期である一八世紀後半から技術・経営および社会的な変革が行われた。つまりモノづくりにおける作業過程が手作業から機械作業に移行し、工業の経営生産形態がマニュファクチュアから機械製大工場制度へと変化し、これによりモノづくり・製造業生産が飛躍的に拡大した。

手工業工場から機械製大工業生産へと移行したことには技術革新、イノベーションはもちろんのこと、職人の手工業技術とノウハウ、労働者の熟練度もまた大きな役割を果たしていたと考えられる。

紡績工業において機械化と蒸気機関の導入により、生産性を劇的に上昇させたランカシャー綿工業は産業革命期における機械技術のシンボルとなっているが、反復作業が多く機械化に適した工程の多い繊維工業においてすら、準備や仕上げの工程では手工業的な要素を残していた。さらに紡績工程においても、手動ミュール機と自動ミュール機は一八八〇年代に至るまで併存していた。(4) 手工業の技術・熟練度は機械製大工業生産への移行にとって必要不可欠である。

また、金属加工業や機械製造業においても同様に熟練した手工業技術への依存が見られる。金属加工分野では鉄の鍛造工程に蒸気機関を用いたハンマーが導入されるが、その加工や部品製造については手工業的な熟練が不可欠であり、機械制と手工業が併存していた。(5) 機械製造では製造の速さよりも製品・部品が精密に作られることが要求されたため、職人・労働者の手工業的熟練に依存する度合いが高かった。(6)

マニュファクチュア時代は産業革命への準備プロセスと位置づけられる。マニュファクチュアは工場制大工業の根幹となった機械の発明・使用の準備過程、大量の労働者の体系的支配・使用の準備過程であったのみならず、独占資本主義時代における大工業や大商業が中小商工業を支配・利用しながら経済活動を巧みに調節し、経済的利益を獲得していく体制づくりの準備過程でもあった。(7) 機械製大工業を代表とする産業革命は手工業工場制を経由し、マニュファクチュアにおける技術の蓄積に支えられていた。工場制工業における特徴的・典型的な機械の発

明と使用への準備は目立たないかたちで着々と、マニュファクチュア内で行われていた。(8)

一八世紀後半にイギリスから始まった産業上の変革を産業革命と呼び、技術革新に基づく工場制度の成立がその核心として理解されているが、一九世紀半ば以降も手工業的な技術は工業の発展において決して無視できない重要性をもっていた。

ここまでが産業革命の第一期とすれば、一八三〇年代以降の鉄道の普及など交通革命が起こった時期を第二期と捉えることができる。この間、一九世紀中葉までに紡績を中心とした軽工業中心から、機械工業や製鉄などを中心とした重工業中心へと産業構造が転換し、それに伴い都市化、社会問題の発生、環境の悪化などさまざまな変化・問題が生じた。

†マクロとミクロの技術発明の融合

第二に、イギリスの産業革命に関わる技術発明はこれまでの技術体系を打破するマクロな技術発明と、既存の技術体系に対して改良し品質・機能をさらに良くするミクロな発明で成り立っている。前者について蒸気・金属・化学・繊維などの分野で技術発明・革新を行った人は一〇人ほどいるが、後者の発明家については専門家を除き、あまり知られていない。ミクロな技術発明は、マクロな技術発明がもたらした成果を現場での応用・実用に活かして普及させ、産業革命期の技術成功に貢献した。

蒸気機関はマクロな技術発明とミクロな技術発明が融合した好例である。炭鉱の採掘に伴う流出水排出のポンプを起動させるため、トーマス・ニューコメンが一七一二年に蒸気機関を発明した。これはマクロな発明の代表的なものである。

ニューコメンの蒸気機関は画期的な発明で当時の最先端の技術であったが、これは原始的機械であったため燃料の消費が莫大で、機械の往復運動が不規則であるなど問題が残っていた。エンジニア出身のジェームズ・ワットは一七六九年、ニューコメンの蒸気機関の効率の悪さを改善し、新方式の蒸気機関を開発した。復水器で蒸気を冷やすことによりシリンダーが高温に保たれて効率がアップし、蒸気機関の燃料（石炭）消費量を四分の一以下に節約できるようになった。さらに負圧のみならず正圧も利用し、往復運動から回転運動へと変換し、フィードバックとしての調速機の利用により動作の安定性を得るなどの改良を加えた。

ニューコメンとワットの発明・改良に加えて、現場技術者のミクロな技術発明による改良への取り組みが存在した。一七七九年、マシュー・ワスバラはニューコメン蒸気機関を作動させるときの不規則な動きに着目し、はずみ車を取り付けてその問題を解決した。その翌年にはジェームズ・ピッカードが回転軸にクランクを取り付け、蒸気機関の機能を向上させた。こうしてマクロとミクロの技術発明・改良により作り上げられた蒸気機関は鉱山の開発のみならず広く一般の工場の原動機としても使用され、輸送機関である蒸気機関車や蒸気船の動力・エンジンとしても応用された。

†農業革命

第二に、農業革命がイギリスの産業革命に大きな役割を果たしている。農業革命とは一八世紀後半、産業革命と並行して起こった輪作法の普及などに伴う農村社会の変革である。技術面では中世以来の三圃制農法に代わって輪作法が普及し、経営面ではジェントリーによる経営に代わって資本主義的農場経営が中心となった。

こうした革命により休閑期が縮小し、作付面積が拡大したことで家畜のための冬期の飼料不足問題が解決し、穀物の生産が増加した。さらに大規模な農場が発達し、農業の生産性を向上させた結果、農業人口が都市部・機械製大工場に移動した。これにより機械制大工場の労働者が増加し、産業革命に必要な労働力を提供した。

また、産業革命による社会経済の発展に伴い都市が整備され、都市部の人口はますます増大した。これにより食料需要が拡大し、農村ではさらなる生産性の向上が求められた。このように、産業革命は農業の経営形態のさらなる近代化も促進している。

産業革命による産業経済の発展は都市人口を増加させ、その食糧供給のために農村でも穀物の増産に迫られた。その過程で起こった第二次囲い込み（エンクロージャー）の進行に伴い、さらに農民の賃金労働者化が進み、地主から広大な土地を借りた資本家がその賃金労働者を雇い、利益を上げるために穀物生産を行う資本主義的農場経営が拡大した。農業でもそれまでの伝統的な三圃制農業に代わり、ノーフォーク農法と呼ばれる四圃制農業（かぶ、大麦、クローバー、小麦を輪作する輪作法）が行われるようになって穀物生産が増大し、産業革命による人口増加を支えることが可能となった。

（1）長谷川貴彦『産業革命』山川出版社、二〇一二年、一五七頁。
（2）荒井政治・内田星美・鳥羽欽一郎編『産業革命を生きた人々』有斐閣、一九八一年、二頁。
（3）三谷拓也「特許の歴史」(https://www.interbrain-ip.com/column/19)
（4）道重一郎「産業革命期イギリスの熟練労働者とその意識――手工業的熟練技術の変容と機械工業」『立教経済学研究』第四八巻第三号、一九九五年、二六頁。
（5）道重一郎「産業革命期イギリスの熟練労働者とその意識――手工業的熟練技術の変容と機械工業」『立教経済学研究』第四八巻第三号、一九九五年、二七頁。
（6）同上。
（7）染谷孝太郎「イギリス大工業化の歴史的前提条件」『明大商学論叢』第七九巻第一、二号、一九九七年、一七五頁。
（8）同上。

第 3 章

第二次産業革命

――アメリカへのパワーシフト(1860年代～20世紀前半)

1913年頃のT型フォードの製造ライン(ミシガン州ハイランドパーク)

1　イギリスの世界支配のパワー

†ヘゲモニー国家となったイギリス

イギリスは産業革命・工業化により得た圧倒的な経済力と軍事力で世界の政治経済の主導権を握った。産業革命の発達はイギリスの工業生産性の向上と社会経済の発展をもたらし、世界のパワーバランスは大きく変化した。イギリスは一七六〇年代から第一次産業革命の主役となり、一八世紀中後期に産業革命を遂行し、一七六〇年から一八三〇年にかけて産業革命の技術優位に立ち、国力を強化してきた。一八八〇年の時点で工業の生産力は世界シェアの約二三％を占め、世界トップとなった。

一八世紀後期、イギリスの工業生産は欧州全体の七割近くを占めており、世界の工業総生産高に占める比率は約二％から九・五％へ拡大し、一八三〇年には約二〇％に達していた。新しい産業技術は諸外国に広まりつつあったが、イギリスは依然として優位に立ち、世界をリードしていた。

一八六〇年代はイギリスのヘゲモニーのピークであり、一八六〇年には世界の鉄鋼の五三％、石炭の五〇%、綿布の約五〇%を産出し、なおかつ世界の原綿の約五割を消費していた。当時のイギリスの人口は世界の二%、欧州全体の一〇%を占めるに過ぎなかったが、世界生産能力の四〇〜四五%、欧州のそれの五五〜六〇%を占めていた。一八六〇年には石炭、亜炭、石油といった一次エネルギー消費量はアメリカやプロイセン（ドイツ）の五倍、フランスの六倍、ロシアの一五五倍に達していた。

イギリスは世界の工場のみならず、世界貿易のセンターでもあった。世界貿易シェアの二割、工業製品貿易シェアの四割を占めており、世界の商船の三分の一を保有していた。(1)

また、イギリスは工業品輸出において世界シェアのトップに立ち、圧倒的工業優位をもった一九世紀中葉には「世界の工場（Workshop of the World）」と位置づけられ、工業製品を世界市場に提供していた。イギリスを中心とする国際分業体制が一九世紀に全世界に広がっていった。これを象徴するように一八五一年には第一回ロンドン万国博覧会（万博）が開催され、当時の先進技術と工業成果を展示した。

イギリスはこの時期、産業革命による卓抜した工業・経済力と軍事的な優位を背景として自由貿易や植民地市場を活用し、世界のヘゲモニー（覇権）国家として栄えた。一九世紀初頭、いち早く産業革命の果実によりその国力を強化させたイギリスは、巧妙な外交政策と植民地政策および強力な金融力によって覇権的地位を手にし、半世紀にわたる世界的安定・自由貿易体

制のもととなった。(2)

当時のイギリスは圧倒的な経済力と軍事力、文化的な影響力をもつヘゲモニー国家であった。アメリカの経済学者チャールズ・キンドルバーガーやアンソニー・パトリック・オブライエンが指摘したように、ヘゲモニー国家は世界諸地域に多様な「国際公共財」(international public goods) を提供してきた。国際公共財はコストを支払わない人を排除しない「排除不可能性」と、ただ乗りされても他の人が影響を受けない「非排他性」を併せ持つ。一九世紀のイギリスの場合、自由貿易体制、金との兌換が保証されたポンド(スターリング)を基軸通貨とする国際金本位制、鉄道・蒸気船のネットワークや海底電信網による世界的規模の運輸通信網、国際郵便制度やグリニッジ天文台を基準とする国際標準時、国際取引法などの国際法体系、さらに強力な軍事力に支えられた安全保障体制や世界言語としての英語が挙げられる。(3)

当時のイギリスは工業製品の輸出により多額の黒字を生み、自国への富の流入をもたらしていたとはいえ、貿易収支では輸入超過となっていた。そのためポンド・スターリングが海外へ流出しており、国際市場に供給されていた。国際収支構造による、貿易の拡大によりアメリカやヨーロッパ諸国が自国の利益を増していたことが示されており、パクス・ブリタニカの下で世界貿易・国際市場が拡大していた。(4)

†パクス・ブリタニカの特徴

このように一九世紀末まで、イギリスはいわゆるパクス・ブリタニカの下で自らの覇権とパワーを維持してきた。それには主に次のような三つの特徴がある。

まず第一に、卓越した工業製造力により強力な海軍をつくりあげた。造船産業の発達に伴い、イギリスの軍艦の製作技術は主要国を上回り、保有した隻数・トン数も非常に多かった。一八八〇年代初期、軍艦のトン数は七一万トン（一六五隻）と欧州主要国（フランス、ドイツ、イタリア、オーストリア＝ハンガリー、ロシア）総計の六〇％以上を占め、一九世紀末には一二七万トン（四七二隻）とトップの地位がさらに強化され、世界シェアの八割にも達した。

イギリスは強力な海軍力により、世界の海洋と主要植民地を制した。世界中に配置された海軍基地は「世界を監禁する五つの錠前」と呼ばれたジブラルタル、シンガポール、ドーバー、喜望峰、アレキサンドリアでは大陸諸国が海外で植民地を持つことを牽制した。(5) この世界最強の海軍は優れた艦船と航海術によって支えられ、世界のあらゆる地域、必要な箇所に短期間で兵力を輸送することができた。

イギリスは強力な海軍力により植民地を獲得して安価な原料を輸入し、輸出市場を確保した。制海権の掌握により商船の輸送が発達し、世界の重要な港湾・設備を活用して膨大な海運収入を獲得した。

第二にパクス・ブリタニカの経済システムで特筆すべきは、イギリスを中心として発展した自由貿易体制である。一九世紀初頭のイギリスでは依然として絶対主義時代の重商主義政策が重視・継承され、穀物法など地主階級を保護する貿易政策がとられていたが、産業革命が進行するにつれて産業資本家からの自由な貿易を求める声が強くなり、自由貿易の必要性が高まっていた。一七七六年、アダム・スミスは『国富論』(諸国民の富)を発表し、「神の見えざる手」によって導かれる市場メカニズムに基づく経済活動の「自由放任主義」を提唱した。またデヴィッド・リカードは『経済学及び課税の原理』(一八一七年)で比較生産費説を提示し、自由貿易が産業・経済全体の発展をもたらすことを理論づけた。

一九世紀前半、穀物法の廃止や関税の引き下げにより産業資本主義が発展し、自由貿易体制の形成につながった。工業分野で圧倒的優位を誇ったイギリスは自由貿易体制により、国際秩序を支配するようになった。一八四〇~一八四二年のアヘン戦争、一八五〇~六〇年代の日本に対する開国要求などで清朝や江戸幕府の統制貿易を打破し、自由貿易・市場開放を強要した。また欧州主要国と相互に自由貿易的通商条約を結び、自由貿易ネットワークともいうべき体制が成立した。

一九世紀中頃に確立した自由貿易主義による世界市場への影響・支配は、パクス・ブリタニカの経済システムにおける重要なファクターである。イギリスは自らが設計・支配した自由貿易体制の下で海外市場を大いに活用し、貿易を拡大した。つまり自国の工業製品とその他の供給品、金融・サービス（資本、銀行業、保険、海運など）と諸外国の一次産品（原料と食料）を交換し、分業した。一八七〇年の一人当たりの貿易額はフランス人が六・四ポンド、ドイツ人が五・六ポンド、アメリカ人が四・九ポンドであるのに対してイギリス人は一七・七ポンドであった。国産品の輸出は一八世紀末までにすでに国民所得の一三％にのぼり、一八七〇年代初頭までには約二二％まで拡大した。

イギリスの基幹産業において、国際市場は非常に大きな役割を担っていた。[6] 綿業では一九世紀初頭に総産出の半分以上を輸出し、一九世紀末には五分の四を輸出した。一九世紀中葉以後、鉄鋼業は総生産高の約四割を海外市場に向けていた。

イギリスが国際自由貿易体制をうまく確立・推進できた主な要因は、工業力の向上に伴う造船力（軍艦を含む）・海軍力の拡大による制海権の拡大にある。

ここで指摘すべきは、ヘゲモニーを握ったイギリスはかつてのオランダと同じく自由貿易政策を採用したとは言え、あくまでも自国のために自由貿易を追求したことである。これはイギリスの産業資本と金融業者の利害に適っており、穀物法を撤廃しても国内の土地所有者の反撃を抑えるだけの産業構造があった。自由貿易は等価交換による平等な関係として展開したのではなく、安価なイギリス製品が世界市場を制覇し、辺境地域を原料の生産と輸出に特化（モノカルチャー化）するものであった。(7)

第二に、イギリスの世界における金融的影響・支配である。産業革命による産業資本主義の発展は、資金調達による銀行・証券など金融市場の発達をもたらした。

イギリスは「世界の工場」であるとともに「世界の銀行」としても世界に影響を与えた。一六九〇年代前半に設立されたイングランド銀行は中央銀行として財政・経済を支え、一八世紀のイギリスの産業革命期には企業の融資によって経済発展の基盤となった。その後、イギリス産業革命による国力の拡大に伴い世界金融を支配する銀行として急成長を続け、一八三三年には銀行券が法定紙幣とされ、一八四四年の銀行法で発券銀行としての独占権が与えられ、金本位を確立させた。

一九世紀後半、ロンドンのシティが世界金融のセンターになり、イングランド銀行は「世界の銀行」としての役割を担い、一九世紀末にはポンド体制による国際金本位制が世界経済のヘゲモニーを握った。こうして一九世紀までのイギリスは「世界の工場」として世界経済をリードしてきた。二〇世紀初期には工業生産力ではアメリカ・ドイツに抜かれたものの、国際金本位制によって「世界の銀行」として世界経済・金融をリード・支配した。

つまり、イギリスとの輸出入商品に対してのみならず、第三国経由の輸出入に対してもその信用が供与された。イギリス以外の国々はロンドンの銀行にポンド建ての預金を設定してポンド建てのロンドン宛て手形を振り出し、これがロンドンのマーチャント・バンカーによって媒介され、貿易差額が決済されていた。このロンドン宛て手形は事実上、国際的流通手段として機能した。(8)

最後に、イギリスが海外投資を拡大し、世界経済に大きな影響を与えていたことが挙げられる。イギリスの投資家はかつてないほど対外投資を行っていた。一九世紀半ばには対外投資が三〇〇〇万ポンドに達し、一八七〇〜一八七五年の間に毎年七五〇〇万ポンドと莫大な額に達し、年間フロー投資額は六三億ドルにのぼった(ミラ・ウィルキンス、一九八九)。この投資の資金は利子や配当としてイギリスに還流してくるが、総額は一八七〇年に五〇〇〇万ポンドを超え、このうちのほとんどが海外に再投資された。

このように利益再投資などで海外投資が拡大するにつれてイギリス国内経済も発展し、特に貿易と通信の発達を促進した。海外投資への還流によりかねてから問題となっていた貿易収支のギャップが大幅に解消され、海外投資からの収入、つまり対外直接投資・証券投資などといった収入がかなりの額に達していた海運、保険、銀行手数料、商品取引からの所得に上乗せされ、国際収支の均衡を保った。

また、この時期にも証券投資を中心とした対外投資が活発となり、先進諸国の対外投資の五割以上を占めた。イギリスからの対外投資は国内の景気循環に伴って展開されていたが、一八四〇〜七〇年代には国民所得や工業生産よりも増加した。イギリスの主な海外投資先は一九世紀初期にはヨーロッパが中心で、政府向けローンおよび鉄道敷設を目的とした証券投資が主体であった。一九世紀中葉になるとヨーロッパ向け投資の比率が低下し、その代わりにアメリカをはじめとする地域への投資が高まった。高度に発達したロンドン金融・資本市場が現地の経済発展を促進し(9)、イギリスの影響力はますます強化された。

イギリスは商品の輸出に代わり、資本の輸出を増大させた。国内では巨大企業の支配が一般化して投資機会は減り、資本の過剰に直面していた。資本が不足していた巨大企業は、高利潤率・高利子率を求めて地価・賃金・原料の安い植民地域に資本を輸出するようになった。そして植民地・発展途上国に輸出された資本は、主として鉱山の開発や輸出向け農産物の栽培、低賃金を利用した第一次産業や軽工業への投資など、利潤を獲得するために使われた。こうして被投資国は先進国の資本によって原料や市場を独占され、開発のために投資国の商品輸入を義務づけられ、イギリスを中心とする世界市場に巻き込まれていった(10)。

イギリスの対外投資・資本輸出は商品輸出を促進した。たとえば一八三〇年代の対アメリカ鉄道投資は、鉄道設備などのアメリカへの輸出を拡大した。一八四三年まで鉄道用棒鉄の輸入は無課税で、イギリス鉄がアメリカ市場をほぼ席巻していたため、アメリカの初期の鉄道のレールはこれによってつくられた。[11]

イギリスの主要な投資地域は欧米などの後発資本主義国やイギリスの植民地地域であった。イギリスの投資分野は①一八五〇年代からの鉄道証券、②一八六〇年代からの公債、③一八六〇年代前半の海外民間事業の証券、特に金融業証券である。一八七〇年の投資残高は政府証券が圧倒的に多く、それに鉄道証券が続き、事業会社の証券への投資は全体の一一・八％に過ぎない。帝国主義段階になると原料資源の支配を目指し、生産部面に多く投資されるようになる。

イギリスの海外投資は一七二〇年代にはラテンアメリカ、一七三〇年代はアメリカ、一七四〇年代は欧州、イギリス連邦諸国など年代によってシフトした。投資形態は政府貸付などの間接投資および鉄道、鉱山、土地開発、製造業などへの直接投資であった。一七七〇年代末、イギリスの海外投資残高は七億七〇〇〇万ポンドに達し、植民地、アメリカ、ヨーロッパ、ラテンアメリカへの投資はそれぞれ三六・三％、二七・三％、二四・七％、一二・四％を占めていた。ここからも、イギリス対外投資の多様性がうかがえる。これらに加えて金本位制度が広く世界に受け入れられたことにより、ロンドンを中心とした国際的な為替決済システムが発展した。

産業革命による工業生産と経済力、軍事力の拡大に伴い、一九世紀後半、ロンドンのシティが世界金融センターとしての地位を築いた。イングランド銀行は「世界の銀行」としての役割を担うこととなり、一九世紀末には国際金本位制＝ポンド体制が世界経済のヘゲモニーを握った。

また、アジアやアフリカなどに広大な植民地を有し、安定した財政基盤を整備したことにより世界経済・金融のヘゲモニー（主導権）を握り、国際通貨ポンドの金本位システムを構築した。国際金本位制は一八一六年にイギリスに始まり、一八四四年にイングランド銀行が金と交換可能なポンドを兌換紙幣（金一オンス＝三ポンド一七シリング一〇ペンスを平価とした）として発行した。一八七三年にドイツが普仏戦争の賠償金をもとに金本位制に移行したのを皮切りに、一八八〇年代にアメリカ、フランス、スイス、スウェーデン、ノルウェー、デンマークなどで採用され、一九世紀末にロンドンのシティを中心とした国際金本位制＝ポンド体制として確立された。

イギリスのヘゲモニーの確立と呼応するように国内では金貨本位制が採用され、その他国々の通貨はイギリスの中央銀行券ポンドと固定した交換比率（固定為替相場）で交換されることにより、ポンドが金との交換を保障する国際通貨（金為替）となった。

イギリスは自由貿易政策により綿製品を中心とした工業製品を輸出したが、それと同時に食料・原料を大量に輸入したため、貿易収支はむしろ赤字であった。

イギリスの金融パワーは資本輸出・対外投資を拡大した。海外投資などによる貿易外・所得収益（金融業などのサービス収益、海外投資の利潤の本国送還）により経常収支を黒字化し、原料など一次産品の大量輸入による貿易赤字を補塡した。さらに経常収支の黒字を対外投資・資本輸出したため世界的な国際収支の不均衡の解消につながり、これはイギリスの貿易、ひいては世界貿易をさらに拡大させた。こうした多角的・円環的な貿易・資本輸出は金本位のポンド国際通貨体制に支えられ、金本位制の安定化に寄与していた。

このようにイギリスは一九世紀の自由貿易体制、金との兌換が保証されたポンド（スターリング）を基軸通貨とする国際金本位制などといった金融パワーを駆使し、鉄道・蒸気船のネットワークや海底電信網による世界的規模での運輸通信網、国際郵便制度やグリニッジを基準とする国際標準時、国際取引法などの国際法体系、さらに強力な軍事力に支えられた安全保障体制、世界言語としての英語などを国際公共財として活用し、世界秩序の形成に寄与した。イギリスは金融面で国際社会経済に影響を与えつつ、自らのヘゲモニーの下で国際秩序を支配していた。

2　パワーバランスのシフト――イギリスの世界支配の衰退と米国の台頭

†「世界の工場」の凋落

しかしながら南北戦争後のアメリカ、ドイツなどの工業化・産業革命の進展に押され、一九世紀半ばからイギリスの産業技術力は徐々に衰退していき、世界は蒸気機関に代わり、内燃機関を中心とする第二次産業革命に入った。この時代は鉄鋼、電力、石油、化学など重工業の分野での技術革新が中心となり、動力もそれまでの石炭や蒸気機関に代わり、石油、電気、電動機などが使われるようになった。また、第二次産業革命では大規模な経営生産方式・生産組織が登場した。

イギリスにおける第一次産業革命の技術は、第二次産業革命の主役であるアメリカの製鉄業や自動車産業、ドイツの製鉄業や化学工業、コンツェルンやトラストのような巨大独占組織に支えられた重化学工業力に比べて遅れていた。蒸気機関をもたらしたイギリスの産業革命はディーゼル機関車、電車・自動車の時代に対応しきれなかった。イギリスはすでに構築された社会や工業技術システムに依存するあまり、容易にそれを変えることができなかった。

イギリスの産業革命がピークアウトしてからの一八七〇～一九一三年は第二次産業革命でアメリカ、ドイツが台頭した時期でもある。イギリスの世界的な経済的・工業的地位の低下は著しく、この時期の経済成長率はわずか一・六％であったのに対し、アメリカ、ドイツの経済成長率はそれぞれ五％、四・七％に達していた。また工業製品の成長率もアメリカが四・八％、ドイツが三・九％であるのに対して、イギリスは一・八％に過ぎなかった。

工業生産の世界シェアにおいて、イギリスは一八七〇年には三割以上（三二％）を占めたが、一九世紀末期には一九・五％へと、さらに二〇世紀初期（一九〇〇～一九一〇年）には一四・七％まで大幅に低下した。一方、アメリカとドイツはそれぞれ二三・三％、一三・二％から一九世紀末期には三〇・一％、一六・六％まで増大した。さらに二〇世紀初期にはアメリカが三五・三％と世界の四割近くのシェアを占め、ドイツは約一六％のシェアを維持していた。[12]

イギリスの銑鉄・鋼の世界生産シェアは一八七〇年代の四六・八％、三八・四％からそれぞれ、二〇世紀初期には一八・七％、一三・五％まで低下していた。一方でアメリカ、ドイツの銑鉄の世界生産シェアはそれぞれ一六・一％、一二・三％から、四〇・三％、一八・六％まで大幅に上昇しており、鋼の世界生産シェアも二二・一％、一八％から四二・五％、二二・二％まで拡大していた。

イギリスの世界貿易におけるシェアがピーク時の一八七〇年の二二％から一九〇〇年には一

九％まで減少した一方で、アメリカは一一％から一二％に上昇した。イギリスはもともと海外市場への依存度が強く、国内工業の衰退に加えてアメリカ・ドイツなどの台頭により、海外市場シェアは相対的に低下しつつあった。特に世界市場に占めるイギリスの工業品輸出シェアの低下は顕著で、一八七〇年には四五％台で世界の第一位であったが、一八八〇年代になると四〇％を切り、一八九〇年代末には三〇％を大きく下回った。

イギリスでは工業競争力の低下により輸入超過がさらに深刻化し、貿易赤字額は一七七〇年代初期の二五〇〇万ポンドから、二〇世紀初期には一億三八〇〇万ポンドまで拡大した。

イギリスは一九世紀末期、工業の競争力が衰退したことで「世界の工場」の地位を失い、第一次世界大戦後は金融・サービス（商業・海運）などのパワー・国際競争における優位性も次第に低下していった。

このようにイギリス経済。工業生産性の成長においてアメリカ、ドイツに後れを取り、国際競争力の低下に伴い世界的な支配力も衰退した。

†イギリス衰退の背景

イギリスの世界におけるヘゲモニーが衰退した主な背景として、イギリスの工業を取り巻く内外環境・情勢の変化という視点から、次のような点が挙げられる。

まず第一に、イギリスはアメリカをはじめとする第二次産業革命がもたらした変化──蒸気機関や軽工業を中心する製造業から内燃機関や電力・化学など重化学を中心とする製造業への転換、中小規模な産業組織による小・中量生産方式から大規模な産業組織による大量生産方式への転換にうまく対応できなかった。産業革命前期に始まった株式会社制度が発展したことにより、アメリカおよびドイツでは企業が大規模化し、特に大規模資本が必要な鉄鋼、電気機器、化学など重化学工業分野が発達した。

第二に、技術人材教育がアメリカ、ドイツに比べて劣っていた。ドイツではプロイセン時代、一七六五年に教育制度が整備されている。ここではイギリスと比べて一世紀早く始まった義務教育制の初等教育機関に加え、実学に重点を置いた中等教育機関、科学研究ないし応用科学追及のための大学、技術訓練教育のための高等専門学校など必要なあらゆる技術教育体制が整備され、大企業では企業内職業訓練教育も行われていた。アメリカでは一八五〇年の時点で、初等教育の在籍者数は世界一を誇った[13]初等教育と中等教育は個々の州や地方自治体が担い、連邦政府は公有地を売却した代金で大学を設立し、農業専門教育をサポートした。一七八〇年代まで、大学は社会的ないし教養目的の教育をしていたが、それ以降は農業や工業など実学に力を入れた。高等教育の普及と実学志向が、二〇世紀にアメリカの工業が優勢になった要因のひとつとみなされている（大和正典、一九九九）。

一方、イギリスにおける技術教育はドイツ、アメリカに比べて大きく後れを取った。オックスフォード大学やケンブリッジ大学の歴史は古く、後世にその名を残す科学者を多く輩出してはいるものの、両大学は元来、聖職者の育成を目指しており、技術的な実学教育は遅れていた。たとえば一九世紀末、ドイツが年に三〇〇〇人の大卒技術者を送り出していたのに対し、イングランドとウェールズでは科学、工学および数学のすべての分野で最優等および次席優等で卒業したのはわずか三五〇人に過ぎなかった。しかもほとんどの卒業生は研究資格を持っておらず、一九一三年の時点でイギリスの大学生の人数はドイツの六万人と比べて、わずか九〇〇〇人であった。(14)

第三に、イギリスの製造業分野におけるモノづくりの企業家精神・イノベーション精神が欠けていた。イギリスが世界のヘゲモニーを握っていたヴィクトリア朝時代（一八三七〜一九〇一年）、成功した産業資本家が地主（ジェントルマン）に成りあがる例が多く見られた。水力紡績機を発明したアークライト、農民から綿紡績工場の経営者となったジェデディア・ストラットも所領や土地を購入している。イギリスでは家族企業が多く、株式会社になっても家族が株の大半を所有し、世襲的支配を続けていた。二代目、三代目になると工場は事業の中心というよりもむしろ、所領のような形で地主やジェントルマンに定期的収入・利子をもたらすものと見なされ、設備投資に遅れが生じ、労働者の勤労意欲とともに企業家精神も衰退し、生産が低迷する。[15] そのため実業家・経営者の進取の精神が損なわれ、新たな諸条件に適応する意欲が減退し、設備投資や事業のイノベーションも滞った。

当時は貴族や地主、金融資本家などといった「ジェントルマン」が英国の政治や経済を牛耳っており、彼らは技術を扱う製造業のような産業に手を染めることは恥ずべきことだと見なしていた。政治・経済を牽引する彼らが技術や製造業を軽んじたことは、イギリスの技術力が衰退した一因と考えられる。[16]

加えて、イギリス資本主義の特質であるジェントルマンによる金融・サービス業などの発展が製造業の発展を妨げた。これによりイギリスは「モノづくり」に携わる工業・製造業よりも、ロンドンのシティを中心とした「カネ」を扱う金融・サービス部門を重視するようになる。

かつてイギリスは世界でいち早く産業革命を遂行し、「世界の工場」として世界に君臨していたが、モノづくり・工業生産で世界の先頭を切っていた期間は短かった。また、一九世紀には商品貿易で膨大な赤字を抱えており、それを国際金融・海運を含むサービス分野の大幅な黒字で補塡していた。

一八世紀にはジェントルマンがその資産を民衆に貸し付けることで利子所得を得ていたが、一九世紀にはロンドン・シティの金融界における成功者がジェントルマンと見なされた。彼らが海外に投資し、モノづくりよりも利益を優先した結果、イノベーションの源流となる企業家精神が育たなかったと考えられる。
第四に、古い技術・設備に縛られて新たな技術開発・投資を怠ったことにより、工業のパワーが減退した。工業技術構造の転換や新たな技術には多大なコストがかかるため、旧来の方式で利益を得られる限りは、工業合理化へのモチベーションは弱かった。イギリスの製鉄業者がギルクリスト・トマスの「塩基性」方法をなかなか採用しなかったのは、非合燐性鉄鉱石を容易かつ安価に輸入でき、酸性鋼生産用のプラントに投下された大量の資本がその価値を失うことになるからである。[17]
第五に金融・サービスに集中したため、モノづくり・製造業のさらなる発展が遅れた。産業革命の後期、イギリスはモノづくりに携わる工業・製造業よりも「カネ」を扱う金融・サービス部門での利益を追求していた。一九世紀後半以降、イギリスは金融・サービスにより巨大な利益を得ていた。世界中にイギリス製の電信が敷かれ、国際貿易はロンドンの金融街であるシティで電信決済された。そして世界の海運業を主導し、世界の貿易が拡大すればするほど、貿易決済の手数料や海運運賃などといった金融・サービスの利益が拡大した。その上、対外証券・貸付投資など海外投資により黒字を拡大し、イギリスに大きな富をもたらした。一八九一〜一九〇〇年には貿易収支利益は三億八五〇六万ポンドに達し、一八二一〜一八三〇年の一一倍にまで増大した。[18]なお、一八六〇〜一八七〇年代のイギリスの非農業部門のGDPのうち製造業は三六・七％で、金融（約三三％）・サービス（約二四％）部門は六割近くにのぼった。この比率は一九世紀を通じてほとんど変わらず、二〇世紀には製造業の比率は一〇％台まで低下した。[19]

また、イギリスは自由貿易帝国主義により早くから資本輸出をしていたが、この時期になると海外投資が増加し、国内投資には消極的であった。イギリスの資本家は国内産業・モノづくり分野に投資して「産業利潤」を得るよりも、海外投資による利子所得・配当所得を優先させ、「金利生活者」と化していた。[20] その結果、重化学工業のパワー・技術力を向上させることができず、アメリカやドイツに比べ大きく後れを取り、国際競争で優位に立つことができなかった。

金融・サービス業を追求した結果、イギリスの工業はアメリカやドイツと比べて大きく遅れた。一九世紀後半〜二〇世紀初期の製造業生産の年成長率はイギリスが二・一％にとどまったのに対し、ドイツは四・一％、アメリカは四・七％と堅調であった。その結果、イギリスの工業の世界における生産シェアは一八七〇年時点の三一・八％（世界一位）から、二〇世紀初頭には一四・七％（世界三位）まで低下した。ここではモノづくり分野よりも、金融・サービスなど非製造業部門による影響が大きいと考えられる。

イギリスは製造業・実体経済を離れ、金融・サービス業のパワーへのこだわりから新たな技術革新を怠った。その結果、アメリカ、ドイツが主導する第二次産業革命に出遅れ、猛スピードで新たな産業革命・工業化を推進していた両国に太刀打ちできなくなり、これが自国の工業力・経済力の低下、ひいては世界における支配力・ヘゲモニーの衰退につながった。

3 アメリカの産業革命

†一九世紀後半からのスタート

一九世紀後半、南北戦争（一八六一〜六五年）での勝利後、工業地帯である北部の保護貿易による躍進で工業化が進んだ。広大な大陸の東西両端に大都市があるアメリカでは、大陸横断鉄道建設のブームにより産業化が進んでいた。各産業で独占企業が誕生し、実業家への賞賛と羨望が有能な人間を国内のみならず、海外からも惹きつけたことが工業企業発展の大きな原動力となった。

アメリカの産業革命はイギリスとは異なり、一九世紀の終わりに重化学工業を中心として始まった。これはドイツも同様であり、産業革命は一国の発展史として理解するのではなく、世界システムとして捉えることが重要である。第一次産業革命はイギリスが中心となって展開されたが、第二次産業革命ではアメリカ・ドイツが主役となり、この時代には化学、電気、石油および鉄鋼の分野で技術革新が進んだ。イギリスが第二次産業革命に乗り遅れた主な原因は、第一次産業革命で構築された設備技術、システム、産業構造に縛られたことにあると考えられる。

アメリカはドラスティックな量産工業社会の先導国家であった。消費財の大量生産というシステム面の発展もあり、食料や飲料、衣類などの製造の機械化、輸送手段の革新、さらには娯楽の面では映画、ラジオおよび蓄音機が開発され、大衆のニーズに反応しただけでなく雇用の面でも大きく貢献した。

一八六五年から一九一三年頃までの間に、アメリカは世界でも先進的な工業国に成長した。土地と労働力が豊富にあり気候が多様で、運河、川および海岸水域など航行可能な水域があることにより工業経済の交通需要を満たし、さらに天然資源が豊富なことにより安価なエネルギーと迅速な輸送を可能にし、さらには資本が潤沢であったことにより第二次産業革命を強力に推進できた。

モノの生産は手工業から工場生産に移り、生産のための組織、協調関係および規模が拡大し、さらには技術の進歩や輸送機関の発展がそれに拍車をかけた。鉄道によって西部が発展し、農場や町、市場ができた。最初の大陸横断鉄道はイギリスの資金を使い、アイルランド人や中国人の労働力を用いて事業家たちによって建設され、僻遠への旅を可能とした。これにより資本・貸付のみならず、農夫になろうとする者にも大きな機会が生まれた。

製鉄・製鋼ではベッセマー法や平炉のような新技術が化学など他の科学分野における研究成果と結合し、生産性が著しく向上した。また電報・電話など新たな通信手段は、管理者たちが遠隔で連絡を取ることを可能にした。ヘンリー・フォードが始めた移動する組立ラインやフレデリック・ウィンスロー・テイラーの科学的管理法など、労働とその組織の編成にも大きな革新が起きた。

工作機械など機械生産においては一七四〇年代以来、ノギスやマイクロメーターのような測定器の量産により、精密な部品・パーツを加工してマスター・ジグを製造し、多くの工作機械を製造するようになった。アメリカは特に、汎用工作機械や特定機器専用の工作機械の開発に取り組んできた。互換性部品で組み立てられた小火器とその製造法が進歩し、これがアメリカ式工場生産よる製品の先駆けとなっている。こうしたプロセスを経て新たな量産的工作機械、測定器、マザーマシンと呼ばれる工作機械が続々と製造され、アメリカの機械産業が確立されていく(21)。

アメリカの工業化・産業革命時代に求められた大企業の財務を裏づけるために、持株会社が現れ、事業組織の管理・支配的形態になっていた。企業法人はトラストを結んで拡大した。アメリカ政府は高関税を障壁として外国産業・企業の輸入・競合から本国産業・企業と雇用者を守り、鉄道建設・運営に助成金を投じ投資家、農民および鉄道の建設者・労働者を豊かにさせ、都市化を進めていた。とにかく企業の大型化・持ち株化および政府のサポートにより、工業化・産業の発展が推進されていた。

アメリカでは数々の技術革新が起き、自動車、電力・電機、石油産業などの新産業が次々と生まれた。第一次世界大戦から黄金の一九二〇年代にかけて、アメリカの重化学工業化は大きく進展した。世界恐慌により工業は大きく衰退したが、第二次世界大戦の軍需により復活した。戦後間もない頃、アメリカの工業は圧倒的なシェアを誇り、新技術の発達により工業化が進展した。

二〇世紀の後半は政治、経済および軍事の分野においてソビエト連邦との冷戦・競争の時代で、政府主導の下でハイテク技術分野における研究開発が進み、宇宙工学、電子計算機およびバイオテクノロジーなどの分野で最先端のレベルを維持した。しかし一九七〇年代のスタグフレーションと一九八〇年代初めの高金利政策によりアメリカは壊滅的な打撃を受け、日本やドイツ（当時の西ドイツ）に比べ、工業の競争力は低下した。現在はＩＴや航空機など一部工業で競争力を持つが多くの工業製品を輸入しており、金融・サービス脱工業化が進展している。

†イギリスからの外圧

アメリカは国内の自らの力、つまり企業家精神・イノベーション精神により研究開発に取り組んで数多くの技術成果を生み、工業化・産業革命を遂行した。

アメリカ産業革命の特殊性・特徴については次のような点が挙げられる。

第一にアメリカはイギリスのファクターから外圧・影響を受けていた。一九世紀前半、アメリカは産業革命の先発国であるイギリスから輸入された大量の繊維製品、綿製品との競争に直面した。国産の製品を差別化し、棲み分けする必要性から設備・機械を改良し、開発に努めていた。当時、イギリスは新しい工業技術の流出を厳重に禁止したため、機械はアメリカの国内で製造しなければならず、そのための技術やノウハウと資金を必要とした（中村勝己「イギリス産業革命とアメリカ資本」『三田学会雑誌』第六四巻第八号、一九七一年）。アメリカでは、イギリスから移住してきた熟練工・技術と国内熟練工・技術者が国内の繊維用機械製造にあたり、繊維機械などについては先発国のイギリスの技術・機械を改良した。

たとえば、フライヤーを鋼製ループに置き換えたアルヴィン・ジェンクスのリング紡績機（一八三〇年）は一八七〇年にミュール機が三四〇万錘であるのに対して三七〇万錘と凌駕し、一九〇五年にはミュール機が三二〇万錘であるのに対して一七九〇万錘と圧倒的多数に達した。

機関車技術においても初期にイギリスから蒸気機関車が輸入され、それが比較的に早い段階で探鉱や鉱山に導入された。そして間もなく自国の機関車製造のほうが優位に立ち、イギリスが逆輸入するほどまでに発展した。その背景には自国の環境・実情に合わせて工夫・改良し、進化させたということがある。つまり「輸入された機関車は、新大陸の急勾配・急カーブの地形に合わせて車輪形態が工夫され、機構が考案されて専門工場で制作されていった。先輪四個・動輪二個・縦輪なしの車輪配置の携帯を取る機関車四―二―〇は次第に増加する列車重量力不足を来して動輪を一軸増加し、先輪四個・動輪二個・縦輪なしの四―四―〇型機関車に移行する[22]」。

†特許制度

第二に、米国の特許制度がイノベーションの形成・進捗をサポートしたことが挙げられる。一七七六年にイギリスから独立したアメリカは一七九〇年に特許法を制定し、建国の当初から特許制度によって産業を振興する施策を推進していた。奴隷解放戦争として知られる南北戦争は工業圏の北部と農業圏の南部の経済戦争とも言われ、一八六五年の北軍勝利により、アメリカの工業化に弾みがついた。南北戦争当時に大統領であったエイブラハム・リンカーンは、自らが特許を取得するほど特許奨励による産業振興に力を入れたため、アメリカは一九世紀半ばには特許の登録件数で世界一に躍り出た。

米国商務省の玄関わきには今も「特許制度は天才の熱情という炎に利益と言う油を注いだ」というリンカーンの言葉が掲げられている。その後、一九世紀末から二〇世紀初頭にかけて発明王として知られたエジソンの白熱電球や蓄音機、ベルの電話機、ライト兄弟の飛行機やGEの研究者達によるラジオなど現代の産業技術の基礎となる発明が相次ぎ、これらの新技術がアメリカを世界最大の工業国に押し上げる原動力となった。

近代の特許制度は新しい発明に権利を与え、発明者を保護することにより発明者のモチベーションを向上させる。その発明により産業・経済の発展が促進されるため、これは発明者と国民の双方に利益をもたらす画期的な制度である。(23)

一七八七年に立法された憲法第八条には、「議会は、著作権及び発明者に対して、一定期間それぞれ著作及び発明に関する権利を独占させることにより、科学及び有用なる技術の進歩をはかる権限を有する」と規定されている。これに基づき、一七九〇年四月一〇日に特許法が制定された。

特許法第一条では、発明あるいは発見が明確かつ真正に、しかも十分に説明された場合、これら申請者には一四年間を超えない期間、発明あるいは発見について独占的で排他的権利が与えられる、とされている。この規定に従い、出願時に発明者は発明の内容を詳述した特許明細

書を提出し、その明細書の内容に基づいて発明の審査を行い、特許を付与する。(24)

加えてアメリカは、特許制度の下で特許法を徹底的に執行していた。英国、フランス、ドイツと比べて米国の特許法運用はしっかりしていた。特許庁という専門官庁を設立し、そこで出願の受付から発明の審査、公報を発行するための一切の業務、特許の先行技術を調査するための図書館サービスなどがすべて行われた。一七九〇年に特許法が制定されて以降、国務長官、国防長官、司法長官が共同で特許出願の審査を行うこととなり、当時の国務長官は第三代大統領のトーマス・ジェファーソンであった。(25)

米国特許法はその後、一七九三年に改正され、さらに一八三六年に大改正があった。この一八三六年法により、米国における特許出願の受付、審査、公報発行のシステムはさらに充実した。

おそらく当時、米国の指導者はフランスより後進国であった英国が産業革命を起こし、工業技術の点でたちまちフランスを追い越したうえで鍵となったのが特許制度であったことを認識していたのであろう。それゆえにイギリスから独立した当初から憲法で発明の保護の重要性を強調して特許制度の採用を図り、これにより大発明が続々と生まれた。つまり、アメリカの産業革命の引き金は独立の時にすでに引かれていたのである。(26)工業化の初期、アメリカは後進国でありながら特許訴訟だけは世界一の件数にのぼり、特許大国の土台を築いた。たとえば特許をめぐる係争は町々の法廷、その町の職人が集まっている場で展開され、問題の機械・装置が分解されて徹底的に比較され、その中身はさらに職人社会の機関紙で紹介された。これにより特許制度の下で、特許の保護や特許紛争は技術の伝播とさらなる発明・改良に大きな役割を果たした。[27]

「一八世紀半ばに産業革命がイギリスで起こった。技術革新の波は一九世紀末には西部開拓の勢いを増したアメリカに移り、一獲千金を夢見た人々の欲望と情熱はエネルギーの塊となり、大陸横断のための蒸気機関車やエジソンによる蓄音機や電球など多くの発明が生み出され、工業化を目指した一九世紀末アメリカで生み出された特許図面は、インダストリアルデザインの原点であり宝庫である[28]」。

なお、特許制度は技術の進捗をもたらしていた。一八九〇〜一九一〇年に鉄鋼、電気、通信および事務機械や農業機械などの部門で申請された特許件数は二三万件を超え、イノベーションの原動力となっていた。[29]

世界の他の先進国が先願主義的な特許制度を有しているのに対してアメリカは唯一、先発明主義を採用・維持している。それは個人発明家を重視し、憲法第八条（技術発明者のみがその発明・発見に関する排他的権利を持つ）に基づくと考えられる。また、先願主義にすると発明を迅速に出願できる大企業や組織・機関に対して、それだけの資金・費用も要員もない個人発明家が不利になるというのが、アメリカが先願主義移行に反対していた大きな理由であった。[30]

しかし二〇一一年に改正米国特許法（AIA法：America Invents Act）が成立したことにより、先発明主義から先願主義（先発明者先願主義）への切り替え、「先発明者先願主義」が導入された。これにより日本を含む諸外国と同様に、同一の発明について複数の出願があった場合、先に出願した者に特許が付与されることになった。[31] 先願主義に移行して他国と統一したほうが、将来の「世界特許」構想実現においても有利であると判断したのであろう。[32] 加えて、パテント・トロール（patent troll 特許の怪物）など訴訟への対応やそれを回避するための特許申請の準備作業が煩雑化しており、特にIT関係企業を中心として特許取得に対する意欲が減退しつつある現状も指摘されている。オバマ政権も景気対策や雇用促進のためイノベーションの促進を掲げており、特許制度改革の重要性を認めていた。[33]

アメリカはこれまで個人発明を最大限に保護することにより国民の発明・イノベーションへのモチベーションを向上させ、その特許を市場・商業的に活用してきた。

†互換性生産方式

第三は互換性生産方式（system of interchangeability）に基づく大量生産方式の開発・活用であり、その代表例は銃器工業（smallarms industry）である。アメリカ的な生産様式を互換性部品とそれに基づく製品の標準化・機械の専門化と位置づけ、その代表産業をまず銃器工業に、次いでミシンや時計工業、さらに時代を下ると農機具、タイプライター、金銭登録機、自転車、自動車工業などとした[34]。

標準化・互換性生産方式による大量生産体制が確立・普及したことには市場ファクター、社会的ファクターが大きく影響している。

大量生産方式はオートメーションを中心とする高度な生産・機械設備のもとで生産工程の単純化・合理化を通じてコストダウンを実現させ、生産性の向上ならびに生産物の質の改善をもたらしている。大量生産方式が発展したのは、大衆の所得水準の向上に伴う大量消費により、注文生産的市場から市場生産的市場へと市場構造が変化したことによる。経済の発展段階が生産財中心であった時代には自動車やプラント設備、重電機、造船など注文生産的市場の比重が高かったが、大量消費時代の到来とともに消費財を中心とした大量生産方式が発達した。一九一〇年代のアメリカでフォード・モーター社が行ったT型フォードの大量生産は、アメリカの大量生産・大量消費時代における顕著な例である。

フォードによるT型フォードの大量生産方式の導入は自動車市場を一変させた。T型フォードの大量生産方式の最大の特色である流れ作業による組立は、部品互換性・標準化を突き詰めた斬新な生産方法により可能となった[35]。こうした二〇世紀におけるアメリカ式大量生産方式の開発・導入は、シュンペーターのイノベーションにおける新生産方法の導入・活用の恰好の例である。アメリカの大量生産方式のようなプロセス・イノベーションは生産工程を改善したのみならず、人々のライフラインや消費のあり方を変え、社会生産方式・組織構造を変えた。これは二〇世紀を代表する主要ノベーションの一つであり、アメリカのヘゲモニーパワーの形成に大きく寄与したと言えよう。

最後に、アメリカンドリームを目指す移民は膨大な労働力と技術力をもたらしている。「移民の国」と言われるアメリカの一九世紀は、現在ではもはや神話となった「ボロから富へ」の実現が可能であった。第七代大統領アンドリュー・ジャクソンに「アメリカ製造業の父」と称されたサミュエル・スレーター、二〇世紀初頭の鉄鋼王として有名なアンドリュー・カーネギーなども移民であった。

アメリカへの移民が急増した一九世紀後半では産業革命の最中であった。移民は一九世紀、一八二〇年代の一五万二〇〇〇人から一八四〇年代には一七一万三〇〇〇人に、さらに一八八〇年代には五二五万人、二〇世紀初期には八八〇万人にまで増大していた。こうした移民は重要な労働力として、アメリカの工業化・産業革命の遂行に大きな役割を果たしていた。アメリカ政府によれば、一九一四年時点で移民労働者はアメリカの労働者総数の半数以上を占め、鉄鋼業では五八％、石炭および紡績業ではともに六二％を占めていた。

なお一九世紀を通して見ると移民からは労働者のみならず、起業家として成功した者もおり、彼らがアメリカの経済発展を支えたと考えられる。

労働力に参加する人口比率が高ければ高いほど、一人当たりの生産量が増える。一八七〇〜一九四〇年の労働参加率を見ると、米国生まれの人たちに比べて移民のほうが一貫して高い。特に大量移民の期間は移民の参加率が五二〜五八％であったのに対し、米国生まれの人たちのそれは三二〜三八％にとどまる。[36] それは移民の過半数が男性で、八〇％以上が一四〜一五歳以上であったことによる。

移民は大量の労働力をもたらしただけでなく、技術発明などでアメリカの工業化・産業革命や経済の発展に大きく寄与している。たとえば一九三〇年代の移民の大量流入に伴い、アルバート・アインシュタインやエンリコ・フェルミ、ヴェルナー・フォン・ブラウンなどといった著名な科学者を輩出した。この頃に設立された国立衛生研究所（NIH）やプリンストン高等研究所などにはヨーロッパから来た科学者が在籍し、科学研究の中心はヨーロッパから米国に移行していた。

科学技術分野においても米国のノーベル賞受賞者の四分の一は外国生まれであり、高校生による数学オリンピックの高得点者の六五％は移民の子供といわれている。周知のようにヤフー、サン・マイクロシステムズ、イーベイ、インテル、グーグルといった米国を代表するIT企業はそれぞれ台湾、ドイツ、インド、フランス、ハンガリー、ロシアからの移民によって創立された（北場林『米国の科学技術情勢』科学技術振興機構、二〇一五年）。

なお米国国立科学財団の統計によると、外国人学生の約二五％が留学後も米国に定住しており、米国科学アカデミーの学者のうち外国人学者は五分の一を占める。[38]

二〇一九年一二月の『米国博士学位の調査（Survey of Earned Doctorates）』によると、二〇一八年には米国大学・大学院の留学生人数が一〇九万人に達し、修士・博士学位を取得した留学生の多くはアメリカで就職し、移住している。理工系をはじめとする博士学位を取得したアジア地域留学生は一万四八一五人で、その大半はアメリカに留まっている。たとえば博士学位を取得した中国からの留学生は六一八二人で、その約八割はアメリカで就職し、定住している。

外国からの移民や留学生、特に理工系をはじめとする博士学位を取得した留学生たちはアメリカの各産業・ハイテク技術分野における貴重な人材として、アメリカの産業革命やイノベーションの発展に大きく貢献している。

絶え間のない移民の流入による生産人口の増加、移住した職人の技術発明、ハイテク分野の企業家および各分野の高度な人材が米国の持続的経済成長やイノベーションを支えている。

4 アメリカのパワーの拡大と世界へのヘゲモニー

†第二次産業革命によるパワーバランスの変化

一九世紀後半以降、イギリスは国際競争力を維持するため、金融・サービス業により一層注力したが、世界におけるヘゲモニーパワーは次第に衰退していった。こうした中、アメリカは、南北戦争直後から産業のイノベーションに取り組み、内燃機関つまり石油・化学・電気など重化学工業を中心とする第二次産業革命を起こした。

アメリカでは植民地から独立した一七八一年、工業生産において大きな変化が起き、伝統職人や陶芸工などによる第一次産業革命が始まった。そして南北戦争までに電力・電気通信システムなどの輸送基幹施設が発展し、イノベーションが蓄積・集中した結果、経営生産組織の拡大と事業活動の連係が進み、重化学工業を中心とする第二次産業革命が起きた。一九世紀末以降、アメリカの工業・経済力はヨーロッパの諸国を凌駕した。そして軍事力でも優勢となって国際秩序における影響力を増し、イギリスの代わりに世界へのヘゲモニーを握るようになった。

世界システムにおけるパワーバランスの変化と国力の拡大をもたらしたという点において、

第二次産業革命におけるアメリカの工業力・イノベーションは興味深い。南北戦争後、工業化が急速に拡大し、それとともに鉄道、電信・電話、内燃機関の技術が進歩した。アメリカの場合、産業・財政・政治の中心であった東部と辺境を繋ぐことにより、西部への拡張と経済発展が促された。アメリカ人の経済・社会活動において、鉄道、電力および電気通信システムなどの基幹施設は不可欠なものとなった。

第二次産業革命では電気や石油化学の分野で技術革新が進み、これにより生産・生活様式などが様変わりし、交通や通信ネットワークの発達により世界の一体化が進んだ。アメリカのサミュエル・モールス（一七九一～一八七二）は電信機、アレクサンダー・グラハム・ベル（一八四七～一九二二）は電話機、トーマス・エジソン（一八四七～一九三一）は電灯や蓄音機を発明し、イタリアのグリエルモ・マルコーニ（一八七四～一九三七）は無線電信、ドイツのルドルフ・ディーゼル（一八五八～一九一三）はディーゼル機関、スウェーデンのアルフレッド・ノーベル（一八三三～一八九六）はダイナマイトを発明した。特にノーベルは莫大な財産を科学などの分野の功労者に与えるよう遺言し、ノーベル賞が創設されたことで知られている。

一九世紀半ばにはイギリスが第一次産業革命による圧倒的な工業技術・経済力を誇り、アメリカは保護貿易政策をとってそれに対抗しつつ、自国の工業化を進めていった。一九世紀後半以降、アメリカやドイツを中心として石炭と異なる流動体である石油・電力を新たな動力・エネルギーソースとする新たな工業分野の技術開発が進められ、重化学工業や機械製造、電気・電機工業などの工業生産が飛躍的に拡大した。こうした新工業・新技術は第二次産業革命と呼ばれ、工業・製造業に大きなインパクトを与えた。これにより鉄・非鉄金属（アルミニウム・ニッケルなど）や化学合成物質（染料・肥料・ゴム・繊維など）が大量に生産され、大きな発展を遂げた。また、蒸気機関より優れた動力装置である内燃機関・電動機や自動車および電気製品（電灯・電話・ラジオ）なども実用化され、社会経済や産業活動、ライフラインは大きく変貌した。

これらの新産業・新技術の発展を担ったのはアメリカとドイツであり、両国は一九世紀末〜二〇世紀初期までに工業生産において世界トップを争うようになった。[39] アメリカとドイツは重化学工業を展開し、石油エネルギーを利用するために莫大な資本・投資を必要としたため産業集中・独占が進み、カルテル・トラスト・コンツェルンなどの産業組織が大型化した。

†イノベーションによるキャッチアップ

こうして第一次産業革命の技術パワーにより世界経済・貿易の覇権を握っていたイギリスは第二次産業革命でアメリカ、ドイツに追い越され、アメリカは技術のパワーや大量生産方式によって二〇世紀には世界の工業のリーダーとなった。アメリカは技術革新・イノベーションによりイギリスにキャッチアップした。これについていくつかの例を挙げてみよう。

製鉄業においては一八六八年、アンドリュー・カーネギーはケリー＝ベッセマー法と新しいコークス製造法を統合し、鉄道用のレールを供給する機械を活用した。一八七二年、カーネギーは複数の鉄道幹線が集まるペンシルベニア州アレゲニー郡ブラドックに製鋼所を造った。カーネギーはこの垂直統合を始めたことで莫大な利益を得て、石炭や鉄鉱石をペンシルベニアの製鋼所まで運ぶ鉄道も所有した。二〇世紀初頭までにカーネギー製鋼会社の鉄鋼生産量はイギリスの全体を上回った。

電機分野においては一八八〇年、トーマス・エジソンが長寿命の白熱電灯を研究・開発に成功し、特許を取った。科学者・発明者であるアレクサンダー・グラハム・ベルと同じく、エジソンはすぐさま抜け目のない事業計画を立て、発明の商品化に取り組んだ。その事業計画は「電球」が必要とする技術系全体を製造するものであり、発電機（エジソン機械会社により作られた）、電線（エジソン電気管会社により製造された）、発電所と配電（エジソン電気照明会社により作られた）、ソケットおよび電球を作る企業であった。[40] そして当時の他の産業と同様に、これらの企業は複合企業体であるGEに吸収されることにより効率化された。照明は広く普及し、一八八二年から一九二〇年の間にアメリカの発電所はマンハッタンの一ヵ所から四〇〇〇ヵ所近くまで増えた。[41] 初期の発電所は消費者の住居近くに建てられたが、一九〇〇年までに長距離を送電できる発電所もつくられるようになった。一九二〇年までには電力はガス、灯油などといった石油系の照明をしのぎ、[42]現在に至るまで人類社会に大きな影響を与えている。

電気モーターの発明・導入については一八八三年、セルビアからの移民でエジソンの弟子であったニコラ・テスラが発明した電気モーター・原動機が工業など産業セクターにおいて画期的かつ重要なエンジンとして注目された。蒸気ボイラーとは異なり、電動モーターは複雑な力伝達システムが要らず、工場の蒸気機関に代わり急速に普及した。二〇世紀初期のモーターと後述のベルト・コンベヤーなどの電気技術で生産性を上げることにより、アメリカ型の大量生産（マス・プロダクツ）方式を実現した。

自動車ではデュリエー兄弟とハイラム・パーシー・マクシムが一八九〇年代にアメリカで初めて「馬のない客車」を製造したが、これらは富裕層向けで重くて高価で、なおかつ生産量も限られていた。ヘンリー・フォードは一九〇三年、大衆車の製造・普及を目指してフォード・モーターを設立した。製造ラインに互換性のある部品を採用して自動車の製造工程を革新し、圧倒的量産技術に基づく工業的大量生産をスタートさせ、一九〇八年にフォード・モデルTを発売した。これは出力が二〇馬力でありながら軽量で修理も簡単であったため、需要が大幅に増加した。それに伴い、一九一三年にはコンベアを使用した流れ作業で組み立てるというアセンブリライン生産方式を稼働させ、大量生産方式システムが作り上げられた（フォード・システム）。

こうした生産ラインの効率性により、フォードは急速に生産を拡大した。Tモデルの生産が終了した一九二七年までの総生産台数は一五〇〇万七〇〇〇台以上に達し、アメリカの自動車生産台数の五割以上を占めていた。その後、フォード・システムは自動車生産分野のみならず、家庭用電気機器の製造にも導入され、アメリカ工業の発展に大きく寄与した。

一八五九年、東部のペンシルベニア州で大規模な油田が発見されたことにより、世界の石油産業の歴史がスタートした。ここで注目すべきは、機械掘りの油井による石油の採掘という画期的なイノベーションである。石油はそれまで良質のランプ油として利用されていたが、一九世紀後半にドイツでガソリンエンジンとディーゼルエンジンが発明されたことにより重要性が増し、石炭を燃料とする蒸気機関はガソリンをはじめとする内燃機関に変化した。一方、石油産業の下流分野では一八六三年、ジョン・ロックフェラーがオハイオ州クリーブランドで石油精製業に乗り出し、一八七〇年にスタンダード石油を設立した。

先に述べたように一九〇八年にはフォード・システムが確立するなど、燃料としてのガソリン、およびストーブ燃料としての灯油など石油需要の急増が追い風となり、スタンダード石油は石油生産シェアの九〇％誇る巨大企業に成長した。[43]

石油製品の需要は一九世紀末から二〇世紀初めにかけて急増した。家庭では暖房や照明用に灯油を使い、産業では機械用の潤滑油を使い、内燃機関ではガソリンの需要が高まった。一八八〇年から一九二〇年までの間に年間製油量は二六〇〇万バレルから四億四二〇〇万バレルまで増加した。(44) 二〇世紀初期にはテキサス州、オクラホマ州、ルイジアナ州およびカリフォルニア州で大規模な油田が発見され、その探鉱・開発はそれらの州の急速な工業化およびアメリカの経済発展に大きく寄与した。一八五九年から一九六八年までの一一〇年間にわたり、アメリカは探鉱・開発技術の絶え間ない革新により世界の石油産業を大きくリードし、その間の石油生産は一貫して世界第一位であった。

アメリカの石油産業の上流（探鉱・開発）・下流（精製・加工）における技術革新は、主要動力・エネルギーの石油流体燃料への転換に大いに寄与した。さらにその後、石油はドイツのゴットリープ・ダイムラーにより発明された内燃機関・自動車に適用されて世界の自動車産業の発展を促進し、二〇世紀初期にはフォード・モデルTが大量生産され、社会に大きな影響を与えていた。

†大量生産と起業家精神

アメリカの第二次産業革命については、いくつか注目すべき点がある。まず第一は大量生産方式である。一八世紀後半、アメリカの製造業は工場制度を採用して大勢の労働者を一カ所に集めて働かせ、大量生産が行われるようになった。大量生産方式は一八〇〇年頃、火器製造業で初めて採用された。これは精密工学技術により製造業を交換可能な部品の組立へと転換した。その結果、製造が工程化できるようになり、工員はそれぞれ別個の作業を専門に行うようになった。(45)

第二はアメリカならではの文化・価値観の多様性に起因する旺盛な起業家・チャレンジ精神である。アメリカンドリームを求める移民たちの起業・事業成功へのチャレンジ・やる気が技術発明やイノベーションのための創造力・持続力につながり、成功の重要なカギとなった。アメリカ社会の文化・民族・価値観の多様性は技術の発明やイノベーションにシナジー効果をもたらすとともに柔軟性・包容性・融合性を形成し、経済社会の複雑性・不確定性や技術発明・イノベーションの困難さを克服することに大いに役立った。

イギリスの工業技術力の低下に伴い、世界の工場から転落する一方でアメリカは産業技術とそれに関わるイノベーション精神により、国力と工業・技術のパワーを大きく伸ばした。表3－1、表3－2はアメリカの工業パワーとその世界での位置づけを示している。

アメリカでは一八一二～一八一四年の米英戦争後に産業革命が始まり、一九世紀末から二〇世紀の初めにかけて工業化・産業革命を遂行して世界工業大国としての地位を揺るぎないものとし、一九世紀末には世界第一位に躍り出た。一九一三年になるとその工業優位性はさらに顕著となって世界工業生産の三二％を占め、イギリス（一三・六％）、ドイツ（一四・八％）、フラン

	1880	1900	1913	1928	1938
イギリス	73.3	100	127.2	135	181
アメリカ	46.9	127.8	298.1	533	528
ドイツ	27.4	71.2	137.7	158	214
フランス	25.1	36.8	57.3	82	74
ロシア	24.5	47.5	76.6	72	152
オーストリア＝ハンガリー	14	25.6	40.7	—	—
イタリア	8.1	13.6	22.5	37	46
日本	7.6	13	23.1	45	88

表 3-1　主要国の工業力の変化（1880〜1938 年）（1900 年のイギリスを 100 とする）
Paul Kennedy, *The Rise and Fall of the Great Powers,* David Higham Associates Ltd.,1987（鈴木主税訳『大国の興亡』上巻、1988 年、305 頁より。

	1880	1900	1913	1928	1938
イギリス	22.9	18.5	13.6	9.9	10.7
アメリカ	14.7	23.6	32.0	39.3	31.4
ドイツ	8.5	13.2	14.8	11.6	12.7
フランス	7.8	6.8	6.1	6.0	4.4
ロシア	7.6	8.8	8.2	5.3	9.0
オーストリア＝ハンガリー	4.4	4.7	4.4	—	—
イタリア	2.5	2.5	2.4	2.7	2.8

表 3-2　世界の工業生産に占める各国のシェア（1880〜1938 年）　単位：%
出所：表 3-1 と同じ。

ス（六％）、ロシア（六・二％）、オーストリア＝ハンガリー（四・四％）、イタリア（二・四％）をはるかに上回っていた。また、主要産業である鉄鋼、石炭、機械製造、電機などの生産でも一八九〇年代から一九九〇年代にかけて世界のトップになった。これらは主に第二次産業革命とそれに伴うイノベーションによりもたらされた。

『大国の興亡』の著者であるポール・ケネディが指摘したように「工業生産性、科学と技術がさらに重要な国力の要素となる。工業生産に占める国際的なシェアの変化が、国際的な軍事力と外交的影響力の変化につながる(46)」。

†アメリカのヘゲモニーの特徴

一九世紀末から二〇世紀初めにかけて、世界のパワーバランスは大きく変容した。アメリカは第二次産業革命により一九世紀末から世界第一の工業国となった。二〇世紀初期には世界工業生産に占めるシェアは世界トップの三割以上に達し、国民所得の規模も世界一位で、二位のイギリスの三・四倍となった。一九一四年、第一次世界大戦によって世界経済に不均衡がもたらされた中、アメリカは連合国の兵器工場となって工業生産性をさらに向上させ、戦債元利払いと工業製品・農産品の輸出超過で国際収支の黒字を積み重ねた。そして第二次世界大戦を経て、アメリカの国力はさらに向上した。アメリカの地位上昇を決定づけたのは第二次世界大戦であり、これにより他の主要国との格差はさらに拡大した。アメリカの工業生産における世界シェアは一九三八年の三六%から一九四八年には五三%に上昇し、同じ期間の輸出の世界シェアも一四%から二四%へと大幅に上昇した。公的資金の保有量における世界シェアは一九三八年の五六%から一九四八年の七五%へと大幅に拡大した。さらに主要国(先進一八カ国)の経済規模におけるシェアでは一九三八年の四割から一九五〇年には五割以上を占めるまでになった。[47]

このようにしてアメリカは世界への影響力を拡大し、ヘゲモニーを握るに至った。これはかつてのパクス・ブリタニカになぞらえてパクス・アメリカーナと呼ばれている。パクス・アメリカーナの下でのアメリカのヘゲモニーの特徴について、次にいくつか挙げてみる。

第一に対外援助政策により、政治・経済・外交で影響力を駆使したことである。たとえばマーシャル・プランはアメリカ史上屈指の成功を収めた対外政策とされており、一九四八年の西欧諸国などへの援助額は一二五億ドルにのぼった。これは西ヨーロッパ諸国の戦後復興に大きく貢献するとともに、その影響力・支配力を強化し、アメリカの企業には巨大なヨーロッパ投資と輸出市場をもたらした。

外交面では西ヨーロッパと団結することにより、ソ連および東ヨーロッパ諸国の社会主義陣営に対抗・牽制した。アメリカは無償贈与を中心として一〇〇億ドルを超える援助をし、これを軍事援助にも活かして相互安全保障の強化につなげた。一九四〇年から一九四五年にかけて、アメリカは過去世界最大規模の援助をヨーロッパ、アジアなどの友好国に行い、その総額は現在の価値で二〇〇〇億ドルに及んだ。一九四六年から一九五二年にかけてのマーシャル・プランをはじめとする戦後期経済援助額は約三一二億ドルにのぼり、そのうち西ヨーロッパを中心とする欧州地域の援助は七割以上、東アジアをはじめとするアジア地域（中近東を含む）のシェアは二割以上を占めていた。

それ以後も対外援助政策はアメリカ外交において大きな役割を果たし、現金、食料品や医薬品などの物資、債務救済、技術的専門知識の提供などさまざまな形で行われている。これは外国政府のみならず非政府組織、宗教系組織、権利擁護団体、研究機関、中小企業なども対象にしている。社会の進歩は政府または民間の単独の努力だけでなく、公共部門、民間企業、非営利団体、そして個人が共同で行う努力にかかっている。アメリカの広範にわたる援助活動は、多くのアメリカ人が持つそうした信念を反映している。

一九六一年に設立された国際開発庁（USAID）が対外援助の中心で、国務省、財務省、農務省、国防総省、保健福祉省、疾病対策予防センター、平和部隊、ミレニアム・チャレンジ公社（MCC）、アフリカ開発基金、米州基金、その他の組織のプログラムとも協力して対外援助を行っている。これらの二国間の活動に加えてアメリカは世界銀行、国際連合、アフリカ開発銀行、アジア開発銀行、米州開発銀行、世界エイズ・結核・マラリア対策基金など極めて重要な国際機関に対する最大かつ最大級の資金拠出国となっている。

また、アメリカは長らく世界第一位のＯＤＡ（政府開発援助）大国であり、二〇〇八年の時点で、ＯＤＡ拠出額は三三七億八七〇〇ドルにのぼっている。

第二に国際システムを設計・主導して影響を拡大している。アメリカは第二次世界大戦中から新たな国際秩序を設計しており、一九四五年三月に英ソ中という主要国に加え、五〇カ国の参加を得てサンフランシスコ会議を開催した。ここではアメリカが主導する集団安全保障を目指し、国際紛争など国際事務を処理・解決するための国際連合を設計した。こうした政治秩序とともに、アメリカは国際経済秩序・統一的な国際システムを構築するため、第二次世界大戦後の世界経済の回復や日本・ドイツの復興計画、国際通貨基金（ＩＭＦ）や国際復興開発銀行（ＩＢＲＤ）、関税および貿易に関する一般協定（ＧＡＴＴ《ガット》。一九九五年以後はＷＴＯ）の設立などを立案し、主要国際機関を設立した。

ＩＭＦブレトン・ウッズ体制は戦後の世界経済を支える枠組みとして、一九三〇年代のブロック化による世界経済分断に対する反省から、先進国の協調の中で生み出された。それは自由貿易を通じて経済成長と完全雇用を達成することを目的とし、ＩＭＦと関税および貿易に関する一般協定を二つの柱としている。ここでＩＭＦは各国為替の安定、為替制限の撤廃、資金の貸与などを通じて安定的な国際通貨体制を確立することを狙いとし、ガットは自由・多角・無差別を基本理念とし、貿易自由化と関税引き下げを通じて直接的に国際貿易を促進することを目指している。

こうした目標を掲げて発足したブレトン・ウッズ体制は、実際にはアメリカの圧倒的な経済力に支えられたシステムであった。IMFはアメリカの国内法により、金に裏づけされたドルを中心に運営されなければならず、ガットによる貿易自由化・関税引き下げもアメリカの強力なリーダーシップの下で推進されてきた。

アメリカはこうしたIMF・GATT体制を構成した国際機関において大きな発言力を持ち、国際的な通貨協力による貿易の拡大とそのための為替相場の安定、為替制限の撤廃などを目指し、国際金融・国際貿易システムにおける主導権を握ってきた。たとえばIMFブレトン・ウッズ体制には、重要な決定は「総投票権数の八五%以上の賛成による」というルールがあるが、アメリカのIMF投票権シェアは現行一六・七%とトップであるため、アメリカだけで重要な決定をストップできる。

第三に、基軸通貨のドル体制により国際金融・通貨システムを支配している。イギリスポンドは一九世紀半ば以降、国際金融センターとしてのイギリスの強力な立場を背景に基軸通貨としての役割を担っていた。しかしイギリスは一九世紀末から衰退しつつあり、第一次世界大戦で国力を消耗したうえ、一九二九年に発生した世界恐慌に伴う金融恐慌により大量の金が海外に流出したため、一九三一年に金本位制の放棄を余儀なくされた。

　一方でアメリカは戦争特需で経済が急成長したため、金の保有高を急速に増やし、ドルが国際通貨として台頭した。上述の一九四四年のブレトン・ウッズ協定により、金と固定比率で交換可能なドルを基準として加盟国の通貨為替相場を固定する金ドル本位制が導入され、この制度を維持するためにＩＭＦ（国際通貨基金）が設立された。ブレトン・ウッズ協定に基づき、第二次世界大戦後はアメリカがＩＭＦ体制の下で各国中央銀行に対して米ドルの金兌換を約束し、その経済力を背景としてアメリカドルが名実ともに基軸通貨となった。このように戦後、アメリカは巨大な経済力・政治力・軍事力で金融支配力を握り、基軸通貨を通じて世界の政治経済に影響を与えた。

　戦後以来、ドルは世界における通貨別の決済シェアの五割前後、世界の外貨準備高の通貨別シェアの六割強を占め、他の通貨比率をはるかに超えていた。基軸通貨・主要国際通貨であるドルは国際取引・決済において以下のような三つの機能、つまり①価値尺度・計算単位（unit of account）、②支払・決済手段（means of payment）、③価値貯蔵（store of value）を持っている。具体的にビジネスレベルでのドル通貨は①貿易取引における契約通貨（invoice currency）、②為替銀行の国際決済における取引通貨（transaction currency）・為替媒介通貨（vehicle currency）、③国際金融資本市場における投資通貨（invest orasset currency）、諸機能における媒介（第三国通貨）機能（貿易媒介通貨と為替媒介通貨機能）を持ち、世界の金融・経済において大きな役割を果たしている。IMF＝基軸通貨・ドル体制は戦後貿易システム面におけるガット体制と並び、戦後のパクス・アメリカーナにおける国際公共財である。アメリカは自らが設計・主導した制度・組織を通じ、世界へ影響力を及ぼしてきた。

最後は対外直接投資を活用し、世界への影響力を強化したことである。イギリスが対外証券投資による資本輸出に注力したのに対して、アメリカは企業優位性を持つ多国籍企業の対外直接投資を中心に行ってきた。

第一次世界大戦と第二次世界大戦の間、アメリカの海外投資は証券投資が多かったが、一九二〇年代にはラテンアメリカ、カナダ、ヨーロッパ向けの直接投資も増加した。第一次世界大戦後、アメリカは工業力の増大に伴い、海外直接投資を拡大した。自動車大手のフォード、GM、石油メジャーのニュージャージー、スタンダード・カリフォルニア、電話・電信大手会社のITT、総合電機メーカーGEなど、アメリカの多国籍企業の対外直接投資（ストックベース）は一九一九年の三八億八〇〇〇万ドルから一九四〇年には七〇億ドルまで増加した。対外直接投資は主に自動車、電気機器、事務機器などといった製造業、石油など鉱物業、公益・運輸業に集中しており、この三分野への投資は一九四〇年の時点でそれぞれ全体二三・一%、二九・四%、二一・六%を占めている。(48)

第一次世界大戦後、ドイツの賠償金支払いが困難に陥ったことにより破局を招いたことに対する反省から、第二次世界大戦後はマーシャル・プランに象徴される政府の対外援助が主導的役割を果たし、政府貸付も大きなシェアを占めていた。[49]その後、一九五〇〜一九六〇年代には多国籍企業を中心とした民間直接投資が再び活発化し、一九七〇年末には民間海外投資が海外投資に占めるシェアは四六%にまで達した。一九七〇年代に入ると直接投資のシェアは低下したものの、銀行の対外貸付が急増したことにより、民間投資のシェアは政府投資を追い抜く形で大幅に増加した。

この間、対外直接投資も一九六五〜一九七五年には年平均九・二%で増加するなど、ヨーロッパ向けを中心に順調な伸びを示した。[50]長きにわたり、アメリカはフローとストックベースでの対外直接投資は世界第一位で、世界シェアの二割以上にのぼる。二〇一八年末の時点でアメリカの対外直接投資はフローベースと残高額がそれぞれ二三六八億三〇〇〇万ドル、五兆九五〇〇万ドルに達している。

アメリカは欧州、アジア、南米およびアフリカへの投資を展開し、多大な対外投資収益を得ていた。たとえば一九八〇年代後半の対外直接投資を中心とする対外投資収益受取額は一〇〇〇億ドル以上、収益率九%以上に達していた。対外投資により自国の経済発展のみならず、現地のインフラ・製造業において雇用効果・技術移転効果をもたらし、巨大多国籍企業の事業活動を通して現地でのアメリカの影響力を強めていった。

†ソ連封じ込め

アメリカが世界への影響力を強め、世界秩序を支配していることの最も大きな要因は、ソ連をはじめとする社会主義陣営を封じ込めたことにある。

戦後間もなく、アメリカは世界の総資本の四分の三、工業生産能力の三分の二を集中させて世界経済を支配し、経済・技術力を背景として軍事的優位に立ち続けた。アメリカのソ連への牽制・封じ込めについては、軍備競合や軍事対抗以外に主に次の三つの戦略的手段を用いていた。

第一に地政学的に、旧ソ連の影響力の拡大を阻止するために最善を尽くした。一九四七年三月、アメリカ政府はギリシャとトルコへの援助問題についてトルーマニズムを放棄し、ソ連に対する封じ込め政策の実施を示し、国の政治イデオロギーならびに外交政策の指針となるイデオロギーとして「共産主義の封じ込め」を提案した。ハリー・S・トルーマン大統領はソ連を封じ込めるための弧状構造を確立し、上述のマーシャル・プランとNATOを通じて、その主な戦場として西ヨーロッパを援助していた。

またアジアでは「東南アジア防衛グループ」を提案してアジア、アフリカ、ラテンアメリカといった第三世界の国々を世界の自由貿易システムに組み込み、ソ連の影響力を弱めようとした。このようにしてNATO、東南アジア条約機構、ノルウェーから中央ヨーロッパ、東南ヨーロッパ、中央アジアから南アジア、東アジアに至る地政学的な「ソ連への封じ込めライン」を確立し、ソ連の影響力の拡大を阻止した。

第二に、アメリカは輸出管理を通じてソビエト連邦への工業設備・製品の輸出を抑制していた。一九四七年一二月、ソ連の軍事の潜在能力を高める可能性のある物質の輸出を禁止することを決定し、一九四九年二月、アメリカ議会は「輸出管理法」を可決した。これは共産主義国の軍事的・経済的パワーの強化に役立つ製品の禁輸措置である。アメリカ議会は一九五一年に「共通防衛支援統制法」を可決し、同年一月に「共産国への輸出管理調整委員会」(「パリ調整委員会」)が正式に設立された。これの主な狙いはアメリカが主導する世界経済・貿易分野において、社会主義国への戦略的物資の輸出を禁止させることにあった。そのためアメリカの対ソ連輸出は大幅に減少し一九四八年には二七〇〇万ドルを超えていた輸出額は一九五二年にはわずか一万五〇〇〇ドルまで減少した。

第三に、ハイテク技術移転に対する管理を強化させた。一九七〇年代以降、アメリカは貿易収入を増やすため、禁輸資材を輸出するためのココム(対共産圏輸出統制委員会、Coordinating Committee for Multilateral Strategic Export Controls: COCOM)の「例外措置」を採用し、緩和を始めた。しかしながら、ハイテク技術移転を制限することは依然としてタブーである。一九七六年二月、米国国防総省の国防科学庁の調査チームはコンピューターネットワーク技術、大型コンピューターシステム技術、ソフトウェア技術、特殊材料技術など一五の技術を禁止の対象としてリストアップし、その後、IC・集積回路製造装置、工作機械、電子複合シリコンとレーザーデバイスをソ連に対する禁輸措置のリストに追加した。一九八二年一一月、ココムはアメリカの提案に同意し、さらにフローティングベッセル、宇宙船、超伝導材料、ロボットなど五八種類のハイテク技術・製品を管理リストに加えた。それ以来、ソ連をはじめとする共産圏へのハイテク技術・製品の流入は阻止された。

第三に、国際市場で原油価格をコントロールすることによりソ連経済に影響を与えた。一九六〇年代、ソ連はベネズエラに取って代わり世界第二位の原油生産国となった。アメリカは輸出管理を強化しながら原油輸出に関する鋼管とパイプライン設備の輸出禁止措置を下し、西ヨーロッパの原油輸入国とソ連の間で交わされた大口径原油パイプライン輸出協定を放棄させ、その同盟国（イタリアや西ドイツなど）のソ連との石油貿易を阻止した。他方でアメリカ・サウジアラビアの経済協力委員会を通じてサウジアラビア政府に働きかけ、原油を大幅に増産することで合意した。これは国際原油価格の大幅な下落を招き、一九八五年一一月にはバレルあたり三〇ドル台であったものが一九八六年四月にはバレルあたり一二ドルに急落し、ソ連の経済的損失は一〇〇億ドル以上にのぼった。

5 ドイツの産業革命

†急速な重工業の発展

一九世紀前半のドイツ連邦はあくまで複数の主権国家の連合体、つまり国家連合(Staatenbund)であり、主権国家としての各連合体が各自の政治・経済政策を持ち、相互に関税をかけ合うなどしていたため、統一的な経済・通商圏として経済・産業発展する条件が欠けていた。そのため産業の発達、工業化もイギリスに後れを取っており、イギリスから工業製品を輸入し、小麦をはじめとする農作物を輸出するという状態が続いていた。

連邦の中でオーストリアと主導権を争っていたプロイセン王国は、一八三四年にドイツ関税同盟を結成した。同盟国間の関税の廃止することにより広い市場を実現し、連邦域内での商品流通や自由通商に踏み切ると同時に、イギリスなど外国に保護関税領域を形成しようとした。(51)

こうしてドイツはようやく産業革命・工業化の端緒を開いた。

ドイツ連邦は一八四〇年代、ラインラントを中心に工業化の進展を見せ、産業革命が始まりつつあった。関税同盟市場・域内経済圏につながったのはドイツの鉄道で、これは一八三五年に建設が始まって一八四〇年代に急速に普及した。イギリスでは鉄道建設が産業革命の最終局面に展開されたのに比べ、ドイツでは鉄道建設が産業革命を始動させる役割を担っていた。[52]鉄道建設の普及により工業化・産業革命が推進され、鉄鋼・石炭の需要が急速に増した。これにより工業のセンターが東部の石炭産地である、商工業の発達していたシュレージエンから西部のラインラント、ルールやザールへとシフトした。一八七〇年代にドイツは錬鉄から鋼への転換を図り、特にルール工業地帯は「ヨーロッパの重工業の心臓部」といわれるまでに急激に成長した。

ドイツの産業革命は最初から軽工業よりも鉄鋼、機械製造業などの重工業に注力し、鉄道などインフラ整備を国家主導の下で推し進めたことが特徴的である。その背景にはドイツの綿・紡績業などの軽工業は、すでに高度な工業化・産業革命を遂げていたイギリス製品に太刀打ちできなかったということがある。よってドイツは第一次産業革命を経ることなく、重工業部門を中心とした第二次産業革命からスタートした。

こうした国家的な工業化路線は、連邦の分裂した政治体制の下では推進していくことが難しいため、プロイセンを中心としたドイツ国家の形成と並行して進められた。一八六〇年代後半の普墺戦争を契機にプロイセンの優位が確立し、さらにビスマルクのもとで軍国主義路線が推進され、普仏戦争の勝利によりエルザス・ロートリンゲンの工業地帯・資源を取得し、鉄鋼など重工業の基盤を確立した。

ドイツは産業革命の展開に伴い、一八七〇～一九一三年に工業を飛躍的に発展させた。この期間、工業生産（年率）はイギリスで二・一％、フランスで三・一％伸びたのに対し、ドイツでは四・一％と急増した。その結果、世界工業生産に占めるシェアでも同期間にイギリスが三二％から一四％に大幅に低下したのに対し、ドイツは一三％から一六％と躍進を遂げた。(53)

中でもドイツの重工業生産は急速に発展し、軽工業にとって代わった。この期間、ドイツの生産財生産は七・五倍にまで増大したのに対し、消費財の生産はわずか三・四倍に増加したに過ぎない。石炭と鉄鋼の生産量はそれぞれ八・二倍、一〇倍と大幅に増加しており、これは工業全体の発展に大きな役割を果たした。

一八九〇年代からドイツ機械製造業はかつてないスピードで発展し、特に電気機械製造業と造船業は突出していた。一八九五～一九一〇年の間に、電気機械生産額は約八〇〇〇万マルクから二億七〇〇〇万マルクまで増大した。一八九六年より前のドイツでは造船業が発達しなかったが、一八九九～一九一三年の間に造船の生産規模は年平均三〇万トン以上にのぼった。また、それと同時に工作機械や精密機械の開発も進み、化学や電気など新興工業部門は急速に拡大した。一九世紀末にはドイツの酸、アルカリなどの基本的な化学物質の生産量は世界トップとなり、染料、医薬品、写真用化学製品でもその名を馳せた。また、ドイツの電気工業の生産高は一八九一〜一九一三年の二二年間に三〇倍近くまで増大した。

ドイツは二〇世紀初めには第二次産業革命を中心とする工業化を達成した。第一次大戦前夜、ドイツはすでに新技術の土台の上に比較的に整った工業体系を確立し、重工業を主導する世界工業強国となっていた。二〇世紀の初頭には独占資本主義への移行を完了するとともにイギリスをさらに大きく引き離し、一九一三年の時点で世界工業生産におけるシェアは一五・七％に達し、アメリカに次ぎ第二位となった。

†ドイツ成功の要因——科学技術教育・特許・独占

ドイツ産業革命が成功した要因については、次のような点が挙げられる。

まず第一に、科学技術教育によるサポートである。産業革命と工業化はますます科学の発見や基礎研究に依存するようになった。カイザー・ヴィルヘルム学術振興協会の創設は自然科学・工業技術の発展をサポートしている。ドイツでは一九世紀前半、各地域に多くの工学技術教育学校が設立された。プロセインでは一八三五年、政府の援助により行政管轄区域ごとに二〇の地方工業学校が設立された。またベルリン工業大学を中央教育機関として設置し、科学的訓練を受けた技師を養成するシステムを早期に形成している。(54) また、一八七一〜一九一一年の間に国民学校は三万三一三〇校から三万八六八四校まで増加し、教師一人当たりの生徒数は五六・三人であった。一九一三年のドイツにおける識字率は九九・九六%で、フランスの九七%、イタリアの六九・四%を上回っている。

また、ドイツでは科学教育・実学教育が発達しており、古典的・文献学的・人文主義的な高等教育に代わり、自然科学が重視されるようになり、総合大学の学生数は一八六四〜一九一四年の間に四・五倍にまで増加した（六万九五人）[55]。これと並んで単科大学の工科大学一一校、農業大学四校、鉱山・林業大学三校で実学的教育を授け、商業大学六校が経済・行政の分野で活躍する若者を育成し、そのほかにもさまざま工業補習学校が教育を行ってきた。たとえば一九一四年のプロイセンではこの種の学校は二五六四校あり、学生数は四五万六〇〇〇人に達していた。繊維、金属鉱業などほぼすべての業種ごとに専門学校があり、数多くの企業が社内専門の労働者を養成するための徒弟作業場を設けていた。また化学工業などは企業付属の研究実験室を設置し、研究施設を設立するための政府からの援助もあった。その結果、一九一四年のドイツの教育に関する支出は四一一〇万マルクにのぼった[56]。

第二に、特許制度がドイツ産業革命の発展に貢献していた。一八七一年にドイツ帝国が誕生した直後、一八七七年に特許制度が制定された。その特徴は外国の先進技術の導入のみならず、自主開発に力を入れ、工業技術力を強化させようとしたことにある。当時、英米に比べ大変遅れていた科学・工業技術を向上させ、なおかつ英米に特許を独占されないように、簡単な考案程度であっても保護する実用新考案制度を制定した。ドイツの特許発明の九〇％以上は企業の従業者によるものであり、職務発明は長い歴史を持つ。

ドイツ特許法が施行された時点で、特許関係者は職務発明制度のあり方についてさまざまなアプローチを検討し、法的安定性を求めて特別な規定を設けるよう議会に求めた。その結果、「従業者発明法」という特別法により、従業者に発明のインセンティブを与えることになった。(57)全国統一特許制度が制定されるまでの各領邦の特許件数は毎年せいぜい一〇〇〇件程度であったが、それ以降は毎年四〇〇〇〜五〇〇〇件まで増えた。(58)

特許制度によってドイツの職人の新技術開発・技術発明、技術改善のためのモチベーションが増し、新発明・新考案が数多く生まれた。たとえば一八八五年に誕生した世界初のガソリンエンジン、自動車はベンツ・パテント・モトールヴァーゲンが発明したのであり、これは翌一八八六年一月に特許を取得した。またベンツと並び、一八八五年にはダイムラーが二輪車に取り付けたガソリンエンジンの特許を取得した。

その後、ルドルフ・ディーゼルが大きな発明を実現した。彼は理工科学校を卒業し、エンジンの技術発明に惹かれて研究・開発や試作に取り組み、一八九七年にディーゼルエンジンを完成させた。このエンジンは燃料と空気の混合気体を圧縮した際にエネルギーを熱エネルギーに変え、混合気体の温度が上昇して点火する仕組みである。ガソリンエンジンとは異なり点火用の電気火花が不要で、燃料である軽油も安価なうえに可燃性が低く安全であったが、エンジン本体が重かったため、機関車や船舶などといった大型輸送機関で利用された。一九三〇年代になるとさらに小型に改良されたディーゼルエンジンが誕生し、トラックや乗用車にも活用された。

ベンツ、ダイムラーおよびルドルフ・ディーゼルによるガソリンエンジン、ディーゼルエンジンを搭載した自動車や大型輸送機関は、第二次産業革命の主導産業としてドイツの産業・経済の発展を牽引した。

第三に鉄鋼・化学・電気・鉄道など重化学工業を中心とする産業の発展により資本が集中し、カルテル・トラスト・コンツェルンといった独占組織が形成された。

重化学工業を中心とした第二次産業革命に伴い、軽工業を中心とした第一次産業革命をはるかに超える大規模な投資が必要とされた。重工業や電機、化学などといった新興工業部門では生産を集中させ、企業規模を拡大するために株式会社の形態がとられた。これにより高度な新技術を持ち、大型設備を備えた大型企業がつくられ、一八七三年に始まった「大不況」に対処するため、企業はさらに生産・資本を集中させ、一九世紀後半以後はカルテル・トラスト・コンツェルンのような独占組織が急速に形成され、発展した。

ドイツのカルテル数は一八七〇年の六から一八九〇年には二一〇に、さらに一九〇五年には三九五、一九一一年には六〇〇と大幅に増大し、それは石炭採掘、鉄鋼、電気、化学、紡績、陶器など多岐に及んでいた。二〇世紀に入ると大多数のカルテルは次第にシンジケートへと発展し、産業資本と銀行資本の相互依存・結合が進み、いくつかの主要工業部門では少数の巨大なトラスト、コンツェルンが登場した。

第二次産業革命時期の重工業化は、特に化学・電気・機械など新興工業部門における技術導入や生産組織の大型化の一方で、中小企業が併存するという経済・生産体制の「二重構造」をもたらしたものの、国際競争において英仏企業をはるかに凌ぎ、経済全体の基礎となった。

†国策としての産業革命

最後に、ドイツの国家政策がドイツの工業化・産業革命を促したことが挙げられる。まず、保護関税はドイツの工業化・産業革命を支えた。一八七一年にドイツ帝国が成立した直後、高率関税を設定し、イギリスからの安価な鉄など工業製品およびアメリカ大陸からの安価な穀物の流入を防いだ。また、ビスマルク政権も一八七九年に〝鉄とライ麦の同盟〟(=資本家層とユンカーの提携)と形容される保護関税法を制定した。これら一連の保護関税政策は成功し、国内の新興産業などを保護することにつながった。

政府は国内の重化学工業の成長をサポートし、第二次産業革命が達成された。また保護関税により守られた重工業資本は順調に成長して国内市場で独占的な利潤を得た。この超過利潤により輸出価格を引き下げ、国際市場のシェアを拡大した。保護関税は市場を安定させ、国内産業を成長させることに貢献したが、ダンピングにより国際貿易秩序を乱したことでイギリスからの報復措置を招き、国際市場は次第に閉鎖的となった。

第二に、ドイツ政府の鉄道政策が産業革命・工業化を大いに推進した。一九世紀後半以降、鉄道建設・運営はほぼ国家的事業として推進され、政府の直接的支援・管理の下で鉄道会社の統合および国有化とさらなる発展が促された。一八七三年六月一一日から、国有鉄道網の拡張・完備・改良のために一億二〇〇〇万ターラーの公債を発行することに定める法律により、必要な公債発行の許可が得られた。一八七三年八月から、ベルリンからメッツ（メス）までの合計八〇五キロの路線のうち、すでに存在している路線の間を結ぶ五一三キロの鉄道がプロイセン邦有鉄道によって建設された。鉄道建設や私鉄買収のための資金源は鉄道税による財政収入および政府に認可された株式鉄道会社の株投資である。

一八八〇年代、鉄道の国有化により約一万一〇〇〇キロの私鉄がプロイセン政府の所有となった。一八八〇年代中期、ドイツの国営・国有鉄道は延べ二万三二七四キロで全国鉄道総計の九三％以上を占めていた。さらに一八九七年の時点でドイツ有鉄道の全長は二九万キロ以上に達している。こうして全国鉄道網の形成は多くの利益をもたらした。一八九七〜一八九八年の営業収入は貨物・旅客と合わせて一一億マルク強にのぼり、一八九九年の邦有鉄道の収入合計は前年から四四六〇万マルク増となった。

また、鉄道の建設は重工業の発展の推進力ともなり、鉄道建設の拡大は鉄鋼のニーズの増大をもたらした。鉄鋼業は国内市場の急発展に対応し、一八四〇年代初期に開発した攪拌精錬法を活用するためベッセマー転炉を導入し、鉄鋼生産能力を拡大した。ドイツの銑鉄の生産量は一八三〇年代前半の一五万五〇〇〇トンから一八七〇年代後半には一七九万トン、さらに一八九〇年代前半には四三四万トンまで増加した。また鉄道建設の拡大は機械工業の発展を促し、機関車製造はその一例である。一八三八〜一八四一年にプロイセンで運転されていた機関車五一台のうちドイツ製はわずか一台で、イギリスからの輸入が九八%を占めていた。しかし一八五三年には二九四台のうち二四三台がドイツ製で、全体の九三%にまで増大した。これはそのまま鉄道関係機械製造業の発展を示す数字とみてよい。その結果、ドイツは一八六八年以後、機械一般で輸入超過から輸出超過に転じ、機関車も一八七〇年代には輸出超過となり、製造台数は国内での需要を上回った。

また、機関車とその関連用品など機械の需要拡大により、機械製造業の発展が促された。一八七五年には従業員五人以上の機械工場が所有する工作機は平均一八台で、蒸気機関は一一・

四馬力など設備状況が完備し、ドイツの機械・機関車工場が早い時期に大規模化していたことがうかがえる（表3－3）。表3－3と表3－4によれば、一八五〇年以前の機械工場の設備状況と比べて規模と生産能力が拡大し、大規模化している。

機械設備種類	台数	機械設備種類	台数
旋盤	28	ブリキ切り機	2
ボール盤	18	円鋸	2
平削盤	11	溝付機	2
鋸機	5	フライス盤	1
ねじ切り機	5	鋲打機	1
穿孔機	3	その他補助機械	10
研磨機	3		

表3-3　1850年以前の機械工場の設備状況
注：調査91企業のうち上記の機械を備えている企業数
出所：小笠原茂『ドイツにおける鉄道建設と重工業の発展』(2)、231頁より。

機械設備種類	馬力・台数	企業当たりの平均台数
蒸気機関	27,266馬力	11.4
工作機械	43,137台	18.0
旋盤	20,130	8.4
平削盤	6,863	2.9
ボール盤	9,002	3.8
フライス盤	2,241	0.9
研磨機	1,392	0.6
穿孔機	3,408	1.4
その他	101	

表3-4　1875年の機械工場の設備状況（調査91企業のうち上記の機械を備えている企業数）
注：5人以上の企業、2397企業について
出所：小笠原茂「ドイツにおける鉄道建設と重工業の発展』(2)『立教経済学研究』34（4）1981年3月、231頁より。

6　日本の産業革命

†軽工業からのスタート

日本は一八五四（安政元）年に開国して鎖国体制を終え、世界資本主義に取り込まれた。表3－5に示したように幕末、一八四三（天保一四）年から兵器機械・造船をはじめとする技術革新が始まり、明治中期にかけて発展した。こうした蓄積により、近代化・工業化の基礎が形成されたと考えられる。

一八六八（明治元）年に明治維新を達成し、権力を握った新政府は殖産興業政策によって近代化国家を目指し、工業化を進めた。これは富国強兵路線と結びつき、兵器・軍事産業により工業化を推進させ、戦争とともに産業的な発展を遂げた。一八九四（明治二七）～一八九五（明治二八）年の日清戦争での勝利により、清から八年間の財政歳入に相当する賠償金を得て、これを資金源として軽工業を中心とする第一次産業革命が始まり、一九〇四（明治三七）～一九〇五（明治三八）年の日露戦争を経て一気に鉄鋼・造船などの重工業を中心とする第二次産業革命に突入した。

年	技術革新の内容
1843（天保 14）	佐賀藩、オランダ伝来火砲製造所で青銅砲の鋳造
1850（嘉永 3）	佐賀藩、鉄製鋳砲局を設置、反射炉を築造
1851（嘉永 4）	薩摩藩、精錬所を設置、金属分析と火薬製造
1852（嘉永 5）	幕府、伊豆・韮山に反射炉築造/薩摩藩/反射炉築造 佐賀藩精錬方設置、蒸気機関などを模造
1853（嘉永 6）	幕府、大船建造を解禁し品川台場を構築、水戸藩に洋式帆船建造を命ずる
1854（安政 1）	ペリー極東艦隊来航/電信機と蒸気機関車模型を実演/伊豆・戸田港でロシア士官の指導により木造帆船建造
1855（安政 2）	幕府、オランダより蒸気船「観光丸」を受理/長崎海軍伝習所開設/講武所でフランス式陸軍訓練/鉄砲製作所で小銃を試作/洋学所開設（1856 蛮書取調所、開成所）
1857（安政 4）	幕府、長崎製鉄所開設/武田斐三郎、五稜郭を設計/大島高任、釜石の洋式高炉火入れ、水戸藩反射炉に供給/薩摩藩、集成館設立/鉄砲・ガラス・化学薬品を製造
1860（万延 1）	幕府、軍艦「咸臨丸」がアメリカへ往復航海
1862（文久 2）	幕府、関口大製造所設置/オランダに 15 名の留学生派遣
1863（文久 3）	石川島造船所で軍艦「千代田形」建造
1864（元治 1）	長州藩、兵制改革（ライフル銃隊）
1867（慶応 3）	幕府、フランス政府と契約し、横須賀製鉄所開設/薩摩藩、紡績所設置/横須賀公舎開設
1868（明治 1）	大政奉還、明治維新/生野銀山の官営以降と近代化に着手
1869（明治 2）	大阪舎密局開局/観音崎灯台点灯/沼津兵学校設立/グラバー、長崎の高島炭鉱に蒸気巻き揚げ機設置/北海道の茅沼炭鉱で産業用鉄道敷設・使用
1870（明治 3）	外国雇入方心得を定める/工部省設置（鉱山、鉄道、製鉄、灯台電信を官営事業に）/東京一横浜間、大阪一神戸間電信開通/旧前橋藩製糸所設置/旧薩摩堺紡績所開設
1871（明治 4）	専売略規制制定、発明の特許可/郵便制度開業/造幣寮開設
1872（明治 5）	新橋一横浜間公共用鉄道開業/大蔵省の農業試験場・富岡製糸場開設
1873（明治 6）	工部省、工学寮開校（1877 工部大学校、1885 帝国大学工科大学）ウィーン万国博覧会に参加/西陣にジャカード・バッタン織機導入
1875（明治 8）	工部省、深川幸作分局でポルトランドセメント製造
1876（明治 9）	イギリスに軍艦を発注/開拓使、札幌農学校と麦酒醸造所開設
1877（明治 10）	第 1 回内国勧業博覧会/西南戦争勃発し、電信と鉄道が功を奏す
1878（明治 11）	工部大学校エアトン、アーク灯点灯/工部省電信寮で電話機試作/内務省、オランダから技師デレーケを雇用、築港工事着手
1879（明治 12）	千住製絨、開拓使、甜菜糖工場開設/万国電信条約に加入
1880（明治 13）	大蔵省、印刷局工場設置/ソーダを生産/「工場払下げ規則」制定（1885 院内、阿仁鉱山を古河に、小坂鉱山を藤田に、釜石鉱山を田中に払い下げ、1886 兵庫造船所を川崎に、1887 長崎造船所を岩崎に、1888 三池炭鉱を三井に払い下げ）
1881（明治 14）	農商務省設置/職工学校設立（1898 東京高等工業学校、1929 東京工業大学）/イギリスから 2000 錘紡績機械輸入/官営愛知紡績所稼働（1886 払い下げ）
1882（明治 15）	海軍、造幣廠でるつぼ式製鋼法に成功/目黒火薬製造所で黒色火薬製造
1884（明治 17）	農商務省の前田正名『工業意見』を著す/専売特許条例制定
1885（明治 18）	工部省廃止/河川法制定（官営事業としての高水工事）
1886（明治 19）	メートル法条約加盟/国道の舗装工事開始

表 3-5　幕末から明治中期にかけての日本の技術革新
出所：日本機械学会編『新・機械技術史』丸善出版、2010 年、389 頁より。

しかしその段階においても農村社会における封建的な地主・小作人制度が依然として存在しており、工業化の受け皿となる国内市場が十分に成長していなかったため、海外に資源と市場を求めた。これは日本の工業化・産業革命の歴史的な特徴の一つと考えられる。

日本の工業化・産業革命は一九世紀半ばから二〇世紀初頭にかけて、綿紡績業をはじめとする軽工業から始まった。その初期において、一八七二（明治五）年に創設された富岡製糸工場にはフランスから輸入された三〇〇台の最新式製糸機械が設置された。一八八〇年代初期には大型輸入機械を導入した近代的な綿紡績工場が次々と開業して飛躍的に生産量が増加し、一八九〇年には国内生産量が初めて輸入量を上回った。一方で重工業の発展は軽工業よりも後れを取ったが、一九〇一（明治三四）年に官営八幡製鉄所が設立され、日本製鋼所、釜石製鉄所など民間の製鉄所の設立が相次ぎ、重工業の基礎となる鉄鋼の国内生産が本格的に行われるようになった。この時期の造船技術は世界水準に追いつき、一九〇五（明治三八）年には池貝鉄工所がアメリカ式旋盤の完全製作に成功するなど、技術面で大きな進展がみられた。また一九一〇年代から二〇年余りの間に工場の動力源として電力の普及が急速に進んだ。[59]

産業革命の急速な展開に伴い、工業は大きな発展を遂げた。一八八四～一八九三年に工業会社の資本は一五・五倍に拡大し、一〇名以上の従業員を持つ工場は三〇一九社にのぼり、さらに一八九四～一九〇四年の一〇年間で交通運輸や金融業は驚くべき発展を遂げた。この一〇年間で工業などの分野の会社は二八四四社から八八九五社に、払い込み資本は二億四五九九万円から九億三一〇〇万円へとそれぞれ三倍強、四倍近くにまで大幅に増加した。機械動力を利用する工場は六七五から三七四一に増加し、労働者は三八万人から四八万四〇〇〇人に増大した。また、日本の鉱工業の生産額も一八七五（明治八）年の七四億二六〇〇万円から、一九〇五年には二一八億二三〇〇万円に増加した。こうして二〇世紀初期、産業革命の達成により近代の大工業部門がすべて設立され、手工業・マニュファクチュアに代わり優勢となった。

†日本の産業革命の特徴——明治維新・特許制度・教育基盤

日本の工業化・産業革命の主な特徴として次のような点が挙げられる。第一に明治維新による一連の政治経済の改革、特に三権分立・立憲民主制度が確立したことである。

一九世紀後半に幕藩体制を崩壊させ、中央集権的な統一国家の建設と日本資本主義形成の起点となった政治的・社会的変革である明治維新は、日本の工業化・産業革命の基礎条件を整えた。明治維新の「五箇条の御誓文」を実行するために発布された「政体書」（一八六八年）において初めて三権分立の理念が採用され、一八八九（明治二二）年に制定された大日本帝国憲法は東アジアで最初に制定された憲法として国家権力を立法権・行政権・司法権の三つに分け、三権分立という民主主義体制を実現した。

これにより日本は、憲法に基づき議会政治を行う近代的な立憲制国家となった。これは国民の自由な商工業やビジネス活動を保護し、市場経済の発展のための基礎となった。明治維新の資産階級革命により封建社会の経済制度を打破し、工業化・産業革命の基礎条件を整え、成功につながった。ほぼ同時期の中国の工業化・産業革命を目指す「洋務運動」が成功しなかった原因は、日本の明治維新のようにふるい封建社会制度を打破しないまま、近代化・工業化の改革を行ったことにある。政治社会の改革なしで経済分野の改革を成功させることはできない。

第二に特許制度が技術革新を促進した。日本政府は一八七一（明治四）年四月に専売略規則を公布し、これが特許制度の嚆矢となった。これは一八八九（明治二二）年二月の大日本帝国憲法発布より早いものであったが、その審査手続に多額の費用がかかることから一時廃止された。その後、諸外国との技術格差を縮めるためには産業財産権制度の導入が必要であるとの認識から一八八五（明治一八）年四月一八日にドイツの特許制度を手本とした今日の特許制度が成立した。これは商標条例として同年六月七日に布告され、一〇月一日に施行された。その後、意匠条例として一八八八（明治二一）年一二月一八日に公布され、翌一八八九（明治二二）年二月一日に施行された。こうして特許・意匠・商標に関する三条例が制定された。

また一八八八（明治二一）年、高橋是清の欧米視察の後、上述の意匠条例制定と同時期に専売特許条例および商標条例の改正がなされた。日本の特許制度は民間や職人の発明意欲や発明保護意識の高まりから、政府も次第に産業財産所有権に対する認識を変え、比較的早く誕生した。日本の工業発展に伴い、特許制度は度重なる改正を経て完備された。

一九一三（大正二）年の時点で産業財産所有権に関する三条例（特許法・意匠法・商標法）は積極的に実施され、業者・職人などの出願者は大きなインセンティブを受けた。特許・意匠・商標の出願件数は一八八五（明治一八）〜一八九〇（明治二三）年の数百件からそれぞれ、一九一三（大正二）年には約七〇〇〇件、二〇〇〇件、一万二〇〇〇件まで増加し、産業財産所有権制度は積極的に活用されていた。近代的所有権の確立も、市場経済を基盤とする工業化・産業革命の展開における最も基本的な条件である。

また政府はドイツの実用新案の制度を参考にし、創意工夫の類、すなわち「考案」を保護する制度を導入した。その目的は物品の形状、構造または組み合わせにかかる考案の保護および利用を図ることによりその考案を奨励し、産業の発達に寄与するためである。特許制度創設と比べて二〇年遅れたものの、実用新案の出願件数はわずか三年で一九〇八（明治四一）年に一万件を突破しており、当時の発明界の実情によく適合したことがうかがえる。こうして実用新案制度は大いに活用され、有益な小さい発明の発掘により産業の発展が促進された。二〇世紀初頭、欧米の先進技術と比べて日本は大きく後れを取っており、改良技術が中心であったため、特許法の保護対象にならない保護奨励に積極的に取り組んでいた。(60)

第三に、教育基盤の整備が日本の工業化・産業革命を遂行するための主な条件となった。つまりモノづくりの工業化・産業革命の重要な条件となる人づくり・教育である。日本では一八世紀後半からすでに、比較的に高い識字率をもつ職人・労働力が大工場生産を支えていた。

江戸時代にはすでに、寺子屋による教養・学問の指南が一般町人の間に定着していた。寺子屋は明治維新までには一万を超え、そこでは読書・習字・算術などが教育された。また、藩士の子弟の養成を目的とする藩校も二〇〇以上設立されており、庶民に門戸が開かれている場合も少なくなかった。

江戸時代ないし明治初期における日本の都市部の識字率は世界的にも高い水準にあった。江戸時代末期、一八五〇（嘉永三）年頃の就学率は七〇〜八六％といわれており、イギリスの主な工業都市で二〇〜二五％（一八三七年）、フランスで一・四％（一七九三年）、ロシア帝国時代のモスクワで二〇％（一八五〇年）などに比べ、格段に高かった。(61)

明治政府は富国強兵・殖産興業・文明開化の旗印のもとで工業化・産業革命を目指し、大工業生産方法を導入するとともに軍事・行政・財政上の近代的諸制度を採用し、教育制度の確立もその一環であった。一八七二（明治五）年、欧米の教育制度を参考にし、近代的な教育の機会均等の考え方に基づく「学制」が公布された。学制発布の翌年、一八七三（明治六）年には就学率が二八％にのぼり、一八八三（明治一六）年には早くも五〇％以上に達した。そして一九〇七（明治四〇）年に政府が義務教育年限を六年に延長したことにより九八％に達し、ほぼ完全就学を実現した。このように全国民に近代教育を施そうとしたことは、その後の工業化・産業革命の促進にとって大きな意義を有する。

†殖産興業と官営工場

第四に、国家資本が工業化・産業革命を先導すべく民間資本を引率・サポートして工業化・産業革命を促進した。工業化・産業革命は明治維新後、政府の殖産興業政策によって進められ、一八九〇年代から本格的に開始された。当時、日本の工業水準は欧米諸国に比べてはるかに遅れていたため、政府は官営模範工場を設立して先進技術を導入し、工業の発展を促進することで欧米に追いつこうとした。軽工業の典型が富岡製糸場（一八七二年操業開始）、重工業の典型が八幡製鉄所（一九〇一年操業開始）で、八幡製鉄所は政府の財政資金投入などにより一六〇トンの高炉、二五トンの平炉、副産物回収式コークス炉など欧米先進国並みの設備を備えた大型製鉄所として設立された。(62)

一九世紀末から二〇世紀初頭にかけて、安価で品質の安定した日本の軽工業製品の輸出が拡大した。欧州で一九一四（大正三）年に第一次世界大戦が始まると造船業などが活況を呈し、重化学工業化が進展した。

明治政府は富国強兵・殖産興業のため多数の官営工業を経営したが、欠損が多いことを理由として一八八〇（明治一三）年に工場払い下げ概則を定めた。これにより赤字解消と民間産業育成のため、軍事工場以外の払い下げが行われ、それをもとに三井などの政商が財閥として成長した。政府は軍事工場・公益事業を除いた多くの工場・鉱山を三井・三菱などの政商に対して無償に近い額で払い下げ、これはのちの財閥形成の基礎となった。

こうして資本主義が成立する過程で、明治政府は積極的に工業の発展に努めた。さらに欧米列強のアジア進出に対抗するため、政府は富国強兵・殖産興業の政策を掲げて資本主義の形成を目指した。明治維新後、政府は権力による早急な資本主義化を推進するため、旧幕府や諸藩所管の洋式の機械工場や造船工場、軍事工場などを官収して、それを基礎として官営工業を発足させた。たとえば造船業において明治政府は一八六八（慶応三〜四／明治元）年、幕末に設置された複数の幕営造船工場を接収してその一部を軍工場とし、他を民間に払い下げていった。現在も日本の造船業をリードしている石川島造船所、三菱長崎造船所、川崎造船所は官営工場の貸与によって設立され、一八八〇年に払い下げを受けたものである。[63] さらに政府が一八九〇年代末、造船奨励法と補助金の減額（外国製船舶に関する補助金の半減）による政策を強化したことにより国内船舶の建造が増加し、自給率が上昇した。日露戦争後は国内建造が輸入と拮抗ないし輸入を上回るようになって技術の向上も進み、一九〇七（明治四〇）年には当時世界最大

級の客船、天洋丸と地洋丸が三菱製造所で建造された。(64)

日本政府は官営工場の設立・貸与によって工業化・産業革命の土台を作り上げ、さらにその後、それらを払い下げることにより民間企業の発展を推し進めた。一八八〇年、官営工場の赤字解消と民間産業育成のため軍事・造幣などを除いた官営工場の多くが整理され、民間に払い下げられた。政府は密接な関係を持つ政商に安い価格で払い下げ、これは三井・三菱・浅野・川崎・古河などといった財閥の形成を促した。これらは日本の産業における最も重要な企業グループとして、工業化・産業革命の遂行に大きな役割を果たした。

外国の先進技術設備を導入・利用した官営企業は機械製作や技術者養成の面でも工業化に貢献した。これらの官営工場では従業員・職人による技術の習得が図られ、民間へのシフトに伴う技術移転は官営事業自体の政商・民間資本への払い下げと並び、民間資本の発展や日本の工業化に大いに寄与した。

日本が富国強兵・殖産興業を目指し官営工業を設立したのとほぼ同時期、中国の清朝政府では近代化・工業化を目指し官営企業の設立・運営するべく「洋務運動」が起こったが成功には至らなかった。日本とは異なり中国は依然として封建王朝体制であったことに加え、工業化・産業革命の制度的な基礎となる近代的所有権が確立されていなかった。また国家資本・官営企業が民営に転換されず、民間資本を育成・サポートすることができなかった。

7　なぜ中国の産業革命は遅れてやってきたのか

†改革・開放による第一次産業革命

中国の歴代政権は農業を重視し、商業を抑圧する政策をとってきた。農業により社会を安定させる一方で商工業・ビジネスの発展を軽視・抑制し、封建皇権統治システムの基盤を固めてきた。

「重農抑商」政策の特徴はまず第一に農業が社会の基盤で、商工業は従属的で下層にあること、第二に自然経済条件下での小規模な農業・農民経済を重視することである。こうした政策の下で中国の農産品開発産業、資本主義の発展は制限されてきた。そのため「重農抑商」政策・精神に醸成された中国社会の各階層の「士、農、工、商」地位観念・階級意識が定着し、職人・ビジネスマンによるイノベーションが生まれる社会風土がなかった。

明清時代にはすでに資本主義が芽生えていたが、封建政権層は「農業重視・商工業抑制」の方針を堅持し、資本主義の発展につながらない施策を行ったため、商品経済の隆興や新しい生産様式の形成・発展、ひいては工業化・産業革命の産生は抑制された。つまり近代中国には、欧米や日本のような産業革命が起こらなかったのである。

中国の工業化・産業革命は文化大革命直後の一九七八年から本格的に始まり、同年一二月の「改革開放」への大転換を契機として工業化・第一次産業革命がスタートした。

一九七〇年代末から一九九〇年代末にかけての一五～二〇年間、郷鎮《ごうちん》企業・中小企業・町工場を中心として、紡績業をはじめとする消費財工業が発展した。そして一九七八年から一九八八年までの一〇年間で中国の郷鎮企業数は一五〇万社から一八九〇万社とおよそ一二倍に増加し、農村産業の総生産額は五一五億（GDPの一四％）から七〇二〇億（GDPの四六％）と、一三・五倍以上に増加した。(65)

紡績業をはじめとする郷鎮企業の発展に伴い、中国の紡績業の生産量は大きく拡大した。主要繊維製品の化学繊維や糸と織物生産量はそれぞれ一九七八年の二八万五〇〇〇トン、二三八万二〇〇〇トン、一一〇億三〇〇〇万㎥から一九八〇年代末には一六五万四〇〇〇トン、四六二万六〇〇〇トン、一八八億八〇〇〇万㎥となり、五・八倍、一・八倍、一・七倍にまで大幅に増加した。

労働集約型の紡績（繊維・衣料品）産業は中国の最初の産業革命（およそ一九八八～一九九八年）で主要な役割を果たしており、中国最大の製造業として主な外貨の獲得源となっている。一九九〇年代になると繊維・繊維製品などといった主要企業は二万四〇〇〇社にのぼり、そこではおよそ八〇〇万人の労働者を雇用しており、輸出は全体の二〇%以上を占めている。さらに、紡績産業が拡大するにつれて中国の織物衣料品産業の総雇用は二〇〇七年には二〇〇〇万人に達している。

世界の産業革命の歴史に鑑みても、このような急速な工業化はまれである。農村地区製造業の雇用者は二八〇〇万人から九五〇〇万人まで増加し、農民の総収入は八七億元から九六三億元と一二倍も増加した。村と町の企業の総資本ストックは二三〇億元から二一〇〇億元と、九倍以上に増加した。そして郷鎮企業の労働者は農村の労働力の一部分でありながら、九%から二三%まで増加した。

一九七八〜一九八八年の一〇年間で、中国農村部を中心とする工業は驚くべきスピードで増加・発展した。この時期は中国経済の離陸期、つまり第一次の産業革命である。この期間、労働分業の原理が浸透するとともに労働密集型軽工業が大規模化し、農村と都市で企業が興ったことは、一七六〇〜一八三〇年のイギリスの第一次産業革命とよく似ている。

†一九九〇年代後半からの第二次産業革命

もう一つ注目すべきは一九九五〜二〇〇五年で、この時期、中国で第二次産業革命が起きた。大規模な量産生産様式を採用し、第一次産業革命の生産方式に必要な量産のための設備・機器および中間財・部品を製造できるようになった。紡績機械を発明することが第一次産業革命の主な技術的特徴であるとするならば、機械を発明し、それにより紡績機械や生産のツール、および輸送ツールを製造することが第二次産業革命の特徴である。

特に二一世紀初頭、世界貿易機関に加盟した後、中国は本格的な重工業建設段階に入っている。中国の重工業は巨大な国内貯蓄や国際繊維市場の需要、およびその他の軽工業製品市場に支えられてきた。これにより化学薬品、セメント、電力、鉄鋼、金属製品、内燃機関、トラック、自動車、船舶、高速道路、鉄道、高速鉄道、農業機械、繊維機械、電子製品、コンピューター、冷蔵庫、オートバイ、テレビ、洗濯機、家具などさまざまな工業製品の生産・組立ラインや工作機械の量産を始めた。

イギリスの第一次産業革命の主導産業である紡績産業の機械化は第二次産業革命につながるものであり、一九世紀には紡績業の発展に伴い、貿易・消費市場が拡大していた。大規模な販売と流通、貿易へのニーズは他の産業やセクターのイノベーションを引き起こした。たとえばそれは新エネルギー（石炭）、新素材および中間製品（鉄鋼）、動力（電力・内燃機関）、新しい通信（電報）、大規模輸送（道路、鉄道、蒸気動力船）ツールである。

中国の大規模軽工業、特に繊維・衣料産業は一九八〇年代後半に大きく成長した。それ以降、一九九〇年代半ばからは石炭、鉄鋼、高速道路の建設、二一世紀初めからは高速鉄道の整備お

	1985	1990	1995	2000	2005	2010	2015
資源採掘産業	6.8	6.5	6.6	6.7	6.5	6.9	4.6
紡績・軽工業	34.8	34.9	30.7	26.5	22.5	21.2	22.5
原材料産業	31.4	33.9	34.1	33.5	35.2	34.5	32.0
機械・機器製造業	27.0	24.7	28.6	33.3	35.9	36.2	34.2

表3-6 主要産業の工業生産の付加価値の変化
出所：『中国統計年鑑』（各年版）より算出。

よび重化学工業化が急速に進展した。一九九五年から二〇〇〇年頃にかけて資本集約型、資源・エネルギー多消費産業の鉄鋼、セメント、アルミニウムなど素材産業、石炭などエネルギー産業が収益を上げ、次第に主導産業として発展してきた。たとえば紡績など軽工業の全国工業に占める生産高の比率は一九八五年の三四・八％から二〇〇〇年には二六・五％、さらに二〇一五年には二二・五％まで低下した（表3-6）。一方、第二次産業革命の主役の一つである機械・設備産業の工業全体における生産高の割合は一九八五年の二七％から二〇〇〇年には三三・三％にまで大幅に上昇した。よって中国では一九九〇年代後半から第二次産業革命が始まったと考えられる。

一九九〇年代以後、中国では巨大なエネルギー需要によりエネルギー産業が急速に成長し、インフラストラクチャーの整備が進んだ。これはエネルギー・通信・輸送を主要産業とする第二の産業革命である。

中国の工業化は一八〜一九世紀のイギリス産業革命がたどった道筋と似ており、同じ工業化ロジックを持つ。近代イギリス、現代中国における工業化はすべて低から高、単純から複雑への連続的なプロセスであり、新たな技術を採用するとともに、市場の継続的な拡大を達成している。
中国は紡績・軽工業を中心とする第一次産業革命を経て、二〇〇一年に悲願であったWTOへの加盟を達成した直後、本格的に重化学工業段階に入っていく。これにより化学製品、セメント、鋼鉄、金属製品、ディーゼルエンジン、トラック、自動車、汽船、高速道路、鉄道、高速鉄道、農業用機械、紡織機器、家電・電機製品などを大量生産できるようになった。

WTOに加盟する六年前の一九九五年、中国は米国を抜いて世界最大の繊維産業国となった。衣料品を生産・輸出し、現在に至るまで支配的な地位を占めてきた

中国の重化学工業の主要業種である鉄鋼の生産量は、一九七八年から二〇〇〇年にかけて生産量が三一七八万トンから一億二八五〇万トンにまで四倍以上に増加した。アメリカを追い抜いたのは一九九三年で、一九九六年には一億一二四万トンと一億トン台に達し、この年に日本の九八八〇万トンを上回り世界一位となった。鉄鋼生産能力の拡大は、中国の第二次産業革命における主な土台となっている。

中国の鉄鋼産業が成長した要因として、以下のような点が挙げられる。第一に改革以来、「生産請負制」・「近代企業制度」と現代企業制度が導入されたこと、第二に外国企業の対内投資・技術転移に伴い宝山製鉄所などの新規建設や既存の老朽化製鉄所の技術改良・拡張を行ったこと、第三にインフラ整備をはじめとして、自動車、造船などの輸送機械や電気機械などの

需要拡大である。

†工業化・産業革命の試みはなぜ失敗続きだったのか

ここまで述べてきたように、中国における第一次産業革命は一九七〇年代末頃、紡績業を中心として起きた[66]。そしてその後、第二次産業革命が起こり、現在は第二次産業革命後期、つまり工業化が完成する後期段階にある。そして第三次・第四次産業革命が重なり、第三次産業革命の前半期と第四次産業革命の入り口にある。

中国が一九七九年から始めた「改革開放」による工業化・産業革命の試みは初めてではなく、第二次アヘン戦争（アロー戦争、一八六〇年）の直後に始まっており、これは一二〇年後の工業化・産業革命の試みである。

中国における第一回の産業革命・工業化の試みは一八六一〜一九一一年に行われた。第二次アヘン戦争の敗北により清朝の衰退が明らかになったことを受け、欧米の近代技術の移植・導入によって工業・軍事近代化を目指し、「洋務運動」が起こった。第二次アヘン戦争と一八九四年の甲午中日戦争（日清戦争、明治二七・八年戦役）の時、清政府は一五〇カ所もの大型工場を設立した。それは一六社の造船所と機械製造工場、九七社の機械紡織工場、八社の印刷会社と四社の鋼鉄企業などである。

近代兵器を製造することを主眼として官営軍事工場・外国語学校の設立、海外留学生の派遣、西洋科学書の翻訳などの事業が進められ、清朝高官である曾国藩・李鴻章・左宗棠らが中心となった。しかしこれは清朝の政権を維持させることが目的であり、日本の明治維新のように旧封建制度の代わりとなる資産階級革命を経ておらず、官営企業の民間への払い下げによる工業化を行わなかった。「中体西用」の考えが基本にあるため技術の導入や模倣にとどまり、社会政治制度や思想にまで及ぶ資本主義的改革とはならなかった。結局は一八九五年の日清戦争の敗北により、「洋務運動」式の中国の第一回の工業化・産業革命の試みは挫折した。

第二回の工業化・産業革命の試みは一九一一年〜一九四〇年代末の民国時代の国民党政権によるものであった。一九一一年の辛亥革命は二〇〇〇年にわたる封建王朝を倒し、西洋憲法に基づく中華民国政府を確立した。政府はアメリカの民主主義と地方分権化の政治システム（立法権・行政権・司法権）を模倣することによって工業化のプロセスを準備し、工業化・経済発展のための法律と制度を確立した。しかしながら一九一一年の革命後、中国は長期的な混乱状態に陥り、軍閥割拠や乱戦による紛争が続いていた。国民党が北部遠征で国家革命軍を率い、一九二八年に国を統一した後、経済と外交は黄金の一〇年間に入ったが、その一方で広大な農村地域・農業は絶え間なく危機に瀕していた。加えて一九三七〜四五年は日本の中国侵略により、また一九四六〜四九年は国共内戦により工業化・経済発展が妨げられた。結局は国民党が敗北して台湾に撤退し、第二回の中国の工業化・産業革命の夢は終わった。

第三回の工業化・産業革命の試みは一九四九年、中華人民共和国が誕生した直後に始まった。中華民国政府は中国の貧困問題を解決できず、国の平和と統一が不可能となったため、一九四九年に共産党主導の農民軍（人民解放軍）によって倒された。毛沢東共産党主席は六億人の農民の支援を受けて「中国人が（ついに）立ち上がった！」と宣言し、資本主義自由市場と市民社会の代わりにソビエト計画経済を模倣することにより、野心的な工業化を試みたが、三〇年後にこの試みは再び失敗した。その主な原因について見てみよう。

中国は計画経済の下で一九五〇年代初期、ソ連から重化学工業・軍事工業を中心とする「一五六のプロジェクト」を導入・建設し、一九六九年までに完成させた。これを受けて重工業の初歩的な体系が形成され、今日の工業化・産業革命の発展に大きな影響を与えた。これについては評価すべきであるが、毛沢東政権が目指した中国の工業化・産業革命の試みはなぜ成功しなかったのか。主な原因として以下のような点が考えられる。

第一に、工業化のプロセスが間違っている。建国初期、技術・資金面で生産要素・生産資源に制約があったため、民生用消費財・軽工業から次第に重化学工業へと発展していくような工業化プロセスを進めなかった。逆に重化学工業・軍事工業を中心として、生産財・資本財である重化学工業を優先した。

第二に、計画経済の下で国内・国際市場が非常に限られた中で企業が利益を上げようとする場合、潜在的な生産能力に到達するためには市場規模をかなり大きくし、少なくとも潜在的な生産能力の七〇〜八〇％にする必要がある。しかしながら当時、中国の人口の九〇％を占めていた農民のほとんどは貧困層で、そのような市場と購買力は存在しておらず、国際市場も閉ざされていた。

第三に、旧ソ連をはじめとした外国から技術設備を導入したものの、過分にセット・プラントや技術設備およびその担当のエンジニア・技術者に頼っていた。外国の技術設備導入以外のセクターには、自主開発の技術はほとんどない。社会主義計画経済体制の下で独占排他権をもつ技術発明の特許権が認められず、特許制度自体が存在しないため、技術革発明や技術革新に取り組む従業員のモチベーションにつながらなかった。

†四度目の試みで成功

上述のように中国は、これまでの一二〇年間で三回工業化・産業革命を目指し、試みてきたにもかかわらず、達成できていなかった。一九七八年一二月に中国は「自力更生」路線から「改革開放」路線への歴史的大転換を決定し、四回目の工業化・産業革命を試みて一五〜二〇年間で達成した。

一九七八年の改革開放以来、中国の対外貿易は急速に発展しており、一九七八年から二〇一八年にかけて商品の輸出入は二二三倍となり、年平均成長率は一四・五％に達した。特に二〇〇一年に世界貿易機関に加盟した後、外国貿易は新しい段階に入り、二〇〇四年、二〇〇七年、二〇一一年にはそれぞれ商品の輸出入規模が一兆ドル、二兆ドル、三兆ドルを連続して上回り、二〇一三年には四兆ドルを超えた。二〇一八年には商品の輸出入の規模は四兆六〇〇〇万ドル以上に達している。

中国の商品の総輸入と輸出は一九七八年に世界シェアの〇・八％を占め二九位であったが、二〇〇九年に世界の商品貿易において最大の輸出国、第二の輸入国となり、二〇一三年には米国を抜いて世界のモノの貿易で最大の国となった。ここで指摘すべきは二〇〇〇年以来、外資系企業の輸出入総額が中国の輸出入総額の五割以上を占めていることである。中でも光電技術、コンピューター統合生産（CIM）技術、電子技術、生命科学技術、材料技術などハイテク技術製品の輸出額は全体の八割以上を占めている。中国のモノづくり製品、特にハイテク技術は、先進国の外資系企業に大きく依存している。

中国では二一世紀に入って以後、第二次産業革命が急速に発展した。表3-6に示したように資本集約型の重工業の発展に伴い、機械装置の工業生産高が年々増加し、付加価値が増している。また、第三次・第四次産業革命に関連する新興産業・ハイテク産業の付加価値も増しており、たとえば二〇一五年の一〇・八％から二〇一七年には一三・四％に上昇している。

また、中国では第二次産業革命と並行して、第三次産業革命のインターネット・情報通信産業および第四次産業の中心となるIoT、AIの発展にも力を入れている。中国ではIoTやAIをはじめとする第四次産業革命が急速に進み、世界への影響力が増しているが、製造業に代表される第二次産業のハイテク技術の発展が先進国と比べて遅れている。中国における第二次産業革命はまだ完成しておらず、後期段階にある。

ICTやIoTの活用により、製造業よりも新型サービス産業が急成長している。その代表としてアリペイ、シェア自転車、ネットショッピングが挙げられる。中国におけるネットショッピングの取引規模は二〇一〇年から二〇一六年にかけて一〇倍に増えて、五億一六〇〇万元にのぼる。サービス産業を中心とするデジタル経済の規模は二〇一八年年末の時点で三一兆三〇〇〇億元（一元は約一六・二円）にのぼり、GDPに占める割合は三四・八％に達している。

なお、市場調査機関「デローロ（Dell'Oro）」の最新データによると二〇二〇年第1四半期の5G通信用設備市場におけるシェアの一位はファーウェイ（華為技術）で三五・七％、二位がエリクソンで二四・六％、三位はノキアで一五・八％、四位がサムスンで一三・二％であった。

中国はいまだ第二次産業革命の後期にあり、製造業、特にハイテク製造分野は得意ではないものの、IoTやAIをはじめとする第四次産業革命では5G通信システムやモバイル、画像認識・ビッグデータなどのサービス分野ですでにトップクラスに入っている。

中国は内需をテコに、世界のハイテク市場で一段と存在感を高めている。日本経済新聞社がまとめた二〇一九年「主要商品・サービスシェア調査」で、中国は電子部材など前年より二品目多い一二品目でトップシェアを獲得した。

中国政府は二〇二五年年に、次世代通信規格の5G（第五世代移動通信システム）関連産業の総額をGDPの三・二％に相当する一六一〇億ドル以上まで引き上げることの実現を目指している。目下、中国は5GベースのIoTやAIおよびクラウド領域における世界での主導権を狙っている。

†中国特有の産業革命時期区分

欧米の産業革命の歴史と比較して、中国における各産業革命の時期について清華大学教授文一氏は次のように区分している。「中国の産業革命はまだこのプロセスの真ん中にあり、その時期区分は以下のとおりである。一九七八〜一九八八（または一九四九〜一九八八、最初の産業革命の活性化期間）、一九八八〜一九九八（最初の産業革命の離陸期間、世界的な繊維産業の中心であり重要な国になった）、一九九八〜二〇〇八（最初の産業革命の完了、世界的な軽工業消費財などの労働集約型をはじめとする世界的工場となり、石炭、鋼鉄およびインフラストラクチャー「トライアド」の繁栄を通じて第二の産業革命を活性化した）、二〇〇八〜二〇一八（第二次産業革命の離陸期間、米国が機械および資本集約型製品の世界最大の輸出国であることに変わり、中国が自動車、船舶など輸送機械、電機機械、金融産業の繁栄と人民元の国際化を迎え、第三次産業革命の活性化期）、二〇一八〜二〇二八[67]（第二次産業革命の完成段階、農業機械化、都市と町の近代化、エネルギー、情報、通信、動力、材料などの分野で技術革命誕生、金融業が繁栄。国際貿易と資本取引の中での人民元が支配的地位になり、中国が金融資本主義の時代に入る。第三次の産業革命を開始し、情報化時代が始まり、世界の金融センターとなり、成熟した医療および健康産業によって特徴付けられる福祉時代に入る）、二〇二八〜二〇三八（重工業技術分野で世界的リーダーになり、ＩＴ技術分野で米国を超える）、二〇三八〜二〇四八（中国が第三次産業革命を完成、米国を完全に超えて技術革新のグローバルリーダーになる）[68]。

文一氏の第一次産業革命と第二次産業革命の区分、およびその特徴に関する論述は的確であるが、二〇二八〜二〇三八年および二〇三八〜二〇四八年の第三次産業革命の開始・完了に関する指摘については次の二つの点を検討する必要がある。

まず第一に、同氏は中国において始まった第四次産業革命に触れていない。前述のように中国はＩＣＴをはじめとする第三次産業革命と並行して、ＩｏＴやＡＩをはじめとする第四次産業革命に着手したばかりである。よって第三次産業革命の完成期はおそらく早くても二〇三〇年で第二次産業革命の完成期（二〇二八年）に近く、さらに第四次産業革命の完成は二〇四〇年代後半となるだろう。

第二の点は、二〇四八年に中国が米国を完全に超えて技術革新のグローバルリーダーになるという点である。欧米は二〇〇年以上、日本は一五〇年以上の技術・ノウハウの蓄積に基づいて今日の技術大国を形成しており、中国は先進国の技術にかなり依存している。アメリカ、日本、ドイツなど主要先進国では絶え間なく技術革新を行い、モチベーションの高い社会環境の下で最大限のイノベーションの意欲・パワーを発揮できる。一方、中国では第二次産業革命が未完成で工業化の後期段階にあり、核心技術・基幹部品のほとんどについて米日欧に依存している。また、イノベーションの社会環境・文化（評価目安・価値観が地道な研究開発よりも目の前の利益を追求しがちである）などの制約により、二〇四八年までに世界のグローバルリーダーになることは考えにくい。

前述のように、中国は封建政権での「重農抑商」の国是の下で市民革命・ブルジョワ革命を経ていないため市民社会が形成されておらず、「三権分立」という民主・憲政体制が生まれなかった。そのため長い間、人の技術発明・イノベーションが保護されておらず、技術発明・技術革新をもたらす環境・モチベーションが欠如している。一九一一年の辛亥革命後の民国政府時期も、長い間の中国工業化の空白や自主開発能力の弱さ・技術蓄積の薄さに加え、軍閥割拠や戦争の影響により、工業化・産業革命が推進される余裕すらなかった。

一九四九年以降、新中国の毛沢東政権時代は社会主義における計画経済体制の下で旧ソ連の援助を受け、軍事・国防能力向上に関連する重工業を中心として工業化・産業革命が推進されたが、工業化を取り巻く内外環境による制約のため、中国の工業化を受容するための国内外市場がなかった。最も重要なのは、社会主義体制・イデオロギーにより職人や技術者などによる技術発明・出願のための知的財産権を認めなかったことである。中国では特許制度自体が存在しておらず、一九八五年に技術導入の相手国であるドイツから何回もの説得を受け、ようやく特許制度を設置した。中国は一九七八年に改革開放を行った時点で、製造業に関わるほぼすべての技術が先進国より大幅に遅れている。

†中国の産業革命の特徴

欧米、日本など先進国と比較して、中国の産業革命は次のような特徴を持つ。

第一に中国は、先進国のように主に技術の発明やその量的蓄積から質的飛躍に至ったのではなく、先進国からの技術導入を活用して工業化・産業革命を推進した。中国ではこれまでの工業技術・ノウハウの蓄積の少なさと技術革新の脆弱さにより、自力かつ短時間で工業化・産業革命を実現することが極めて困難であるという事情に基づき、一九七八年の「改革開放」後、日米欧など先進諸国から大規模な工業設備・技術を導入してきた。一九七八年から現在までの中国の技術導入数は八万三七〇〇件以上で、総額は数千億ドルに達している。なかでも一九七八年から一九八九年までの一〇年間で、中国は日米欧などの先進国からの技術設備を大部分導入し、ほぼすべての産業セクターをカバーした。こうした技術の導入は、中国の技術および生産分野における多くのギャップを埋めてきた。技術導入を通じて一連の重機、鉱山機械、化学機械、発電設備、工作機械、自動車、トラクター、飛行機、タンク、船、ベアリング、空気圧工具、電化製品、ケーブルなどの分野は一新され、技術的に大きな変化をもたらした(69)。後発国として先発工業国がすでに開発・使用している様々な技術設備や技術・知識体系を利用できるメリットにより、中国は自主開発に必要な莫大な時間と資金を節約することができた。これにより改革開放後、二〇年あまりで一九九〇年末には最初の産業革命を達成し、二〇一〇年代には第二次産業革命の離陸段階に入った。現在は第二次産業革命の後期、第三次産業革命の前期および第四次産業革命の発足段階にある。

第二に外資系企業を活用し、工業化能力を伸ばしたことである。中国は一九九〇年代に入ると後発のメリットを生かし、グローバリゼーションに積極的に参入した。そこでは先進国の直接投資・技術移転を大いに受け入れ、キャッチアップ型の工業化（末廣昭、二〇〇〇）と技術発展を目指し、能力を伸ばしてきた。日米欧など先進国の外資系企業は中国の世界の工場としての土台の構築、国際分業・輸出拡大、中国の熟練度の高い労働者・従業員の育成、ひいては工業化・産業革命の発展に大きな影響を与えている。

二〇一九年の時点で先進諸国などからの対中直接投資累計額は二兆ドル以上にのぼり、中国における外資系企業の生産・事業拠点や子会社は約一〇〇万社に達し、外資系企業関係の従業員は二億人に達している。中国は特に一九九〇年以降、先進諸国からの直接投資やそれに伴う技術移転を積極的に取り入れ、先進諸国企業との合弁・技術提携や先進国外資系企業の経営手法やノウハウ・経験を学習し、技術水準の向上を図ってきた。

特に労働集約・資本集約産業・工程に関する成熟した技術を習得し、家電・電機機器や一般機械などの分野でのコスト的な優位を活用し、先進国市場を含む世界市場への輸出を拡大し、市場シェアを大きく伸ばした。特に外資系企業の輸出は中国の輸出全体の五割前後を占めており、なかでもハイテク・高付加価値製品の輸出は八割を占めている。

中国は先進国などの対内直接投資に力を入れ、外資系企業のモノづくりの力（技術・管理手法・国際輸出のチャンネル）を活用した。さらにはグローバリゼーションに参加し、外資系企業のメリットを活用して対外貿易・国際競争力をつけ、国際市場シェアや経済パワーを拡大した。したがって日米欧先進国の外資系企業は、中国の工業化・産業革命の発展に大いに寄与していると言える。

第三に「改革開放」という一一期三中全会による国是および社会主義市場経済体制が中国の

工業化・産業革命の発展を促進した。一九七八年一二月の中国共産党の一一期三中全会を契機としてそれまでの「自力更生（自給自足）」や政治主導の路線から経済建設を中心とする「改革開放」へと大転換した。つまり農村地区の人民公社・集団経営による土地制度から農民・個人経営・支配や請負制責任による土地制度に転換し、それに伴い町村経営・個人経営など繊維・縫製・日用品・雑貨などの郷鎮企業や民間企業が数多く誕生した。こうして一九七八年以後、閉鎖的な計画経済体制により抑えられてきた郷鎮企業・民間企業の意欲・チャレンジ精神が発揚した。

さらに中国共産党大会は一九九二年一〇月、同年二月の鄧小平の南巡講話でのさらなる改革開放の提案により一層改革を進め、それまでの改革後の「計画経済と市場調整との結合」という体制の枠組みを突破し、社会主義体制を「社会主義市場経済体制」に転換した。つまり政治面においては一党独裁の政治体制でありながら、経済分野においては国営企業、公有制以外に私営・民営など私有制を認めるようになった。

このように社会主義体制と資本主義の特質である市場経済体制とが融合することにより、公的に所有される企業部門に生産手段の私的所有形態が導入され、経済発展に大きく寄与した。特に私有制企業・民間企業による消費財分野の技術発明・特許が多くなり、民間企業の企業家精神——新たな事業分野・セクターを開拓していくために必要な発想・想像力、リスクを恐れない勇気、チャレンジ・イノベーション精神が民間企業を発展させ、技術革新につながった。

また市場調整価格（七〇％）、国家決定価格、指導価格（三〇％）という漸進的価格制度は市場経済体制への転換を後押しし、中国工業化・第一次産業革命を取り巻く市場環境を準備した。こうした漸進的価格制度によりロシアの「ショック療法」による市場経済への直接的転換のような、完全な自由化による破壊的慣性が避けられた。

また「双軌制（計画経済と市場経済＝国有制・公有制・私有制）」という改革により、九〇年代初めに数多くの国営重工業企業を「ショック療法」のように市場化・民営化せず、多様な所有制・二重構造の下で比較的に優位性の低い重工業をある程度サポートしながら、漸進的な改革と市場化への転換を行ってきた。そして一九九〇年代後期に最初の産業革命を遂行した後、重工業分野の市場化への転換を完成し、民営化を進めた。一九九〇年代のショック療法によりロシアの重工業のほとんどはいわゆる「市場」の力によって放棄・破壊されたが、中国の重工業は変革と復活を達成し、一九九〇年代末からの第二次産業革命の土台を構築した。

一九九〇年代に始まる中国の民営化において、国営企業の民営化（特に国民経済と国民の生活に関わる）に関しては極めて慎重に進めた。市場の状況が成熟するまですべての産業を一律で民営化せず、内外競争力と技術革新能力があることを条件とした。そこでは国営企業の完全な民営化よりも、国営・公営と民営が併存することが推奨されていた。

社会市場経済体制の下で中国は市場経済へと穏やかに移行し、新規民営企業は大きく発展した。たとえば二〇一七年の時点で民間企業は中国の経済に「五六七八九」というかたちで貢献している。つまりそれらは国家税収の五〇%以上、GDPの六〇%以上、技術革新の七〇%以上、雇用の八〇%、企業数の九〇%以上を占めている。特にイノベーションの主役として、民間企業の特許出願件数および有効特許件数はそれぞれ七七・八%、七五・八%と全国の八割近くを占めている。

しかしながら近年、「国進民退」で国家体制・社会主義体制の根幹である国有制・公有制経済・企業は主要産業分野を独占しており、融資・政策・補助などの面で民間企業よりも厚遇されており、民間企業と国有企業の平等的競争環境・土俵が失われつつある。こうした状態では民間企業の企業家精神・イノベーションが妨げられかねない。現地でのインタビューによれば、地方の民間企業の多くは銀行から、事業投資、研究開発のための融資をなかなか受けられないという。

要するに一九七八年以降、中国版の強力な「政府能力」[70]、「国家の役割」の下で促進されている「改革開放」に伴い、郷鎮企業・民間企業を第一次産業革命の主役とし、労働集約型を中心として紡績業などの軽工業・消費財工業の発展を推進してきた。さらに力強い「政府能力」「国家の役割」により推進している「社会主義市場体制」の下で、経済分野における近代企業制度や市場メカニズム・メリットが活用・発揮され、一九九〇年代以降の中国の工業化・産業革命に結びついている。

ここで指摘すべきは、中国が第一次産業革命の主導産業として繊維およびアパレル産業の発展に力を入れてきた点である。それはかつてイギリスをはじめとする先進国が歩んできた道であり、毛沢東時代の重工業の工業化開発戦略とは対照的であるが、中国の国情にもよく適応した。この選択には次のような背景がある。

第一に紡績・アパレル産業は農村地域の農地の請負制により解放され、これは中国の比較優位と一致している。第二に一九七八年以来、郷鎮企業の生産・経営組織は毛沢東時代からの広範囲の人民公社・生産大隊など農村工業企業・組織の土台の改革開放に伴い、大きく発展してきた。第三に紡績・アパレル産業はそれほど高度な技術を必要とせず、資金調達もそれほど難しくない。加えて、繊維産業は国内・国際市場が非常に大きい。

中国は目下、第二次産業革命の末期に当たり、第三次産業革命の前期段階と第四次産業革命の始まりと重なっている。

(1) Paul Kennedy, *The Rise and Fall of the Great Power*（鈴木主税訳『大国の興亡』上巻、草思社、

一九八八年、二五二〜二五三頁）。

（2）重本洋一「国際公共財の供給に関する考察（一）」広島経済大学『研究論集』一九九八年、第二〇巻第四号、九八頁。

（3）秋田茂「イギリスのヘゲモニーとアジア世界」『帝国書院（資料）』二〇〇九年、二頁。

（4）堀中浩「現代の世界経済と新国際経済秩序」『明治大学社会科学研究所紀要』一九九〇年二九（一）一三五頁。

（5）重本洋一、前掲論文一〇七頁。

（6）E. J. Hobsbawm, *Industry and Empire*, Penguin Books Ltd.（浜林正夫・神武庸四郎・和田一夫訳『産業と帝国』未来社、一九八四年、一六三頁）。

（7）長島誠一「資本主義の発展段階（二）」『東京経済大学会誌』（経済学）二〇一七年二月、一二二頁。

（8）長島誠一、前掲論文一二六頁。

（9）経済企画庁『昭和五九年年次世界経済報告』(https://www5.cao.go.jp/keizai3/sekaikeizaiwp/wp-we84/wp-we84-00502.html)

（10）清水嘉治「資本輸出」、「イギリス独占資本についての一分析資格」(https://hermsir.lib.hit-u.ac.jp/hermes/ir/re/6838/kenkyu0000100420.pdf)；宮下郁男「19世紀中葉のイギリス資本輸出とアメリカ鉄道業」『経済学研究』北海道大学、一九九〇年一二月、六六〜六七頁。

（11）宮下郁男、前掲論文六六〜六七頁。

（12）西沢保「イギリス経済衰退の軌跡——思想と制度の膠着性」『経済研究』一橋大学、一九九四年一〇月、三四五頁。

（13）スチュアート・ブルシェイ著、石井修・米田巌共訳『アメリカ経済史』日本経済評論社、一九八〇

年、四二〜四三頁。大和正典『西洋経済史――大国の興隆と衰退の物語』文眞堂、二〇〇五年、七五頁。

（14）E. J. Hobsbawm, *Industry and Empire*, Penguin Books Ltd.（浜林正夫・神武庸四郎・和田一夫訳『産業と帝国』未来社、一九八四年、二一一頁）。

（15）岡田泰男「経済の停滞と没落――歴史の視点から」『三田学会雑誌』一九九九年四月、一六頁。

（16）チャップマン純子、津田憂子『英国の科学技術情勢』国立研究開発法人科学技術振興機構、二〇一五年、三頁。

（17）E. J. Hobsbawm, *Industry and Empire*, Penguin Books Ltd.（浜林正夫、神武庸四郎、和田一夫訳『産業と帝国』未来社、一九八四年、二三〇頁）。

（18）宮崎犀一・奥村茂次・森田桐郎編『近代国際経済要覧』東京大学出版会、一九八一年。

（19）長島誠一、前掲論文一三四頁。

（20）同上。

（21）日本機械学会編『新機械技術史』丸善出版、二〇一五年、三三四〜三三六頁。

（22）日本機械学会編　前掲書三三五〜三三六頁。

（23）冨士原裕文『歴史を学ぶ知的財産権』https://sojo.yamanashi.ac.jp/bul/final97/contents/fujihara/index.html)

（24）石井正「技術の文書化：明細書の誕生」二〇一二年三月一日（https://www.fukamipat.gr.jp/discusses/784/）。

（25）石井、前掲論文。

（26）宮本隆司「特許制度導入と産業革命」『パテント』六二巻六号、二〇〇九年、二六頁。

（27）森杲「仕事と技術のアメリカ的伝統」『経済と経営』（札幌大学）二八巻二号、一九七九年九月、一七五頁。

(28) ネオテクノロジー『インダストリアルデザインの宝庫　19世紀末アメリカ特許図面』二〇一四年（https://www.neotechnology.co.jp/books/interest/9890/）

(29) 川端実美、第一経大論集。秋元英一『アメリカ経済の歴史　一四九二－一九九三』東京大学出版会、一九九五年、一二五頁。

(30) 栗原潔「解説：アメリカはなぜ先発明主義にこだわるのか（こだわっていたのか）」『ZDNet Japan 経営 解説』二〇一一年九月二〇日（https://japan.zdnet.com/article/35007766/）。

(31) 岩田誠「米国特許制度の特徴——諸外国と比較して特徴的な特許制度」『日本弁理士会（東海会）』二〇一九年二月二八日（http://www.jpaa-tokai.jp/activities/media/detail_553_2.html）。

(32) 栗原潔、前掲論文。

(33) 井樋三枝子「アメリカ特許法改正——先発明主義から先願主義へ」『立法情報・外国の立法』国立国会図書館調査及び立法考査局、二〇一一年一〇月。

(34) 森杲「大量生産体制の歴史的性格」『経済学研究』第四巻第四号四九（九三三）、北海道大学、一九七九年一一月、五五頁。

(35) 仁平耕一「イノベーションサイクルと経済発展」敬愛大学研究論集（八六）、九三－一三七（二〇一四－一二）、一〇六頁。

(36) 日本貿易振興会海外調査部『米国の移民』二〇〇三年三月、五八頁。

(37) 近年、アメリカに滞在する留学生人数は一〇〇万人以上に達している。

(38) 「为什么创新力最强的国家偏偏是美国?」『国家科技基礎平台』http://www.ecorr.org/news/industry/2017-05-18/165793.html

(39) たとえば、一九一三年の時点で、アメリカとドイツがその世界工業生産に占めるシェアはそれぞれ、三二%、一四・八%で、世界の第一位と第二位となっている（Paul Kennedy, *The Rise and Fall of the Great Powers* David Higham Associates Ltd., 1987（鈴木主税訳『大国の興亡』（上巻）草思社、一九八八年、三〇五頁。なお、アメリカの世界における工業力はすでに一九世紀末、イギリス（一八・五%）を超え二三・六%に達していた。

(40) Cowan, Ruth Schwartz (1997), *A Social History of American Technology*, New York: Oxford University Press, p. 163.

(41) Cowan, Ruth Schwartz (1997), *A Social History of American Technology*, New York: Oxford University Press, p. 163.

(42) Cowan, Ruth Schwartz、前掲書 p. 165.

(43) 一九一一年、「反トラスト法」が制定、スタンダード・オイルは地域ごとの三四社への分割解体を余儀なくされそしてその後、石油産業はセブンシスターズの時代へと変遷していった（夫馬賢治「石油産業の構造①——供給の歴史：石油企業と産油国の一五〇年」Sustainable Japan、二〇一六年一月 https://sustainablejapan.jp/2016/01/28/oil-production/20901）。

(44) Cowan, Ruth Schwartz、前掲書 p. 158。

(45) AMERICA CENTER (JAPAN)『アメリカ合衆国のポートレート』第5章「アメリカの産業」(https://americancenterjapan.com/aboutusa/profile/1936/)。

(46) Paul Kennedy, *The Rise and Fall of the Great Powers*, David Higham Associates Ltd., 1987（鈴木主税訳『大国の興亡』上巻、一九八八年、二九八頁）。

(47) 石見徹『世界経済史——覇権国と経済体制』東洋経済新報社、一九九九年、四頁。

(48) USDC, *American Direct Investments in Foreign Countries*—1940, 1942, Table 8, p. 23.
(49) 経済企画庁『昭和五九年年次世界経済報告』(https://www5.cao.go.jp/keizai3/sekaikeizaiwp/wp-we84/wp-we84-00502.html)
(50) 同上。
(51) 浅羽良昌編著『国際経済史――欧米とアジア』ミネルヴァ書房、一九九六年、八七頁。
(52) 浅羽良昌編著、前掲書、八九頁。
(53) 大和正典『ヨーロッパ経済の興隆と衰退』文眞堂、一九九九年、六二頁。
(54) 藤瀬浩司『欧米経済史――資本主義と世界経済の発展』放送大学教育振興会、二〇〇四年、七七頁。
(55) Jan Bernd Nordemann, *Industrielle Revolution in Deutschland*. フーベルト・キーゼヴェター『ドイツ産業革命』(邦訳) 晃洋書房、二〇〇六年、一二一～一二二頁。
(56) 同上。
(57) Jan Bernd Nordemann「職務発明と職務著作：第三の制度との遭遇」https://rclip.jp/event_past/archive-2011-11-19.
(58) 石井正『知的財産の歴史と現代』発明協会、二〇〇五年、一三六頁。
(59)『平成一二年年次経済報告』経済企画庁。
(60) 産業構造審議会他『実用新案制度の魅力向上に向けて』二〇〇四年一月、七頁。
(61) 石川英輔『大江戸生活事情』講談社文庫、一九九七年。
(62) 岡崎哲二『工業化の軌跡――経済大国前史』読売新聞社、一九九七年、五四頁。
(63) 岡崎哲二、前掲書、五〇頁。
(64) 岡崎哲二、前掲書、五一頁。

(65) 文一『偉大的中国工業革命』(中国)清華大学出版社、二〇一六年、三四頁。
(66) ちなみに中国の第一次産業革命の完成は、日本と比べて九〇年以上遅れていた。
(67) 文一『偉大的中国工業革命』清華大学出版社、二〇一六年、一五二頁。
(68) 文一、前掲書二五〇~二五二頁。
(69) 電気機械産業を例にとると、当時、米国のWestinghouse Electric Companyから三〇万キロワットおよび六〇万キロワットの蒸気タービンユニットを輸入し、ABB、Siemens、およびAlstomから五〇〇キロボルトの送電および変圧技術を導入して、電力産業をより高いレベルに引き上げた。シール、高強度ボルト、ベアリングなどの基本部品から鋳造・鍛造の熱処理技術、露天掘り鉱山設備一式まで、先進的な海外技術が導入され、消化吸収により技術革新が進んでいる。
(70) 末廣昭『キャッチアップ型工業化論』名古屋大学出版会、二〇〇〇年、六四頁。ここでは、主に制度としての能力、政策としての能力を指す。

第 4 章

第三次産業革命

――ヘゲモニー国の変遷（20世紀後半～20世紀末）

車のスポット溶接を連続的に行う日本初の国産産業用ロボット「川崎ユニメート」（1972年、共同）

1　国際政治経済構造の変容——ヘゲモニー国の衰退

†アメリカのモノづくりの行き詰まり

一九七〇年代以後、特に九〇年代に入って以来、アメリカの圧倒的な優位（パクス・アメリカーナ）は後退している。GDPの世界シェアは一九五〇年の約五〇％から一九六〇年には三九・七％まで縮小し、一九七〇年には三一・六％、一九八〇年には二五・六％、二〇一九年には二五・三％まで大幅に低下した。また、アメリカの輸出の世界シェアは一九五〇年の約一七％から一九六〇年には一五・九％、一九七〇年には一三・五％、一九八〇年以後は一一％台まで下がっており、二〇一五年には九・三％と大幅に低下している。一九五〇年、アメリカの製造業の生産額は世界の四〇％を占めたが、二〇〇〇年代には一七・三％まで低下し、その後も二〇％足らずである。

このような製造業における成長率の低下はアメリカ経済の成長を低下させたのみならず、対外貿易赤字の増加をもたらした。第二次世界大戦後、アメリカは二〇年間にわたり世界最大の貿易黒字国としての地位を維持していた。一九四八年から一九六六年にかけてアメリカは世界最大の貿易黒字国であり、一九六八年に初めて貿易赤字が生じたが、その額はわずか一一億ドルであった。しかし一九七〇年代の二度のオイルショックにより石油輸入のコストは大幅に増加したため、貿易赤字は急速に拡大した。アメリカは一九七六年以降、現在に至るまで世界最大の貿易赤字国であり、二〇一八年には貿易赤字が八七〇〇億米ドルを超え、これはGDPの四%以上を占めている。

一九七〇年代以降、アメリカ経済の衰退は顕在化している。一九七〇〜一九八〇年代のドイツ（当時西ドイツ）、日本の地位の向上、二一世紀以降の中国など新興国の台頭もその原因であるが、アメリカ国内の事情も大きく影響していると考えられる。

†技術革新の停滞

産業革命により、先進諸国の経済は大きな発展を遂げた。特に「一八八〇年から一九四〇年にかけて、数々の目覚ましい新技術が私たちの生活に取り入れられた。電力、電灯、強力なモーター、自動車、航空機、家電製品、電話、水道、医薬品、大量生産システム、タイプライター、テープレコーダー、写真、テレビなどが登場した。……この時代に取り入られたテクノロジーの多くは、強力な化石燃料エネルギーで最新の機械を動かすという発想に立っていた(1)」。

一九七〇年代以降のアメリカでは産業革命の時ほど革命的な発明、イノベーションが生まれておらず、先進国の経済成長は減速している。アメリカの実質経済成長率は一九七三年以降、それまでの年率三％から鈍化している。これはイノベーションのペースが落ち、減退していることに起因するとタイラー・コーエンは主張している（Tyler Cowen, 2011）。

技術進歩・革新の経済成長への寄与を測る指標である全要素生産性（ＴＦＰ）を見ると、アメリカのイノベーションの停滞がうかがえる。アメリカでは一九七〇年代以後、労働投入・資本投入以外の成長寄与度が次第に低下している。ＴＦＰの伸び率は一九二〇～一九七〇年の一・八九％から一九七〇～一九九四年の〇・五七まで大幅に減少している。一九九四～二〇〇四年にはＩＴをはじめとする第三次産業革命により一・〇三％まで回復した（Robert J. Gordon, 2016）が、その期間は短かった。その後はＩＴ・デジタルの成果が弱まり、不動産バブルや金融危機に伴い、二〇〇四～二〇一四年には〇・四％まで低下している(2)。

一方、モノづくりの付加価値がＧＤＰ総額に占める割合が二割以上の日本では、一九八〇～二〇一八年にＴＦＰの伸び率が年平均〇・九五％に達している。また、製造大国であるドイツでも一九八〇～二〇一七年に年平均〇・九％となっている。両国ではモノづくり産業のイノベーションにより、生産が効率化されていることがその要因であると考えられる。

アメリカで技術革新・イノベーションが落ち込んだのは、かつてのイギリスがそうであったように産業資本主義よりも金融資本主義を追求した結果と考えられる。

†金融資本主義のイノベーションへの影響

一九九〇年代以後、アメリカは製造業主導の産業資本主義国家から金融業主導の金融資本主義国家に移行した。アメリカのGDPに占める製造業のシェアは一九六〇年の約四割から一九七〇年・一九八〇年には三割へ、さらに一九九〇年には二割まで低下した。一方で金融・サービスなど第三次産業のシェアは一九六〇年の六〇％から一九七〇年には六五％、さらに一九八〇年・一九九〇年には七〇％まで上昇している。(3)

イギリスはアメリカに次いでGDPに占める製造業（第二次産業）のシェアが小さく、金融・サービス業（第三次産業）のシェアが高く、その次はフランスである。先進国の中で日本とドイツのGDPに占める金融・サービス業のシェアは最も低く、一九九〇年の時点でそれぞれ約六割で、製造業シェアはそれぞれ三五％以上であった。また日本、アメリカ、ドイツ、イギリス、フランスの産業構造を名目GDPベースにして比較すると、アメリカでは第三次産業が七五％と高水準に達しているが、イギリスとフランスも七割であり、その差は縮小しつつある。一方で日本とドイツは類似しており、他国と比べて第二次産業（製造業）の比重が高い。

一九九〇年代後半以降、アメリカをはじめとする先進国では金融・サービス部門が大きく発展し、GDPに占める割合がさらに高まる一方で、製造業の割合は大きく低下している。図

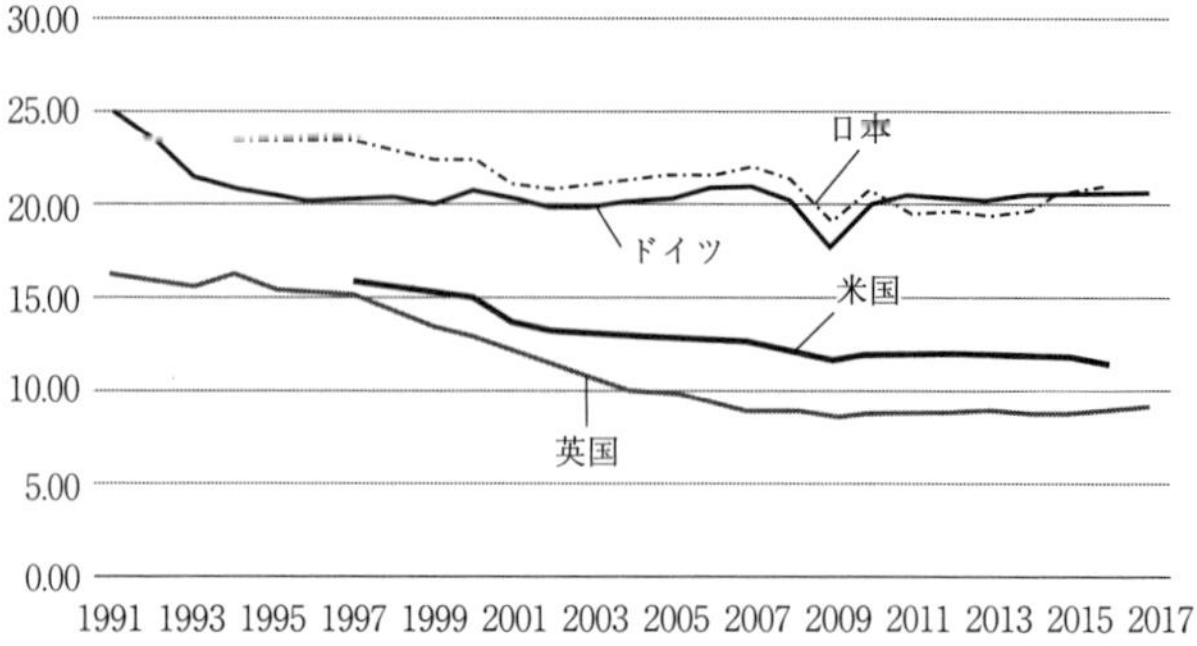

図 4-1　製造業の GDP に占める比率
出所：図 3-2 と同じ。

４－１に示したように、アメリカのＧＤＰにおける製造業の割合は一九九八年の一五・一％から年々低下して二〇〇〇年に一三・一％となり、さらには国際金融危機に伴い、二〇〇八年には一一・五％、二〇〇九年には一一・二％、二〇一〇年には一一・七％となった。一方、金融・保険・不動産・レンタル・リース業や情報・サービスなど第三次産業のＧＤＰに占める比率は一九九八年の八二・九％から二〇〇〇年には八三・七％まで上昇し、二〇〇八年には八五・二％、二〇〇九年には八五・三％となっている。中でも金融・保険・不動産・レンタル・リース業は一九九八年の一九・三％から年々シェアを拡大し、二〇〇〇年には二〇・一％、二〇〇八年～二〇一〇年には二一％以上に達している。

　二〇一八年末の時点でのアメリカの鉱工業の生産高は二兆九七〇〇億ドル、そのうち製造業の生産高は二兆三三〇〇億ドルでＧＤＰのわずか一一・四％に過ぎない。

アメリカのモノづくり経済は一九七〇～一九八〇年より前に終焉し、生産資本から金融資本へと移行した。特に一九九三年以降、ICT産業と株式上場による金融資本が一体化して資産効果をもとにGDP・消費・小売業などが成長した。さらに二〇〇〇年にICTバブルが崩壊すると、二〇〇一年からは不動産（特に住宅）と金融資本が一体化したデリバティブ（金融派生商品）による金融バブル経済が起こり、資産効果からの経済発展がGDP・消費・小売業などを成長に導いた。[4] こうした金融・サービス業をはじめとする第三次産業による金融・非実体経済がアメリカ経済の大きな特徴となっている。

金融・非実体経済は実体経済からの要求に応じ、産業・経済活動よりも擬制資本・信用創造による利潤の最大化を追求する。金融・非実体経済における擬制資本と実体経済における現実資本は大きく乖離しており、後者からは先物取引、オプション取引、スワップ取引などが派生してきた。

一般商品活動と金融商品活動が大きく乖離し、「信用需要」・擬制・架空の信用ニーズを作り出しながら、アメリカは経済活動を展開してきた。それは大量のデリバティブ（金融派生商品）をもたらし、擬制資本の金融・非実体経済が経済成長の土台を構築している。しかしそれは「実際経済」（real economy）ではなく仮想経済（virtual economy）であり、実体経済の資金需要に基づかない仮想信用需要によって経済成長を遂げてきた。これが行き詰まった結果、大恐慌や金融・経済危機が起きたのであり、サブプライムローンによるリーマンショック・国際金融危機もそれに当てはまる。擬制経済・仮想経済に基づく成長は実際の富という付加価値を伴わず、単に「価値の移転」あるいは「価値の収奪・横領」が発生しただけである。

アメリカをはじめとする先進国は金融・非実体経済の成長にこだわるあまり、実体経済・産業活動に必要不可欠のR&D（研究開発）・イノベーションを怠っている。

企業は研究開発に注力していないわけではないが、イノベーション・技術革新のための研究開発には十分な資金を投じなかった。企業のイノベーションは新商品・新サービスの開発（プロダクト・イノベーション）、製造方法等の大幅な改善（プロセス・イノベーション）、デザイン・販売・価格設定等の大幅な改善（マーケティング・イノベーション）、経営管理上の新手法の開発（組織イノベーション）という四つのタイプに分けられ、このうちプロダクト・イノベーションが最も重要である。金融資本主義が主導する経済体制の下、企業は投資スパンが長く、しばしばリスクを伴うイノベーションのための研究開発に躊躇し、多くの企業は資金を不動産や金融派生商品に投じ、金融・非実体経済分野に回した。金融資本主義が主導する経済体制の影響で、実体経済・モノづくり型の資本主義が衰退した。先進諸国サイドの経済成長の減速の原因はここにあると考えられる。

加えて、アメリカの製造業の大半は中国・東南アジアを中心とした海外に事業をシフトし、現地生産・販売をするとともに自国・第三国市場に輸出している。このようにして、ハイテクなど新しい技術分野での研究・開発に取り組まないにもかかわらず、依然として企業優位性を維持している。こうしたメーカーは新興・途上国で成熟した技術のみを活用し、事業利益を十分に得ることができる。つまり国内の産業が空洞化するのみならず、技術革新も怠っている。

アメリカでは金融資本主義の下でモノづくり産業が衰退し、多くの製造業は海外にシフトした。この分野のイノベーションの停滞は大きなマイナスとなっている。経常収支赤字が深刻化し、一九八〇年代後半に対外純債務国に転落して以降、債務が拡大している。

このように製造業をはじめとするアメリカの優位性は失われつつあり、金融・非実体経済の繁栄に伴う所得格差の拡大により、ポピュリズムが台頭している。アメリカ第一主義（アメリカ・ファースト）・保護貿易主義により、対外経済関係や国際政治経済システムとの関わりが大きく変容している。

†米国の優位性の低下に伴う経済的パワーシフト

アメリカの経済力の低下は一九七〇年代初め〜一九八〇年代末頃から顕在化しつつあった。先進国一八カ国中、アメリカのGDPシェアはピーク時に五一・三％であったが、一九七三年に四一・五％、一九八九年には四一％まで低下している。

一方、モノづくりの先進国である日本、ドイツではそれぞれ五・一％、六・五％から一六・七％、八％に上昇している。対世界の輸出シェアでもアメリカは一九五〇年の一六・七％から一九七〇年には一三・五％に、さらに一九九〇年には一一・六％まで減少した。それに対し、日本とドイツは、同時期にそれぞれ一・四％と三・三％から六・一％と一〇・八％に、さらに八・五％と一一・七％まで拡大した。

中でもアメリカのハイテク製品の輸出の世界シェアは一九六〇年代末の二九・三％から一九七〇年代末には二一％、さらには一九八〇年代後半には一七・三％まで大幅に減少している。一方、日本のハイテク製品の輸出の世界シェアは一九六〇年代末の一〇・一％から一九七〇年代末には一二・一％、さらには一九八〇年代後半には一八・二と大幅に増加している。一九七〇代以降、アメリカの経済力が弱体化するとともに日本とドイツが台頭し、世界経済は多極化しつつあった。

一九九〇年代末、特に二一世紀に入ってからアメリカは、イノベーションを中心とする産業資本の発展よりも金融資本をはじめとする不動産、サービスなど非実体経済を加速させた。その結果、サブプライムローンを契機として金融危機が勃発し、経済力の優位性はさらに後退した。一方、中国をはじめとする新興国はＷＴＯに加盟して積極的にグローバリゼーションに参加し、労働集約を中心とする伝統的製造業を活用しながら先進国の産業革命の技術成果・ノウ

	1990				2000				2015				2020			
	GDP名目	貿易	対外投資	外貨準備高	GDP	貿易	対外投資	外貨準備高	GDP	貿易	対外投資	外貨準備高	GDP	貿易*	対外投資*	外貨準備高
先進国シェア（％）	85.4	73.9	82.7	65.8	74.0	62.0	91.4	42.1	55.7	60.7	72.0	29.5	55.5	60.9	69.8	20.5
新興国シェア（％）	14.6	26.1	17.3	34.2	26.0	38.0	8.6	57.9	44.3	39.3	28.0	70.5	44.5	39.1	30.2	79.5
世界合計	22241	6787	184	840	32287	12792	1201	2071	73496	33247	1474	12451	84439	37534	1314	15200

表 4-1 先進国、新興国の世界 GDP シェアの変化　単位：10 億ドル；％
注：①GDP 数値は名目；＊は 2019 年の数値。
出所：IMF、ジェトロなど各種資料より作成。

ハウを採り入れて輸出を拡大し、大きく成長している。

中国をはじめとする新興国の台頭により、アメリカをはじめとする先進国の経済力は大幅に低下している。中国など新興国のGDPの世界シェアは一九八〇年代末の一割台から二〇〇〇年代初めには二〇％、二〇一〇年には三八％、さらに二〇一五年には四四・三％、二〇二〇年には四四・五％と大幅に上昇している（表4－1）。また中国だけを見ると一九八〇年代末の三％足らずから二〇一五年には一四・八％、さらに二〇二〇年には一七・四％まで拡大している。

†米国主導の国際金融秩序の揺らぎ

第二次世界大戦後、アメリカドルは基軸通貨としてその機能を果たしてきた。国際貿易や資本取引、銀行間為替取引、外貨準備、為替市場介入においてアメリカドルが利用・保有される度合い・頻度は圧倒的に高く、多くの国は自国通貨の為替レートをドルに対して安定化させる為替政策をとってきた。

戦後、一オンス＝三五アメリカドルで金とドルの固定相場制、いわゆる「金ドル本位制」が確立した。しかしながら一九六〇年代後半、アメリカの「双子の赤字」の拡大に伴い金が大量に流出し、保有量が大きく減少したため、一九七一年八月にはドルと金の兌換制停止に至った。いわゆるニクソン・ショックが起き、金ドル本位制度は崩れた。

アメリカの経済力とその優位性の後退に伴い、早くも一九七〇年代の初めには金とドルの交換停止を余儀なくされた。これにより第二次世界大戦後、アメリカを中心に作られた為替相場安定のメカニズム、いわゆるドル・金本位を基盤とするブレトン・ウッズ体制が崩れ、為替レートが固定相場制から変動相場制に転換し、基軸通貨のドルの地位が揺らぐようになった。

一九七〇年代末以降、基軸通貨としてのアメリカドルの国際的機能は次第に弱まってきた。アメリカドルとともにドイツマルク（二〇〇〇年代に入ってからはユーロ）、日本円をはじめとする主要先進国の通貨が国際貿易や金融・為替取引で利用・保有されるようになり、ドル以外の国際通貨に対して自国の通貨の為替レートを安定させようとする国が出てきた。国際通貨システムは一九八〇年代以後、ドルを中心とした基軸通貨体制からマルクや円などの複数通貨体制を経て、二〇〇〇年以降はユーロ、円などの国際通貨体制に移行しつつある。さらに二〇〇八年以降、国際金融危機を契機としてドルの基軸通貨の地位は大きく揺らぎ、二〇一六年一一月以降は人民元のSDR（特別引出権）通貨入りにより人民元が国際化した。このようにドル、ユーロ、円などに人民元を加えた国際通貨における複数体制が形成されつつある。

こうした変化をもたらした原因として、主に次のような点が挙げられる。第一に、世界経済に占めるアメリカのウェイトが次第に低下してきた。世界のGDPに占めるアメリカのシェアは一九六〇年の四〇％強から一九八〇年には二五・八％、さらに二〇一六年には二四・五％まで大きく低下している。アメリカの経済規模の相対的縮小は輸出入貿易や金融為替などといった国際取引を相対的に低下させ、経済のグローバル化・多極化に伴い、欧州や日本、中国、アジア諸国などの貿易・投資が大きく拡大した。

第二に一九八〇年代以降、アメリカの貯蓄投資バランスが悪化し、恒常的な経常収支赤字の状況に陥った。アメリカは経常収支赤字を累積させるとともに対外純資産ポジションを急速に悪化させ、世界第一の対外純負債国となった。アメリカの純負債が拡大する一方フランス・日本・ドイツ・中国の純資産は増大している。これに伴い、長期的にドル安に向かうことが予想され、ドルに偏らず、国・地域ごとのニーズに合った国際通貨システムが求められる。これはドル通貨体制から複数通貨体制へ移行する大きな契機であると言えよう。

このようにドルが主導する国際通貨体制は世界政治経済の多極化や構造的変化によって揺らぎ、ドルに加えてユーロ、人民元、円などといった複数の通貨による多極通貨体制となる可能性がある。

一方で中国や新興諸国は経済規模の拡大に伴い、IMFにおける特別引き出し枠（SDR）のクォータ比率も引き上げている。二〇〇六年までの二・九八％から二〇一〇年には三・九％まで引き上げてイギリス、フランスを抜き、アメリカ（一七・四一％）、日本（六・四六％）に次いで中国が第三の出資国となった。これに伴い、二〇一〇年までの五大出資国（米国、日本、ドイツ、フランス、イギリス）に理事の任命権を与える規定・制度が廃止され、すべての理事は選任されることになった。これまでの規定でも、クォータ比率が同じく四位であったイギリスとフランスのいずれかが任命理事ポストを失っており、新興国の出資・クォータ比率の抜本的見直しはIMF理事会などの調整・改革を加速させている。

インド、ブラジルのSDR比率も、それぞれインドは一・九五％から二・七五％まで、ブラジルは一・四二％から二・三二％にまで引き上げられた。新興諸国全体のSDR比率は、二〇〇六年までの一〇・三％から、現在の一六・一％まで高められた。

一方、G7をはじめとする先進諸国の比率は、四六％から四三・四％まで下がった。新興諸国のIMFにおけるSDR比率は、まだ経済規模や外貨準備高シェアに比べると低いが、その発言・関与力は高まりつつある。

特に世界金融危機をきっかけに、アメリカの基軸通貨ドルの信用が揺らぐ中、新興経済大国として莫大な外貨準備高で巨額なアメリカ国債などのドル資産を持つ中国は、IMFにおけるSDRでドル覇権を牽制しようとしている。たとえば、中国人民銀行総裁の周小川氏が二〇〇九年三月に発表した「国際通貨制度に関する考察」という論文では、ドルを基軸通貨とする体制を見直すべきであると強調するとともに、特定の主権国の通貨（ドル）が世界の基軸通貨として果たしている機能・役割の限界・制約をも指摘。国際通貨は特定国とは無関係に、長期的に安定した主権国家の枠を超えた通貨（SDR）であるべきだとしている。

また、中国政府の金融・経済担当の王岐山副首相（当時）は国際メディアの中で「国際金融機関のガバナンスを調整し、途上国の代表性・発言権を高めるべきだ」と、IMFでの新興国地位・存在感をアピールしていた。

二〇一一年七月に、元中国人民銀行副総裁の朱民氏が中国人として初めてIMF副専務理事に起用されたことは、IMFでの中国・新興国の発言力・プレゼンスが高まりつつあることを、他国に強く印象付けた[5]。これはIMF改革の方向性とも一致し、また世界経済の構造の変化や新興経済体のニーズとも合致する。中国は今後さらに、現在のSDR枠六・三九％から七～八％を目指すと考えられる。

他方で中国は、人民元国際化、およびBRICS銀行とAIIBの相乗効果により、アメリカ主導の国際金融システムとその秩序に対抗し、脱ドル依存を目指すことで、非ドル圏を構築しようと試みている。(6) このことによって、既存の国際金融秩序は揺らぎつつある。さらに中国は、世界における人民元建て決済の割合拡大に加えて、BRICS銀行・AIIBの人民元建て融資・投資プロジェクトを活用しようとしている。人民元の使用範囲を広めて関係諸国のドル決済の比率を減少させるとともに、人民元の国際化を促し、中国・新興国の国際金融分野での存在感を強めて、世界への影響力を拡大しようとする狙いである。

二〇一三年三月、ブラジル、ロシア、インド、中国、南アフリカの新興五カ国(BRICS)は、南アフリカ・ダーバンでの首脳会議で、新興・途上国における道路や港湾などのインフラ建設を目的とした独自の銀行「BRICS開発銀行」を設立。金融危機の際に資金を融通し合う外貨準備の共同積立基金を、一〇〇〇億ドル(約九兆四〇〇〇億円)規模で創設することに合意した。

同行設立の構想の背景には、世界銀行や国際通貨基金(IMF)など既存の国際金融システムが欧米先進国の利益に左右されることに対する新興・途上国側の不満がある。国際金融を主導する先進国に対抗して、システムへの影響力を強める狙いである。目下、BRICS五カ国は、合わせて四兆四〇〇〇億ドル(約四一五兆円)の外貨準備高を持つ。世界の総人口の四割以上を占めており、その経済力に見合ったグローバル金融での発言力を強化するためである。

具体的には、国際通貨基金(IMF)など既存の枠組みとは一線を画す独自の金融ルールを構築し、欧米などの先進国がＩＭＦと世界銀行を軸に戦後確立したブレトン・ウッズ体制を脱しつつ、新興国の地位を築く国際金融秩序を目指している。

またすでに述べたように、二〇一五年四月に中国をはじめ、アジア、ヨーロッパなど五七カ国が参加、創設したＡＩＩＢは、本部を北京に設置。その資本金は、一〇〇〇億ドルとされている。中国の出資金は二九七億ドルで全体の約三〇％と、最大出資国として、重要案件に関する意思決定において強い影響力を持っている。

このように、人民元国際化が拡大していることを受けて、中国は自国が主導するＮＤＢ、ＡＩＩＢ設立・運営を通じ、アジア・ヨーロッパなどの国や地域により直接関与しながら、融資・資金援助を進めている。経済パワーの影響力や豊富な資金力をテコに、米国の意向に左右されにくい広域経済圏を築き、人民元使用範囲の拡大に伴う脱ドル依存を狙っている。

†国際貿易体制に関わる影響力の後退

第二次世界大戦後間もない一九四八年に、ＧＡＴＴ（関税及び貿易に関する一般協定）がアメリカ主導下で創設された。以来半世紀にわたり、ＧＡＴＴ・ＷＴＯに基づく多角的完全自由貿易体制は、世界経済にその恩恵をもたらし、貿易の拡大を牽引しながら経済を発展させてきた。

しかし二一世紀に入り、ドーハ・ラウンドの交渉停止に伴って、米国がＷＴＯに関わる比重は次第に下がりつつある。米国はWTOにおける多国間の貿易協議の枠組みから、二国間・地域貿易協議・交渉に転向している。そもそもWTOの機能は、国際貿易のルールを定めて国家間の貿易紛争を解決に導くためのものであるが、保護貿易主義を推し進めるトランプ前政権は、WTOによって「アメリカ第一主義」に基づく自国の貿易利益を守りづらくなることから、WTOに反発しているのである。近年も、紛争解決の審理に当たる上級委員の再任を拒否し、アメリカ自らWTO脱退を示唆するなど、WTOへの影響力は弱まりつつある。

加えて、新興国のWTO加盟は近年増加傾向にあるため、そうした国々の発言権が拡大するにつれ、アメリカのWTO関与力が低下しつつある。

要するにアメリカは、モノづくり産業の劣勢による経常収支赤字の拡大に伴い、トランプ前政権が保護主義的措置をとったのである。中国をはじめとする対米貿易黒字国に制裁関税を発動するなどの「自国ファースト」・保護貿易主義政策を進めたことが、結果的に戦後の自由貿易体制を動揺させ、WTOでの主導的地位の低下につながったわけだ。

一方で近年、WTOトップ人事の選出をめぐって米中が争っていることは、アメリカのWTOへの指導力に少なからず影響を及ぼしている。二〇二〇年一〇月下旬には、中国などから支持を得たナイジェリアのンゴジ・オコンジョ・イウェアラ元財務相が次期WTO事務局長に推薦されたが、米国はそれを反対、最終選考まで残った韓国の兪明希《ユヨンヒ》・産業通商資源省通商交渉本部長への支持を表明した。ＷＴＯでの新たな通商ルール作りにおける主導権をめぐる米中の争いは、ますます顕在化しつつある。結局米国が態度を変えたこと、つまり米新政権の同意によって、今年二月一五日にＷＴＯ次期事務局長にはオコンジョ・イウェアラ氏が正式に選出された。半年近く続いた異例のＷＴＯトップ不在が、ようやく解消されたのである。

これは、バイデン米新政権が国際協調路線を重視する意思を反映するとともに、中国・新興諸国のＷＴＯでの影響力や存在感が高まりつつあることも表している。これまでのＷＴＯ歴代事務局長は、タイ、ブラジル出身者を除き、アメリカと強い関係性を持つ先進国メンバーが占めてきた。しかし世界経済で中国・新興国が存在感を増す中、ＷＴＯのトップ層は新興国から選出すべきとした意見も高まっており、今回オコンジョ・イウェアラ氏が中国など新興国の支持を受けたのは、先に述べたＷＴＯでの通商ルール作りやＷＴＯ改革などに新興国が果たす役割を重視する意向を示したことが大きい。

2 戦後ドイツと日本の工業――技術力の向上

†ドイツのマイクロ・エレクトロニクス技術

ドイツは、第二次大戦後、まず敗戦国としての打撃からの復興を果たし、一九五〇年のGDP二六五四億ドル（世界のGDPシェアの四・九％）から、一九七〇年代初期に三九四八億ドル（同約六％）へと、さらに一九八〇年には九五〇三億ドル（同七・七％）にまで拡大し、一九九〇年へと続いてきた。

他方、ドイツや日本は経済規模が拡大しているのに対し、アメリカのGDPの世界シェアは、一九四五年の五〇％台から一九五〇年の約三〇％へと、さらに七〇年代初期には二二％に低下し、一九八〇年代以後二割台にとどまっていた。また、ドイツは一九九〇年にGDP規模は一兆七七一六億五〇〇〇万ドルに増大し、東ドイツの崩壊に伴うドイツ統一後の一九九〇年代前半には、その経済規模は一九八〇年の二倍にまで拡大した。その後二一世紀に入って以後、ドイツ経済は先進国の中で比較的高い二％以上の成長率を維持している。

ドイツは敗戦後、早くに復興を果たし、先進国とくに欧州諸国の中でも堅調に発展してきた。

その主な背景は、やはり製造業の強さにあり、工業による輸出志向型の経済再建であった。高度な産業技術力と熟練の労働力によって、ドイツ企業は強力な競争力を持っている。(7)

こうした競争力は、それまでのドイツの自動車、工作機械、化学、電気産業などの第二次産業革命の成果を継承し進化させたものであり、さらにME（マイクロ・エレクトロニクス）技術・IT（情報通信）技術などによる第三次産業革命が進むことによってもたらされたものである。

一九七〇年代以後、ドイツ企業はME技術の普及・応用に取り組み、設備資本財の構成において、一般機械の比重が一九六〇年代前半の五七％から一九八〇年代前半には四一％にまで低下した。一方、電気・精密・光学機器の比重は、同期間の一三％から二三％へ、事務・情報機器においては一％から五％へ増加した。また八〇年代に入ると、ドイツは生産過程・生産現場へのコンピューター技術の導入を強化し始める。

たとえば、工作機械に占めるNC（Numerically Controlled Machine Tools、数値制御）の割合は、一九八〇年の数％から一九八六年の一〇％近くにまで上昇した。特にセンサー、知能・制御系、駆動系の三つの技術を有する、知能化した機械システムである産業用ロボットの導入台数は、一九八〇年の一二五五台から、八六年には一万二四〇〇台へと、六年間で十倍も拡大し、主に自動車をはじめとする機械、電気および金属製品産業の生産・組立部門・工程に集中した。(8)

ドイツは、ME技術・ロボットなどの第三次産業革命の技術活用により、TFP（Total

	1971-74	1975-79	1980-84	1985-89	1990-94	1995-99	2000-04	2005-09
日本	-2.2	1.6	0.5	1.6	-0.1	-0.2	0.8	-0.6
米国		-0.5	-0.4	0.5	0.1	0.0	0.9	0.4
ドイツ	2.6	2.0	0.5	1.1	1.2	0.6	0.6	0.2
英国			1.1	0.7	1.2	0.5	1.0	-0.5
フランス			1.5	1.2	0.4	0.7	0.6	-0.4

表4-2 主要先進国のTFPの比較
出所：平成25年版通商白書
備考：日本の1971-74年は1974年単年、米国の1975-79年は1978年から、英国およびフランスの1980-84年は1981年からの数字。

Factor Productivity：全要素生産性）は、先進国の中でも比較的高いところに位置している（表4－2）。

ドイツの製造業のイノベーション力

ドイツは、一九五〇年代に重工業を中心に高度成長を遂げ、六八年に日本に追い越されるまでは、長く世界の第二位を保ってきた。

図4－2に示したように、主要先進国の中でもドイツのGDPに占める輸出率は、長い間高い数値を示し、拡大傾向にある。その輸出はGDPの四割以上を占め、ドイツ経済成長の重要なエンジンとなっている（図4－2）。輸出拡大による経常収支黒字の背景には、製造業の競争力がある。まずGDPに占める第二次産業・製造業の比率は、先進国の中でも特に、アメリカ、イギリスの一割よりもずっと高く、二割以上となっている（図4－1）。

またドイツは、金融・サービスよりも実体経済・モノづくり製造業を重視する傾向がある。代表的な製造業として、自動車産業、機械工業・プラント建設、化学工業、電気工業が挙げられる。自動車にせよ、

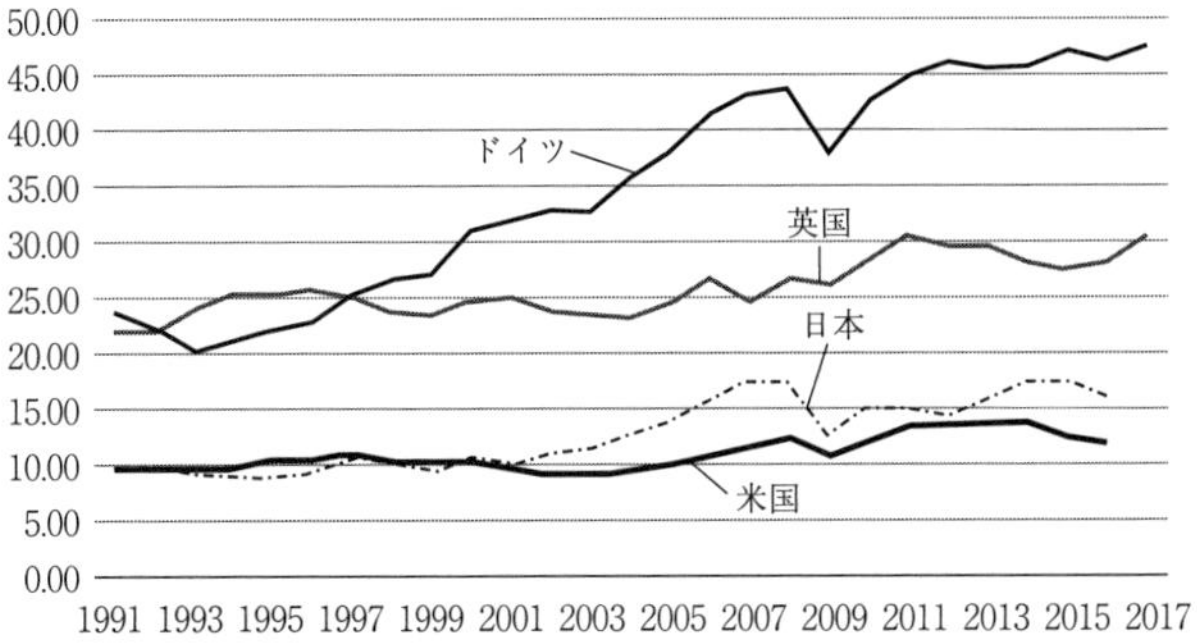

図 4-2　輸出の GDP に占める比率
出所：https://data.worldbank.org，西澤研究院。

化学・薬品にせよ、発電所一式にせよ、ドイツは、世界市場に優れた工業製品を供給し、多くの分野で工業国の先端グループに属している。(9)

ＶＤＭＡ（ドイツ機械工業連盟）によると、二〇〇七年の時点で、ドイツの機械製造業の七五％が輸出され、世界市場の約二割を占める。これは、アメリカの一一・九％、日本の一〇・九％をはるかに上回っている。機械製造技術（三〇種類）についてＶＤＭＡは、原動機技術、工作機械、コンベヤを使う搬送技術、印刷・製紙技術、検査機械、真空技術、精密工具、液体ポンプ、木材加工機械など一八の分野の輸出に関して、ドイツは世界最大のマーケット・シェアを占めていると分析している。(10)

こうした機械産業をはじめとするドイツの産業競争力の強さは、先に述べたようなドイツ企業の絶え間ない技術革新・イノベーションにある。つまりドイツ企業は、高品質で競争力のある製品を国際市場に送り込むため、最新テクノロジーに基づいた、合理的かつ低コストの製造プロセス・方法を用いているのである。

たとえば、前述のME技術・コンピューター技術を自動車産業に導入したことによって、一つの生産ラインで多車種の生産が可能となり、生産効率が向上した。同時に、以前のような車種別生産ラインを設置する必要がなくなり、設備投資が軽減されるようになった。[11] こうした技術革新は、生産効率の向上と資本コストの引き下げに寄与している。

また、ドイツのイノベーションに関わる研究開発投資の規模は、国際的に見ても比較的高かった。先進主要国（米、日、英、仏、伊、西独）の中でも、一九八七年の研究開発費の対GNP比二・七％という数値は、米日の二・八％とほぼ肩を並べており、対設備投資比率は、アメリカの四〇・八％にはおよばぬものの、三二・三％に達している。[12]

ドイツ企業のもう一つの強さは、モノづくりを重視する職人・テュフトラーの存在である。テュフトラーとは、細かい手作業に加えて、絶え間ない試行錯誤と改善の努力が不可欠な機械製造（マシーネン・バウ）に長け、高度技術の工業製品・中間製品・部品の臨機応変な対応や、メンテナンス・改良・修理にとって、欠かせない存在である。またテュフトラーは、新しい技術開発に取り組み多くの特許を取得している。

ドイツは世界でも有数の特許大国であるが、アメリカの特許商標局によると、一九六三年から二〇〇八年までにアメリカでは約四三八万件の特許登録が行われ、このうちドイツ企業および個人は全体の七％で約三一万件を取得しており、アメリカ以外の国としては約七三万件（一六・六％）を取得した日本に次いで多い。[13]

こうしたドイツの技術革新や技術開発、およびモノづくりに尽くす職人の精神は、ドイツの経済発展や工業の国際競争力の強さにつながっている。

†日本の戦後経済

日本経済は、欧米先進国より約一世紀遅れて、明治維新後の綿・繊維産業をはじめとする第一次産業革命を契機に近代工業社会へ突入した後、重化学工業を中心とする第二次産業革命を進め、一貫して高い経済成長を遂げてきた。明治の初めから第二次大戦直前までの平均成長率（実質）は、年率四～五％という高さであったと推定されている。戦後の経済成長はさらに急速であった。戦後一〇年間ほどは復興要因に支えられたが、「もはや戦後ではない」といわれた頃の一九五五年以後、一九六八年までをとってみても、年率約一〇％（実質）の高い成長を続けている。[14]

日本のGDP額の推移を見ると、経済成長や一九八五年のプラザ合意以降、急速に円高方向に推移したこともあり、一九八〇年代から伸びが加速し、一九九三年には世界GDPの約一八

%を占めた。貿易額は一九八〇年から急速に伸びており、一時減少したものの、再び拡大傾向にあり、日本経済を支えている。

日本のＧＤＰの世界シェアは、一九五〇年のわずか三％から、一九七三年には七・七％に拡大し、さらに一九八〇年に九・八％、一九九〇年代中期には一七・六％と二割近くにまで高まり、世界におけるプレゼンスが高まった。

日本の輸出は一九五〇年のわずか八億二〇〇〇万ドルから、一九六〇年には四一億ドル、一九七〇年に一八九億ドル、さらに一九八〇年代後期に二六四九億ドル、一九九〇年代後期には四四〇〇億ドルに達していた。現在は七〇〇〇億ドル台で推移している。

一九六〇年代後半に入ると、一ドル＝三六〇円の固定レート下で日本製品の国際競争力が強まり、貿易・経常収支の黒字が拡大し、定着している。その後一九七三〜七五年、および一九七九〜八〇年の二つの期間では、二度の石油危機による原油価格の上昇が貿易収支を悪化させ、経常収支が赤字となったが、それ以外の期間ではおおむね黒字で推移している。

一九八〇年代に入ると、貿易黒字をはじめとする経常収支の黒字は、対名目ＧＤＰ比率でみて、平均して二％台の水準に達した。円安もメリットとなり、主に製造業における対外競争力の向上によって、貿易収支の黒字の拡大をもたらした。一九八五年秋には、プラザ合意による円高を受け、日本の貿易をはじめとする経常収支の黒字は、対名目ＧＤＰ比率で見ると一九八六年の四・一％をピークに減少に転じたものの、対名目GDP比率は、一九九〇年代は平均して二・三％に達した。

二一世紀に入って以降、日本の経常収支黒字の対名目GDP比率は、二〇〇〇年代では平均三・二％、二〇一〇年代では、一一年の東日本大震災による福島原子力発電所の事故により、燃料・エネルギーの輸入増加など貿易収支が赤字となった影響で、平均二・六％となっている。[15]

†日本の製造業のイノベーション——鉄鋼、ロボット、半導体

先述のように、戦後一九六〇年代の日本輸出の拡大、貿易・経常収支黒字の拡大・定着は、日本のモノづくり・製造業を中心とする国際競争力・対外収益力を強化させたことにある。すなわち日本企業の技術革新、第二次と第三次の産業革命を進め、それを活用したことによるものである。

まず第一に、原材料・素材加工型製品、軽工業・雑貨品が中心とした輸出を経て、五〇年代後半、特に六〇年代は、鉄鋼、船舶、機械など重化学工業が発達して、重厚長大型産業製品が輸出の主役となった。この分野の技術革新で欧米技術を導入し、技術改良・自主開発に取り組んだ。

鉄鋼部門では、日本の鉄鋼メーカーが連続鋳造技術に取り組み、量産製品への対応に成功し

た。その技術革新の例を見てみよう。

戦前からアルミニウムの連続鋳造を行った新扶桑金属（現住友金属工業）は、一九四七年に半連続式の鋳造試験機を建設し、一九五五年にロッシ法を導入して小型ビレット用連続鋳造機を稼働させた日本の鉄鋼における連続鋳造の嚆矢である。神戸製鋼所は、一九五九年にビレット用試験機を自ら建造した。

八幡製鉄所は、六〇年にコンキャスト方式の大型スラップ用鋳造機を導入してステンレス鋼の鋳造をスタートさせた。(16) 特殊鋼の連続鋳造技術で、一九八〇年代に特殊鋼用ブルームの連続鋳造が進んでいる過程で、第一の問題点となる低鍛圧比（分塊圧延より全圧延率が小さい）に伴う材質不良に対し、鉄鋼メーカーが電磁攪拌や軽圧下鋳造の技術を用いて開発した鋳片内質の均質化と細粒化により対処した。

NC工作機械においては、日本のNC工作機械は一九五〇代末にアメリカがMITNIC工作機械を発明した上、改良してさらに自主開発に力を入れ、高精度のNC工作機械を作り出した。

一九五一年に世界初のNC装置が、翌年には世界初のNCフライス盤が、マサチューセッツ工科大学（以下、「MIT」と呼ぶ）により開発・実現された。これにより、原理的には複雑な切削作業も、テープによる指示をNC装置に読み込ませれば機械が自動的に行うことが可能となった。

富士通信機製造（現ファナック）の社内で制御プロジェクトを担当していた稲葉清右衛門氏は、前述のMIT開発成果に鑑み、研究対象を数値制御に絞り、極めて不安定なシステムの制御をいかに図るか、その実用化に取り組むこととした。解決努力を続けたファナックは、一九五九年、日本のNC化の進展を決定づけた二つの要素技術（電気・油圧パルスモータ・代数演算式パルス補間回路）[17]を作り出したことにより、システムの安定化や工具の動きをスムーズにするとともに、プログラム作成の労力を大幅に簡素化することを可能にした。[18]こうした技術は国内外でも特許を取得した。

一九七二年、ファナックはさらなる機能の高度化に取り組み、世界初のコンピューターを内蔵したNC装置（CNC）FANU250を開発し、同一の工作機械が多機能を発揮できる時代を切り開いた。さらに石油危機後、ユーザー業界からの強い省エネ化の要請に対し、電動式DCサーボモータの開発を行い、油圧式からの転換に成功した。一九七〇年代半ばには、CNC（コンピューター数値制御）装置に世界で初めてマイクロプロセッサー（MPU）を使用し、これをきっかけに日本の工作機械産業は世界の先頭に躍り出ている。

ファナックをはじめとする日本工作機械業界により成し遂げられた相次ぐ技術革新は、業界の積極的な技術開発を先導し、その製品を世界の舞台へと引き上げた。NC装置の高性能化にあわせて日本の工作機械のNC化も進み、長い間、日本の工作機械は世界最大の生産額を維持、受注に占める外需の割合も約七割と、世界市場でもその性能は高く評価されてきた。(19)

産業用ロボットにおいては、日本は世界一のロボット生産国で、世界のロボットの六割弱の販売シェアを持ち、内外のモノづくり製造業を大いに支えている。日本の産業用ロボット製造については、まず一九七〇年代前半に神戸製鋼が海外から技術を導入し、油圧駆動で人間の腕関節に似た構造の塗装ロボットを開発、国産化した。

一九七三年のオイルショック後、スタグフレーションの下で、日本の製造業が進むべき方向が省力・省エネ化路線に転換されたことから、自動車メーカーなどのユーザーは生産ラインの合理化、省力化を求め、産業用ロボットへの需要が高まっていた。その後、一九七四年にASEA社が油圧駆動による煩雑さを克服し、可搬重量六キログラムのモーター駆動の多関節型ロボットを開発。一九七〇年代後半には、安川電機が可搬重量一〇キログラムのモーター駆動型を試作、アーク溶接分野を中心とした新しい分野を開拓した。

アメリカのロボットメーカーが開発した人間の腕寸法を模した電動多関節ロボットPUMAに対し、日本のメーカーは、腕関節構造を水平方向に転嫁し、鉛直方向の剛性を上げたSCARA型ロボットの開発を進めた。その後一九八〇年に、不二越がさらに可搬重量五〇キログラムの電動多関節型ロボットを開発し、これを契機にロボットの電動化が一挙に進むこととなる。(20)

産業用ロボットへのニーズ拡大と同時に、一九七〇年代後半以降、ロボットメーカーにおいても新たな二つの要素技術を生み出す契機となったのである。

つまりそれは、電気サーボモーターの開発・導入と、ロボットのコントローラーへのマイクロプロセッサの採用である。前者はロボットを駆動させるアクチュエータを、従来の油圧・空圧方式から、制御性が高くメンテナンスが容易な電気サーボ方式に変え、ロボットを電動化したものである。後者はコンピューター技術・情報処理技術などの第三次産業革命の技術を、従来のロボットに活かしたものである。電気サーボモーターとマイクロプロセッサの二つの要素技術のミックスは、産業用ロボットをメカトロニクス製品として生まれ変わらせ、注目されるようになる。

一九八〇年は「ロボット普及元年」といわれ、日本のロボット産業は一気に花開くこととなった。産業用ロボットは自動車産業をはじめとする多様なユーザーのニーズに対応し、ロボットメーカーのさらなる開発を推し進め、モーターのDC（直流）からAC（交流）サーボへの進化、CPU（Central Processing Unit：中央処理装置）の進歩など、要素技術の向上をもたらし、日本の産業用ロボットを重要な生産財産業へと成長させた。(21)

一九九〇年代以後は、産業用ロボット本体の軽量化、コストダウンを狙ったACサーボモータの超小型軽量化、ヒューマンインターフェース重視の用途に特化した専用機へのシフトなどロボットメーカーによる市場獲得の努力が続けられ、IT関連のニーズ増加に伴い、半導体、液晶・プラズマディスプレイ製造分野などでロボット市場が確立、拡大してきている。日本は一九七〇年代以来、研究開発を重ね、一九九〇年に入って世界でも冠たるロボット大国にのし上がった。主要要素部品の供給においても世界のトップ水準にあり、産業ロボットの生産は世界の六割のシェアを占め、第一位となっている[22]。

半導体産業においては、日本企業は一九七〇年以後、特に八〇年代に飛躍的な発展を遂げている。

日本の半導体産業は、一九五〇年代に総合電機メーカーの一部門として立ち上げられ、一九五〇年代半ばからは、ソニーがトランジスタの特許を米国ウェスタンエレクトリック社から取得して日本初のトランジスタラジオを発売するなど、米国からの技術導入によって初期の発展を遂げた。一九六〇年代には電電公社（現NTT）の通信機器需要、一九七〇年代にはテレビやラジオなどの音響機器、電卓やコンピューターの市場拡大に伴い、半導体市場は順調に拡大した。

一九七二年には日本電気や日立、富士通、三菱電機、東芝などの主要メーカーがDRAM（Dynamic Random Access Memory：ダイナミック・ランダム・アクセス・メモリ）の開発に乗り出し、一九七四年には四キロビットDRAM、一九七六年には一六キロビットDRAMの研究開発を遂行させた。そして早くも一九七八年にはこのＤＲＡＭ製品の売上が急増し、一九八一年には世界シェアの七割を占めるまでに至っている。

その主な背景は、半導体を手掛けた企業が前述のような大手総合電機メーカーであり、資本サイドとして規模が大きかったこと、各社の技術の蓄積が多かったこと、電卓などの民生機器への巨額な需要が初期の高コストをカバーしたことなどが挙げられる[23]。

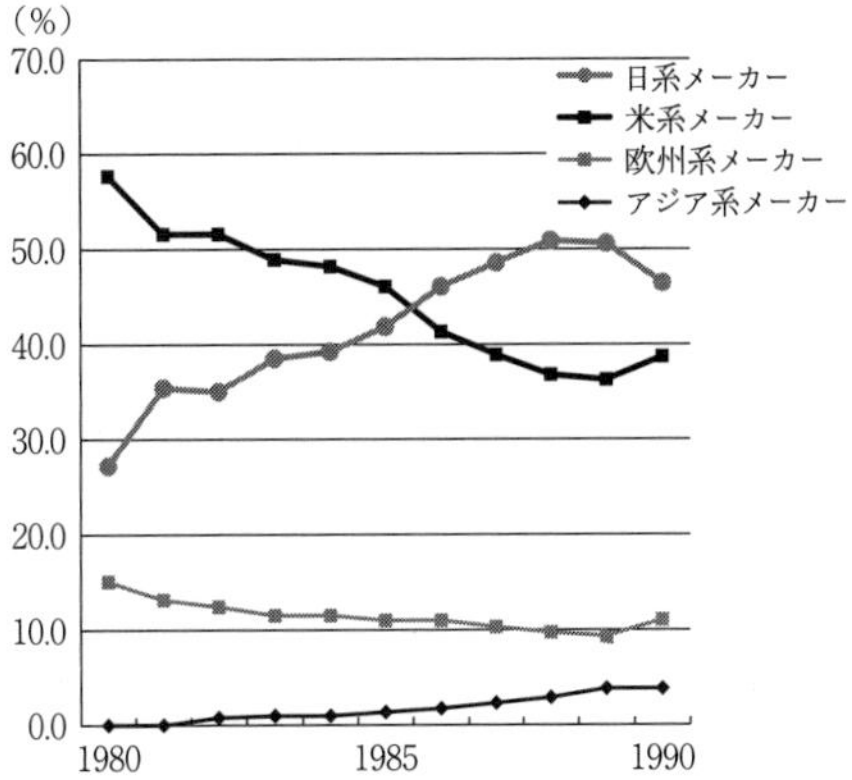

図4-3　世界の半導体シェアの推移
出所：半導体人協会。

一九八〇年代、ＶＴＲＷなど民生機器が主に市場を牽引し、二五六キロビットＤＲＡＭが製品化されるなど、ＭＯＳメモリを中心とした半導体の輸出が活発になっている。半導体産業全体では、一九八一年に世界の半導体生産トップ一〇の四社が日系メーカーであったが、一九八六年には六社がトップ一〇に入った。また日系メーカーによる世界の半導体出荷シェアも一九八六年には四六%と、それまで一位であった米国を抜き日本が一位となり、さらに一九八八年には五〇%を超えるシ

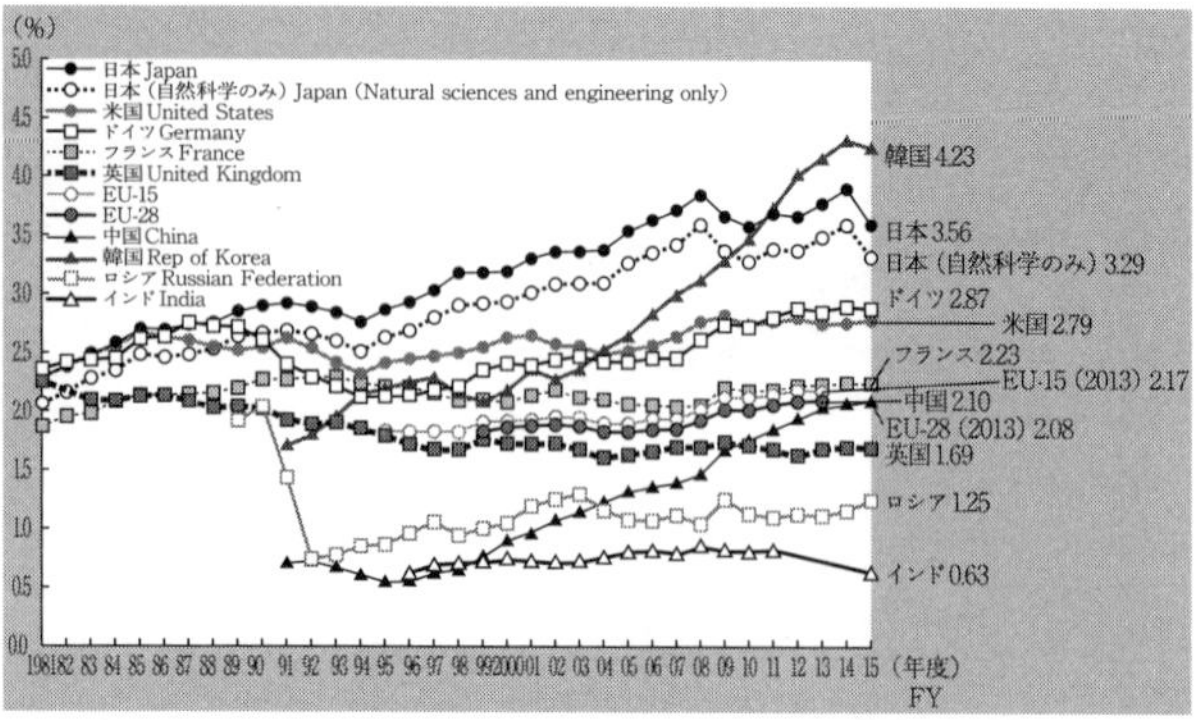

図4-4　主要国等の研究開発費の対GDP比の推移（1981-2015年）
出所：科学技術新機構。

ェアを獲得するに至った[24]（図4－3）。

†日本の製造業のイノベーションの要因

このように、鉄鋼分野や工作分野、半導体分野など製造業の技術革新・進歩は、主に以下のいくつかの原因によりもたらされた。

まず第一に、研究開発費の投入が拡大している。日本は戦後経済の高度成長、国力増大に伴い、一九五五年の研究開発費のGNPの〇・六三％から、一九七〇年代初期に一・六％、さらに一九八〇年代初期に二・二％、八〇年代には二・五％以上にまで拡大している（図4－4）。この結果、日本の科学技術の進歩と革新は大きく発展してきた。

日本の研究開発は一九五〇年代、技術導入に依存するところが大であったが、一九七〇年代以後では、自主的な研究開発が急速にその比重を高めている。すな

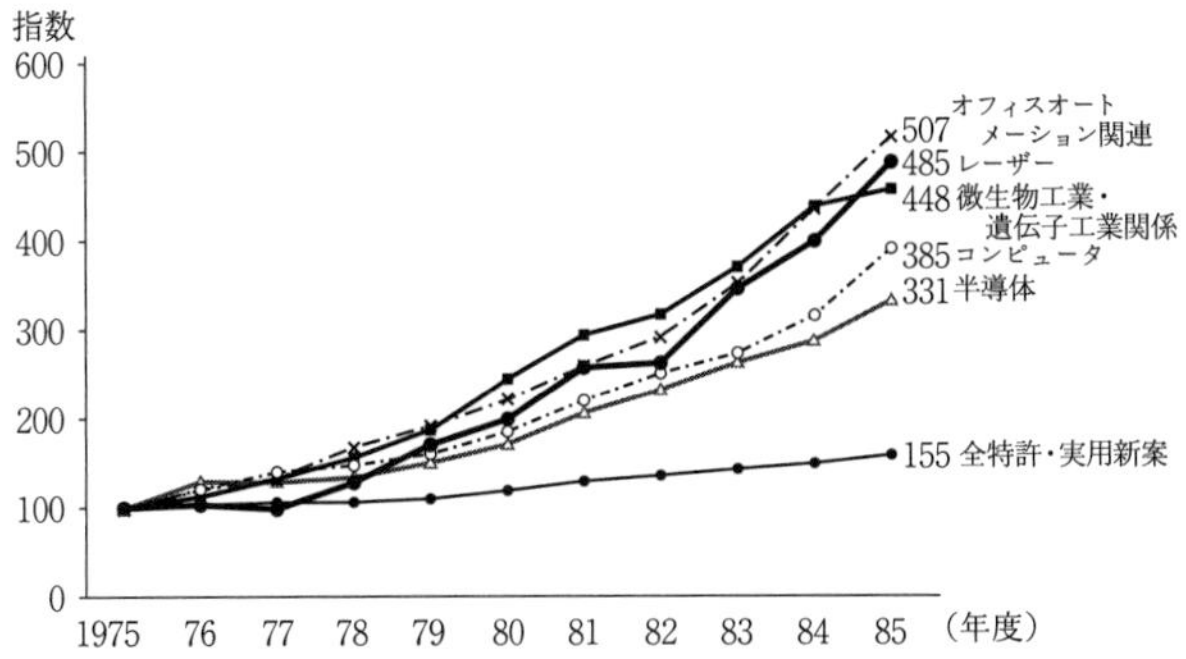

図 4-5　日本の先端科学技術の分野別特許出願件数
（注）各分野の特許出願件数は 1975 年を 100 としたもの。
出所：［科学技術庁、1987］より転載。

わち、一九六五年には、民間企業における研究開発費の技術導入額に対する比率は、四対一であったが、一九八〇年代初期には一四対一と三倍以上に高まっている。またこれらの対GNP比率を見ると、技術導入額は〇・一〜〇・二％程度の水準で低下傾向にあるのに対し、民間企業の研究開発費は同期間に〇・八％から一・五％へと大幅に増大している。また政府の研究開発費を加えた研究開発費総額（自然科学部門計）のGNP比も、同期間に一・三％から二・二％へと高まっている[25]。

第二に、民間製造業、特にハイテク製品における研究開発費は上昇傾向にある。たとえば、一九八二年はいずれもこの製造業全体の水準を上回っており、中でも医薬品が四・一五％と高く、次いで発送配電用・産業用電気機械三・七五％、通信機器二・九五％の順となっている[26]。

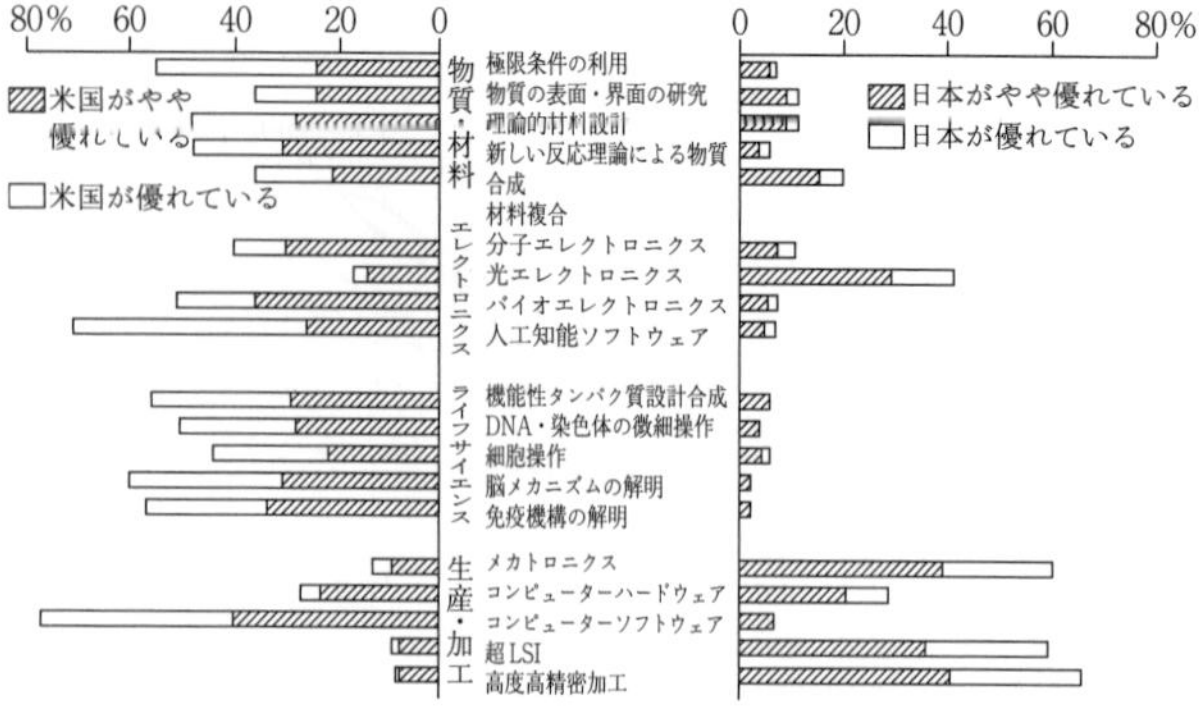

図4-6　分野別開発能力の日米比較
出所：[科学技術庁、1987] より転載。

第三に、ハイテク技術分野の特許件数は増加している。科学技術庁によると、一九七〇年から一九八五年にかけて日本の特許出願件数は、日本企業の研究開発の活発化により、一九七〇年の時点ですでにアメリカを抜いて十数万件となり、さらに一九八五年に三〇万件以上と、アメリカの約三倍の規模に拡大し、世界トップとなっている。

さらに分野別にみると、電気・電子機器に関連する特許が急増している。一九七五年を一〇〇とした場合の先端科学技術分野における特許、実用新案出願件数の推移を見ると、一〇年間で日本の特許全体、実用新案が約一・六倍に拡大していた（図4-5）。中でもオフィスオートメーション関連やレーザー、コンピューターや半導体など、電気・電子機器の開発・製造関連の特許出願件数の急増が目立っている。

このように前述分野の日本企業が技術革新に取り組

んだ結果、日本の技術力は八〇年代半ばの時点で、分野によっては米国に追いつくものも出てきた。

図4―6は、日本の科学技術庁が日米の民間企業を対象に行った「民間企業の研究活動に関する調査（一九八七年）」による、研究分野別の開発能力に関する評価である。日米を比較すると、ライフサイエンスについては圧倒的に米国の方が優勢を保っている。対して日本は、生産・加工の分野におけるコンピューターソフトウェア以外のメカトロニクス、コンピューターハードウェア、超LSI、高度高精密加工など、全般的に高い開発能力を持っている。また、工作機械や電子機器などに様々な用途を持つ半導体レーザーの技術開発が進んだ光エレクトロニクスについては日本が優位と考えられており、ハイテク製品である超LSIなどを含め、電気・電子機器の分野で日本の開発力が米国を上回っていたことを窺わせる。

このような中、米国は軍事・安全保障に関わるハイテク技術を日本に依存するのは危険であるとし、自国の技術覇権を維持、強化することを重要な政策テーマとしていく[27]。ハイテク産業では、日本を牽制するため、様々な方法で日本叩きが行われた[28]。逆に見れば、日本はモノづくり、特にハイテク技術の国際競争において、アメリカにとって手強いライバルであることを裏づけている。

また、全体のモノづくり製造業においては、日本製造業の多くの業種・部門における競争力が比較的高く、アメリカと比べても優勢であることがうかがえる。

このような日米両国の国際競争力の変化は、どのような要因で生じたのかを検討しよう。製造業の一一部門について、一九七〇～一九七四年後半、日米各産業の単位生産物当たりの生産コストが、年率でどれほど上昇したかを分析する。産業毎に比較して、生産コストの上昇率が相対的に低い国の方が、その産業の国際競争力を強化し、比較優位を高め、あるいは劣位であっても、その差を縮小させたと考えられるからである。

生産コストは、賃金コスト、資本コストおよび原材料コストから成るが、技術革新により生産性を高めることにより、単位生産コストを抑えることができる。そこで、単位生産コストの上昇率は、賃金・資本・原材料各コスト上昇率の加重平均から、技術進歩率を差し引いたものになる。

図4－6によると、単位生産費コスト上昇率の日米格差を、賃金コスト、資本コスト、原材料コスト、技術進歩率の構成要因別に分析することができる。それによれば、石油・石炭・窯業・土石を除き、日本はすべての業種にわたり単位生産コストを有利に変化させている。これは日本のコスト上昇率が、おしなべてアメリカより低いことを意味し、必ずしもコストの絶対水準がアメリカより低いことを意味するものではないが、著しくその差が大きい加工組立型産業の輸送機械、電気機械、一般機械と、鉄鋼を含む一次・二次金属においては、日本が国際競

争力を強化している姿がよくとらえられている。

また、日本の産業を横断的に比較してみても、これらの業種は他の業種に比べコスト上昇率が低く、これらの産業が国際的な比較優位を高めた背景が見てとれる。

一九八〇年代以来、日本の産業が世界市場の厳しい競争の中で力をつけていく際に、優勢な資本蓄積と技術水準を持つアメリカの高い効率性は、日本に効率化の努力を厳しく迫るものであった。このような中、日本経済は堅調に成長し、省力化、省エネ化などの技術革新を重ねた結果、多くの産業において、アメリカと対等またはそれ以上の競争力を持つに至っている。[29]

†日本の半導体産業の発展

日本の半導体メーカーは、大型コンピューター全盛の一九八〇年代から九〇年代初めにかけて世界で圧倒的な優位に立ち、九〇年には世界の売上高上位一〇社のうち、NEC、東芝、日立、富士通、三菱電機、松下電器という六社を日本メーカーが占めていた。しかしながら、日本の高占有率を問題視した米国と一九八七年に「日米半導体協定」を締結したことにより、「国内での外国製半導体シェアを二〇％以上」にすることや「公正販売価格による価格固定」を規定され、一九九〇年代に入り日本の半導体の国際競争力は低下。ダウンサイジング、大型投資、専業化、国際分業に乗り遅れ、主戦場＝集積回路での競争で劣後した。[30]

産業分野	市場規模	主要企業名	日系企業シェア
半導体材料産業（合計）	519億ドル		
シリコンウエハ	114億ドル	信越化学（No. 1） SUMCO（No. 2）	56%
フォトレジスト	1257億円	JSR 東京応化工業 （共に世界トップ級）	83%
フォトマスク	—	凸版印刷 大日本印刷 （共に世界トップ級）	—
マスクブランクス		Hoya（No. 1）	
半導体製造措置（合計）	645億ドル	東京エレクトロン（No. 3）	30%超え

表4-3　主な日系半導体材料・製造装置メーカー（数値は原則2018年時点）
出所：SEMI（国際半導体製造装置材料協会）公表データ、NEDO調査「2019年度 日系企業のITサービス、ソフトウェア及びモノの国際競争ポジションに関する情報収集」を基にNEDO技術戦略研究センター作成、2021年。

加えて、同時期に「メモリ」と呼ばれるパソコン用半導体で韓国や台湾のメーカーが価格の安さを武器に伸長した。米国メーカーも「マイクロプロセッサ」と呼ばれるパソコンの心臓部にあたる半導体で成長し、日本半導体メーカーは次第にシェアを失った。現在、世界の上位一〇社には八位に東芝が入っているのみで、サムスン電子などの韓国勢やインテルなどの米国勢が強さを見せている。

ただし国際分業が進む中で、日本が競争力を維持・獲得している分野もある（表4－3参照）。半導体産業を、半導体製品、半導体製造装置、半導体材料、設計自動化ツール（EDA）で構成されると捉えると、日本は半導体材料と半導体製造装置の分野で世界トップクラスに位置し、ハードな技術ではいまだ競争力を維持している

と考えられる。(31)

半導体素材メーカーや半導体製造装置において、日本における半導体素材分野での信越化学工業やSUMCO、および装置メーカーとしての大手は、諸外国よりも優位性を持っている。たとえば、EUV露光装置において信越化学工業、住友化学、東京応化、合成ゴム、富士フィルムにおけるEUV露光装置生産プロセスに必要不可欠なEUVフォトレジスト生産能力は、世界シェアの一〇〇%を占めている。

なお、半導体関連装置メーカーであるレーザーテックにおける主力のEUV用マスク欠陥検査装置には、ペリクルなしで検査する「MATRICS X8ULTRA」と、ペリクル付き、ペリクルなし両方に対応する「A150」の二つがあり、いずれも七ナノ、五ナノ、三ナノに対応可能である。「MATRICS X8ULTRA」の世界市場シェアは九〇%以上に達している。

また、東京エレクトロンなどの日本大手半導体装置メーカーは、技術や生産・供給シェアで世界における圧倒的優位性を持っている。半導体そのものはアメリカなどに押されているものの、半導体素材や製造装置では世界のトップクラスに位置している。半導体および装置市場調査会社の米VLSIresearchによると、二〇二〇年の半導体製造装置ランキングが発表、二〇二〇年の世界における半導体製造装置メーカー売上高ランキング・トップ一五社に、東京エレクトロン(TEL)、アドバンテスト、ELECTRIC(旧日立国際電気)、日立ハイテクノロジーズ、ニコン、ダイフク、キヤノンの七社が入って注目されている。[32]

昨今、車載半導体を起爆剤に、日本の半導体の活況が期待されている。たとえば世界半導体市場統計によると、二〇一七年の世界の半導体市場は四六兆二〇〇〇億円で、前年比二一・六%も増えた。二〇一八年も前年比一二・四%の伸びが予測され、二〇一九年は前年比四・四%増と減速したものの、それでも成長は続く見通しとなっている。

一方、日本の半導体市場は二〇一七年で四兆一〇〇〇億円となり、前年比一七%伸び、二〇一八年は五%、二〇一九年は四・二%伸びると見込まれるなど、半導体の活況は続いている。[33]

今後、自動運転車においても、ハンドル、アクセル、ブレーキのそれぞれで自動運転技術が導入されるに伴い、半導体の需要は増えると見込まれている。そのような中、日本半導体メーカーと自動車技術の優位性が活用され、半導体産業はさらに発展していくと考えられる。

†日本の自動車産業のイノベーション

また、特筆すべきは日本の自動車産業である。戦後日本の高度成長に伴い、モータリゼーションが急速的に進展した。一九七三年には石油危機をきっかけに、ガソリン価格が急騰。自動車の低燃費化が求められ、日本の自動車産業の技術革新は、世界をリードするようになっている。一九七二年には、ホンダが規制に適合するCVCCエンジンを発表して世界に衝撃を与え

た。さらに、肥大化したアメリカ車に比べて圧倒的に燃費のいい日本の小型車は、アメリカ市場で販売を伸ばしていった。(34)

日本自動車産業は、一九六〇年から一九八〇年初期にかけてのわずか二〇年間で生産性を向上させ、国際競争で優位に立った。一九八〇年初頭には日本車のコスト競争力は最強となり、米国製小型車は日本製小型車（現地到着時点）の価格の三〜四割高であった。(35) この時期、米国自動車市場ではガソリン価格高騰の影響により、大型車から小型車への急激な需要のシフトがあった。一九八〇年の時点では、日本の自動車生産台数が世界第一位に達し、アメリカの手強いライバルとなったことで、アメリカとの間に貿易摩擦を引き起こした。

一九九〇年代に日本の自動車メーカーは、アメリカ、ASEAN地域で現地生産・販売を拡大し、さらに二〇〇〇年以降は中国にも活発に進出し、海外の生産量を拡大させた。現在世界で日本の自動車の生産能力（海外現地生産を含む）は二七五六万台と世界トップになり、二〇一九年に世界で最も売れたクルマ二〇選の半数以上を日本車が占めている。

たとえば、燃費の良いクルマで定番のトヨタ「プリウス」では、JC08モード燃費でもっとも良いものが三九・〇km／Lとなっている。この数値は、欧米車よりもずっと高いといわれている。

日本の自動車産業が今日世界のトップクラスに入った要因は、主にトヨタをはじめとする自動車メーカーのイノベーションにある。

これは、プロダクト・イノベーションだけではなく、特筆すべきはプロセス・イノベーションである。トヨタ生産方式、すなわち一九六〇年代半ばから採用した「ジャスト・イン・タイム」である。「ジャスト・イン・タイム」とは、生産工程の各段階に、必要なものを、必要な時に、必要な量だけ供給することにより、造り過ぎのムダ、手待ちのムダ、運搬のムダ、在庫のムダ、動作のムダ、不良・手直しのムダ、加工のムダを排除し、リードタイムの短縮化とともに、生産効率の改善を実現しようとする考え方である。

これを具現化するために、後工程が前工程から部品を引き取り、前工程は引き取られたものだけを生産するという「後工程引取り後補充生産」という方式が導入され、その道具として、引取り情報、運搬指示情報、生産指示情報を記した「かんばん」が用いられた。「かんばん方式[36]」とも呼ばれたこのトヨタのプロセス・イノベーションは、日本の自動車生産性を飛躍的に向上させ、大量生産を実現し、高度成長期の需要に応えることによって、世界市場のシェアを拡大した。部品の在庫をゼロにし、部品が必要になればその都度、前工程で生産し補充することにより、多種少量生産の飛躍的な効率化を実現。加えて、現場TQCや改善活動、長期取引関係におけるサプライヤーとの密接な連携関係に基づく現場の技術革新や改善が、日本の自動車メーカーにイノベーションをもたらしている。

一方で、社会や経済に大きな影響を与える製品により世界市場をリードするプロダクト・イノベーションの成功だが、内外にも注目されている主な例は次のようなものである。

一つはCVCCエンジンである。一九七三年に登場した、この複合渦流調速燃焼方式（CVCC）エンジンは、本田技研工業および本田技術研究所が開発した。当時実現不可能といわれた米国の改正大気浄化法（以下「マスキー法」と呼ぶ）による自動車排出ガス規制基準を世界に先駆けて、後処理を行うことなくクリアした低公害エンジンである。このCVCCの開発は、世界の自動車メーカーに低公害車のさらなる開発を促すとともに、ホンダの四輪車メーカーとしての地位を築き、日本の自動車産業の技術力を内外に示すものとなった。[37]

もう一つはハイブリッド車である。トヨタは、一九九七年に世界で最初に量産ハイブリッド車を発売し、世界における自動車電動化への動きを先導している。ハイブリッド乗用車として登場した初代プリウスは、ガソリン車と同等の走行性能で、約二倍の燃費性能、CO_2半減という環境性能を達成した。

この圧倒的な走行性能と燃費性能、環境性能の優位性を実現したのが、「トヨタ・ハイブリッド・システム」である。エンジンとモーターの組み合わせにより、発表当初のモデルで二八km／L（マイナーチェンジや一部改良により、初代モデルの最終型で三一km／L）という超低燃費を実現している。[38] 二〇〇〇年に入って以降は、地球温暖化やPM2・5をはじめとする大気汚染が深刻化する中で、海外への輸出にも力を入れ始めている。

3　新興・途上国の台頭

†アジアNIEsの台頭

一方、新興・途上国は、一九八〇年代、特に一九九〇年代に入り、後発のメリットを生かし、グローバリゼーションへ積極的に参入した。先進国の直接投資・技術移転を大いに受け入れ、キャッチアップ型工業化（末廣昭、二〇〇〇）・技術発展を目指してきた。

新興国サイドの原因としては、まず、対内直接投資の拡大が指摘できる。一九九〇年時点で、新興・途上国がストックベースで受け入れた先進国をはじめとする外国直接投資、いわゆる対内直接投資額は、五二九六億ドルで世界対内投資の約三割を占め、さらに二〇〇〇年に世界の対内投資の三割以上を受け入れ、一兆七九一四億ドルと、九〇年より三・四倍も拡大している。二〇一九年末時点で、新興・途上国のストックベースの対内投資額は、一二兆一八四五億ドルに達し、世界の三三・四％に達している。

また新興・途上国の二〇一九年の年間対内直接投資額は七三九六億ドルに達し、世界シェアの五割近くにのぼっている。中でも世界経済成長センターである中国と東アジア・東南アジア地域への先進国における多国籍企業の進出は、最も盛んになっている。中国は一四一二億ドル、中国を含めた韓国、台湾などの東アジア地域は、二三二七億ドルに達している。次いで、ASEANなど東南アジア地域は一五五八億ドル、インドなど南アジア地域は五六五億ドルとなっている。

新興・途上国、特に中国などのアジア新興諸国は、一九八〇年以来、先進諸国からの直接投資やそれに伴う技術移転を積極的に導入し、先進諸国企業との合弁・技術提携や外資系企業の経営手法やノウハウ・経験を学習することで、技術水準の向上を図ってきた。特に、労働集約・資本集約産業・工程に関する成熟技術を中心に習得し、家電・電気機器や一般機械などの分野で、比較的安価なコスト優位を活用してきた。先進国市場を含める世界市場への輸出を拡大し、市場シェアを大きく伸ばした。

たとえば、一九七〇年代に入って以降、アジアのNIEsは、積極的に日米欧の直接投資・技術を導入してきた。吸収した技術にはさらに改良を加え、モノづくり分野の水準を向上させ、キャッチアップ型の工業化を実現し、国際市場シェアを拡大した。目下、韓国などの新興国は、半導体・電気機器などの分野において、日米欧の手ごわいライバルとなっている。

†韓国のキャッチアップ工業化

韓国の場合、一九六〇年代初期から一九九〇年代初期の三〇年間にかけて、経済高成長を遂げ、その成長率は年平均約九％となった。その結果、GDPは一五〇倍以上、一人当たりのGDPは約七八倍へと拡大。世界GDPランキングでは、一九八〇年の二八位から、一九九〇年に一六位、二〇〇〇年には一二位、さらに二〇一八年には一〇位に躍進している。このような成長は、主に韓国の工業化や、高度な産業技術により支えられている。

韓国の工業化は、一九六〇年代以降の輸出志向により進められてきた。特に一九七〇年代以来、日米欧先進国の多国籍企業の対韓国直接投資・技術移転を活用している。これら先進国多国籍企業との合弁事業やOEM生産を通じて学習効果を高め、技術・ノウハウを蓄積したうえ、技術改良や自主開発に取り組んだ結果、工業化が本格的に進んできた。

たとえば自動車産業は、一九八〇年までは現代自動車メーカーも外国メーカーからの導入モデルの組立生産に携わっており、固有モデルの開発も、当初は部品などの必要技術を外国から導入していた。しかし一九八〇年代に入ってからは、固有モデル開発の限界が明らかになり、核心部品も自社で開発する、独自モデルの開発戦略に転換することとなった。(39) 競争力をつけた自動車産業は、一九九〇年代以降には飛躍的な発展を遂げるようになったといえる。韓国の自動車産業、とりわけ現代自動車は、独自の技術による固有モデルあるいは、すべてを自前で（独自的なイノベーション）開発した独自モデルの生産と輸出を行っている。

こうして韓国の自動車の生産と輸出は、それぞれ一九七〇年代半ばの三万七一七九台、三一台から、一九九〇年に一三二万二〇〇〇台、三四万七一〇〇台、さらに二〇〇〇年には三一万五〇〇〇台、一六七万六四四二台にまで増加した。

電子・半導体産業において、韓国は二〇〇二年からアメリカに次ぎ、世界半導体IC市場シェアの第二位に躍進し、二〇一九年現在は、世界生産・供給能力の二割強を有している。設計から製造まで垂直統合で手がけるサムスン電子などが、韓国の半導体メーカーとして優位性を持っている。

韓国半導体産業の発足・発展は、日米など先進国半導体メーカーとの合弁事業の技術移転や、技術導入によるOEM（original equipment manufacturer：相手先〔委託者〕ブランド名製造）を通じて、組み立てなどの技術・ノウハウを蓄積してきたことによる。

合弁企業では、一九七一年に韓国のサムスン電子と金星社（現LG）が日本電気などと共同で、ブラウン管、半導体、無線装置などの合弁事業を行った。このような、韓国企業と日米企業による半導体合弁企業は、一九六〇年代末期、特に七〇〜八〇年代には二〇社近くにのぼる。また、技術導入による日米のOEM生産も九社ある。

たとえばサムスン電子は、一九八〇年代後半、インテルのマイコンやEPRM[40]の技術、DRAM[41]の技術を受けて、OEM生産を行ったり、現代電子では、富士通の4MDRAM、16MDRAMの技術を受け、OEMで製品を供給したりするなど、OEMよる国際提携で半導体の技術・ノウハウを蓄積し、韓国半導体産業発展の基礎形成につながった。

こうした技術を蓄積した上で、韓国半導体メーカーは、一九九〇年代以降、積極的に自主開発に取り組んでいる。たとえば、サムスン電子は一九九〇年代以後、「組立型技術」から脱却し、それまでの「加工型技術」によって次世代DRAMの開発を自ら推し進めていった。一九九〇年代に入り、サムスン電子がDRAMの市場シェアのみならず、次世代製品開発においても先頭の座に立ちそれを維持しているのは、エンジニア層によるこの「加工型技術」の蓄積が、新しい技術を創出する能力を獲得したことによるものである[42]。

キャッチアップ型の半導体産業、サムスン電子をはじめとする韓国半導体メーカーの強みは、主に積極的な技術革新により支えられている。

またサムスン電子は、DRAM次世代製品の開発にも積極的に取り組んでいる。その一例に、一九九〇年代以降、データの読み書き速度を上げるDRAM高速化がある。つまりMPU／チップセットとDRAMの間の、データの受け渡しにかかる時間というボトルネック問題に対処するため、アーキテクチャの革新に取り組み、DRAMの高速化を実現したのである。

サムスン電子、SKハイニックスなどの韓国半導体企業は、一九八〇年代後半より、組み立て技術を中心とする生産パターンから、自主開発型の加工技術を中心とするパターンへと代わり、九〇年代以後、半導体メモリの主役製品であるDRAM分野において、韓国企業のサムスン電子は日本企業を抜き、世界第一位のシェアを占めるようになっている。

韓国企業のキャッチアップ後、ハイテク技術の把握について、サムスン電子に注目すべきである。「サムスン電子に関しては、一九九〇年代後半以降、既存の技術（製造装置）では対応できない限界にぶつかったとき、自ら問題を解決するだけの能力を持つようになったと把握される。具体的にみると、一一〇ナノメートルまで微細化が進むとさまざまな技術領域で物理的問題が顕在化したが、ウエハ上に薄膜を堆積させる成膜工程では、素子を形成するための金属膜の材料を転換することが不可欠になった。サムスン電子は当初、日本企業が一九八〇年代に開発した新材料を候補として開発に着手したが、この開発に難航したため、一九九七〜一九九八年頃にこれとは異なる新材料に注目するとともに、それをうまく堆積させる方法として、製造装置企業と共同で新しい成膜装置の開発に成功した」(43)。

このように韓国は、先進国の技術導入・直接投資を韓国のキャッチアップの工業化に活かすことで、自動車、電機産業などの重化学産業が大いに発展してきた。つまり韓国は、先発多国籍企業とのOEM・合弁事業の生産・経営活動によって技術・ノウハウを蓄積した上で自主開発に取り組み、成長を遂げたのである。重化学工業の自動車、半導体の電子・電機産業以外に、造船、石油化学、鉄鋼などの重化学産業も大いに発達している。

たとえば、韓国の造船業は一九九〇年代に入り、積極的な設備投資・技術革新によって竣工量を大きく伸ばし、二〇〇〇年に日本を追い抜き世界シェアの第一位となった。二〇一八年現在、造船業の竣工量は一四六〇万トン以上と、中国に次ぎ世界の第二位となっている。また韓国は、石油タンカー、コンテナ船、液化天然ガス船（LNG）、水上生産および貯蔵船、高速および超大型船・豪華客船など、高付加価値船の生産技術・造船能力においても、世界のトップクラスにある。

石油化学の場合、韓国は一九九〇年代初期、日本に次ぐアジア第二位のエチレン生産国となり、一九九〇年代後半には、世界第五位の石油化学強国となっている。韓国の石油化学大手である蔚山石油化学とヨチョン石油化学メーカーは、世界第二位と第三位である。

†台湾――半導体産業の大発展

アジアNIEsの主要地域である台湾は、韓国と同じように経済計画初期には輸入代替化を主眼とし、その後、輸出志向型の工業化戦略の下で、軽工業化、重化学工業化、エレクトロニクス産業を始め、技術集約化を目指してきた。

戦後、台湾の工業化のプロセスは、一九五〇年代に輸入代替工業化、一九六〇年代に輸出志向工業化、一九七〇年代に重化学工業化、一九八〇年代以降に産業の高度化・ハイテク化と変遷している。

こうした中、台湾は日本、アメリカ、華僑系など外国直接投資および先進国の技術協力を積極的に受け入れ、キャッチアップ型の工業化、経済発展を促進した。一九五〇年代初期から一九九〇年初期まで、台湾の外国直接投資の受入額は約一六五億ドルで、日本、アメリカなどの先進国からの投資は特に多く、全体の六割に達している。外国技術協力件数は三七八三件であった。技術供与国は特に日本が際立っており、全体の六割強を占め、そのほかの国地域は、アメリカ（二四％）、欧州（一三％）となっている。

業種別に外国の投資と技術協力からみると、主に製造業に集中している。とりわけ、電子電器分野において、投資額と技術協力件数は、それぞれ二四・四％、二九・一％となっている。

一九七〇年代後半には海外から高度技術を導入。台湾の産業の高度化を図ることを志向し、台湾ではこの時期から「科学技術で国家の建設を促す」との方針が採られるようになる。

このように台湾の中核産業である半導体産業は、外国の先進技術導入、一九七六年にアメリカのRCA社から7umのCMOS ICのデザイン、製造技術を導入したことを嚆矢に発展してきた。当初、加工技術は優位性を保有していなかったが、製造技術の熟練および研究開発の進展により学習効果が表れ、直接に微細加工技術のイノベーションに寄与した。[44] このように台湾半導体産業は、一九八〇年代後半から先進国との差がほとんどなくなり、大きく発展している。

なお半導体産業においては、台湾半導体メーカーは先進国企業の投資を受け入れ、合弁事業を活用し、相手側の技術資源を吸収し、活用した。たとえば、台湾力晶半導体は一九九四年に三菱電機と合弁して一六メガDRAMを製造、画像処理用メモリ分野も手がけている。

ちなみに日本企業の一九五二〜二〇一八年の対台湾投資件数・金額の累計は、一万四八八件、二一二億米ドルに達している。二〇一八年の、日本企業からの台湾投資件数は五二五件、金額は一五億二五四〇万米ドルで、業種別にみると製造業は約六割を占め、半導体・電機関係は二割を占めている。[45] これより台湾の半導体・電機を中心とする工業技術の発展やキャッチアップ工業化には、日本の対台湾投資、現地生産や合弁事業による企業内の技術移転・連携が大きな影響を与えているといえよう。

中でも台湾半導体産業は、先進国の直接投資や技術移転、および自らの技術革新を通じて、先進国へのキャッチアップを実現した。一九九六〜二〇一四年の間、台湾半導体産業の生産額は、年平均の成長率一三%で急増してきた。二〇一四年の生産額は一九九六年の九・六倍で、七二六億ドルに達した。一九九六年には日本の四分の一以下、アメリカの六分の一以下であったが、二〇〇〇年代半ばには、停滞する日本を上回って、二〇〇九年にはアメリカとほぼ肩を並べている(46)。

†中国の産業発展――先進国からの技術導入・外資利用

中国の場合、建国以来ほぼ三〇年間にわたる閉鎖的な計画経済体制や文化大革命のような政治運動が影響し、先に述べた韓国、台湾の工業化・経済発展に大きく後れをとっていた。しかし一九七八年末、共産党の第一一期三中全会を契機に、それまでの「自力更生」路線から「改革開放」へと大転換を行った。その背景には、計画経済による中国の経済発展の行き詰まりや、前述のようなNIEsに代表される韓国、台湾などによるキャッチアップ型の工業化・経済の成功がある。

特にNIEsは、先進国からの直接投資・技術導入を重要な支えとしつつ、輸出指向型の経済発展、工業化の成功においては、中国政府に大きく啓発された。つまり中国は、先進国をはじめとする外国からの直接投資・技術移転を活用し、経済発展やキャッチアップ型の工業化を目指したのである。

一九七九年に入って以降は、経済特区の設立や、合弁法、「外資三法」の設置など、外資導入政策の制定により、積極的に日米欧先進国など多国籍業の直接投資を受け入れてきた。一九七九年から現在までの四〇年余りは、先進国をはじめとする対内直接投資を受け入れてきた。二〇二〇年前期時点で、日米欧などの直接投資額は二兆ドル以上に達している。

中国における多国籍企業・子会社は、約一〇〇万社にのぼる。中でも米系・日系企業は、それぞれ三万社以上に達した。多国籍企業の大半は製造業であるが、二〇一二年に世界第一位の輸出・貿易大国となり、世界工業生産に占める生産シェアの二五％以上と、世界第一位となっている。これは先進国などの多国籍企業が果たした役割が大きい。輸出を例にとれば、数年前まで多国籍企業の中国輸出に占めるシェアは、六割以上に達しており、特に多国籍企業のハイテク製品の割合が、現在まで中国のハイテク製品全体の八割強も占めており、世界第一位の輸出・工業国の中国に貢献している。

他方、日米欧などの多国籍企業は、中国・新興国に生産・事業拠点を移転するにつれて、第二次産業革命を中心とする技術成果を、国内よりも現地である新興国で上げ、利益を伸ばしている。

鉄鋼産業においては、一九七八年「改革開放」元年の時点で、中国の鉄鋼生産量は三一〇〇万トン台にとどまり、世界生産シェアの四・四％に過ぎなかった。しかし一九七九年以降、外資や先進国技術・設備を積極的に活用し、既存の鉄鋼企業の設備更新・設備導入および宝山鉄鋼や天津鋼管など現代化鉄鋼企業の新設に力を入れたことにより、中国の鉄鋼産業は大いに発展してきた。

一九九六年に中国の鉄鋼生産量は一億トンを突破し、日本を抜いて世界第一位の鉄鋼生産国となり、世界生産シェアの約一四%を占めるようになっている。一位を保ち続ける現在も、生産量は大幅に増加しつつあり、二〇一九年の時点では、九億九〇〇〇万トン以上に達し、世界生産シェアの五三%にまで達している。

また、鉄鋼生産の技術水準も向上している。目下、高強度中厚寛鋼帯、特厚板、自動車用亜鉛メッキ鋼板などの高技術力製品の品質は、日本やドイツなどの先進国と比べると大きな差があるものの[47]、ミドル・レベルでの製品生産分野で優位性を持っている。

中国鉄鋼産業の発展は、積極的な先進国の技術移転・先進国鉄鋼メーカーとの合弁・連携によるところが大きい。技術導入を例にみると、一九七八年一〇月、武漢鉄鋼メーカーが、シングルフロー円弧状プレート連続鋳造機をドイツから三台輸入し、中国鉄鋼業界は大型の最新連続鋳造機を備えるようになった。

また、ワンセットプラントの技術導入や先進国鉄鋼メーカーとの技術協力の例として、新日鉄技術により建設された宝山鉄鋼メーカーが知られている。一九七八年一二月から建設が始まった第一高炉は一九八五年九月に完成、稼働した。同製鉄所は、初の臨海製鉄所として新日本製鐵（現新日鉄住金）の技術支援・技術供与のもとで、上海宝山に設立された。工場の稼働に伴い中国は、新日鐵の千葉の君津、大分、北九州の八幡製鉄所をモデルに最新鋭の生産設備を導入し、新日鉄の近代的な生産管理や品質管理などの工場管理システム、経営管理手法を同製鉄所に移転し、現場に活かした。(48) なお同社は、コークス炉CDQ設備受注など一九八六〜一九九一年の第二期工事や、一九九四年の連続焼鈍設備、二〇〇二年の電気ブリキライン、連続溶融亜鉛めっき設備、連続焼鈍設備導入でも、新日鉄の技術移転・技術供与に頼っている。

二〇〇五年五月に創業した宝山鉄鋼・新日鉄車用鋼板メーカーの中国側は、国内のモータリゼーションの急速な進展に伴い、日本高級自動車用鋼板生産技術の強みを学習・活用するために、新日鉄側と折半投資で設立した合弁企業である。ほかの先進諸国からの技術導入・外資利用の例は、枚挙にいとまがない。

一九七八〜一九九二年のわずか一四年間で、日本、ドイツ、イタリアなどの先進国の技術導入は七〇〇〇件以上に達し、外資受入額は、六〇億ドル強にのぼっている。

†家電・自動車産業の躍進

中国の家庭用電器産業は、国際競争力のある自国で数少ない産業の一つに成長してきた。中国家庭用電化製品協会の推定によると、二〇一八年には、中国製のエアコン、空調コンプレッサー、電子レンジの生産が、世界の生産量の七〇〜八〇%を占め、冷蔵庫コンプレッサーが六

~七割、冷蔵庫／冷凍庫、洗濯機の生産量は、世界生産シェアの五割を占めている。二〇一九年の時点で、中国はすでに世界第一位のカラーテレビ生産大国で、世界生産シェアの七割以上を占め、生産量の七五％が海外市場向けである。現在世界の家電製品輸出市場における中国ブランドは、約四〇％に達している。家電製品メーカーは輸出のみならず、海外現地生産も盛んに行っている。

一九七〇年代末にはほぼゼロだった中国の家電産業が、今日、世界第一の生産大国となった主な理由は、中国が積極的に先進国の技術導入・対中直接投資を活用したことにある。世界家電大手のハイアールは、一九八四年の設立初期にアジアで初めて、四つ星冷蔵庫の生産ラインをドイツのリープヘルから導入、技術連携を図った。この学習効果を通じて技術改良・革新に取り組み、冷蔵庫の製造技術を大きく発展させた。

カラーテレビ産業では、一九八〇年代に外国から一〇〇以上のカラーテレビ生産ラインを導入し、先進国の電機メーカーとの合弁事業により、中国テレビ産業の発展の土台を築き上げたことが、今日のテレビ産業の成長につながった。

たとえば、中国テレビ産業の第一号の合弁事業は、一九八一年、福建省政府系企業と日立製作所の合弁により、カラーテレビ生産をスタート。テレビブラウン管の生産は、一九八七年に鄧小平が、中国電気・家電事業を支援するよう松下電器グループ会長であった松下幸之助に要請したのがきっかけで、中国北京国営企業側と松下側が折半投資で設立したのである。その後、一九九〇年、二〇〇〇年初期には東芝が、大連に大連東芝電器と大連東芝テレビ企業を設立した。現地のOJTや部品企業の育成、企業内技術移転などで中国のテレビ産業の発展に貢献した。

また中国家電メーカーは、外国技術の導入や、先進国企業との合弁事業を通して家電部門の買収を積極的に展開し、世界での存在感や国際競争優位を強化している。たとえば、ハイセンス社は東芝のTV部門の買収により、中国の製造業がグローバルなミッドエンドからハイエンドなブランドになるための経営資源を入手した。またハイアールは、二〇一一年に三洋電機の白物家電事業を買収し、三洋電機の設計・製造技術・ノウハウ、技術人材資源を取得した。その後、二〇一六年に米国ゼネラル・エレクトリック（GE）の家電事業を買収し、米国製造業のシンボルであるGEブランド・技術ノウハウ、および米国をはじめとする市場シェアなど、様々な経営資源を手に入れた。

自動車産業においても大きく発展し、国際競争力が向上しつつある。特に新興・途上国地域では「相対的優位性」をもって存在感が高まっている。

改革開放が始まった一九七八年、中国における自動車の年間生産台数は一五万台足らずだったが、二〇〇九年にはわずか三〇年間余りで一三七九万台以上に達し、世界第一位の自動車生産・販売大国となっている。二〇一九年には、年間生産量が二五七二万台に達しており、世界生産シェアの二七・六％を占めている。うちEVなどの新エネルギー自動車の生産台数は一二四万二〇〇〇台で世界シェアの六割に達している。二〇二〇年の時点で中国新エネルギー自動車の保有台数は、四一七万台に達している。中国『第一財経』によると、EVなどの新エネルギー自動車の保有台数は世界シェアの四四％を占め[49]、世界第一位となっている。

中国自動車産業は、日本、ドイツなど先進国と比べ、自動車エンジンなどの核心技術・先端技術においてはまだ格差が存在している。だが、これまで述べたように比較的短い時間で、世界の自動車大国になった理由は、経済成長に伴うモータリゼーションの急速な進展など以外には、主に先進国の自動車技術移転や、先進国の自動車メーカーとの合弁事業による技術連携にある。

合弁事業による先進国の技術の学習効果を、基幹部品などの技術改良、技術革新に活かしたことにより、自国の自動車産業の技術レベルの向上がもたらされたわけである。

改革開放後の一九八〇年代から二〇〇〇年代初期にかけて、中国が欧米・日本の自動車メーカーと合弁で設立した自動車メーカーは、三十数社となっている。そのうち中国現地ドイツ系合弁企業は七社、日系合弁企業は一三社、アメリカ系は一〇社、韓国系は三社、イギリス系は二社、フランス系は一社、イタリア系は一社である。

二一世紀に入ってから、中国のすべての自動車大手企業グループは、多国籍企業と合弁会社を設立した。そして合弁を通じて、多国籍企業の製造と開発技術を学び、こうした学習効果により形成された技術知識、経験と人力資本（技術者、労働者を含む）を活用し、技術改良を行ったうえで、自主開発を行ってきた。一部の企業は、合弁した製品に、さらに元のプラットフォームを利用することで、自身の新製品シリーズを形成した例もある。

たとえば一汽グループは、日本のマツダと提携してマツダの乗用車を生産するとともに、その乗用車のベースを利用して、中国ブランドの奔騰シリーズの乗用車を開発した。東風自動車公司は、合弁会社の技術とプラットフォームを利用して、風神シリーズの乗用車を開発した。(50)

先進諸国の完成車メーカーの対中事業の展開とともに、完成車メーカーの下請け・部品メーカーも盛んになっている。二〇一〇年、親会社の浙江吉利控股集団は、フォードからボルボ・カーズを買収している。二〇一九年時点で、日本、ドイツ、フランス、アメリカなど世界八大自動車部品メーカーは、中国に二〇〇社以上の生産基地・数十社の研究開発拠点を設立した。

中国自動車産業の専門家である中国社会科学院工業研究所の趙英研究員によると、こうした外国自動車メーカーもまた、対中事業展開とともに、中国民族自動車メーカーや部品メーカーの製造や生産管理・品質管理などの面で育てられてきた。

一方、中国自動車メーカーは、外国自動車メーカーとの合弁事業により、自身の産業技術水準を向上させるのみならず、海外進出で先進国企業を買収し、相手の技術・ブランドを吸収し、自身の技術資源を強化させている。

たとえばEV大手であるBYDは、一九九五年設立と経営・生産の歴史がまだ浅く、先述のように電池事業からスタートし、二〇〇三年に自動車生産に転身した。同社のオギハラ館林工場買収の狙いは、同工場が保有している金型技術・ノウハウを獲得し、製造した金型を中国国内生産に活かして、自社の経営資源の強化を図りながら、世界のEV自動車をリードするためである。

また、二〇一〇年四月、吉利自動車集団がフォードからボルボ・カーズを買収。ボルボの高級車ブランドや、エンジンなどの設計・製造技術と、三つの生産平台、研究開発施設・人材(約四〇〇〇人の技術者)などの技術資源、および一〇〇カ国・地域にわたる二五〇〇以上の販売拠点・ネットワークなどの経営資源を獲得した。それから一〇年、ローエンド自動車を中心に生産する一般的な民間自動車メーカーだった吉利は、いまやハイエンド自動車をはじめ、中国を代表する自動車メーカーに成長した。

このように、中国は一九七〇年代末、改革開放をきっかけに外国技術や直接投資を活用し、工業生産能力・技術水準を大いに拡大した。一九八〇年代末の時点で、中国工業・製造業が世界に占めるシェアは二・七%しかなく、しかもそのほとんどはローエンドの労働集約製品だったが、現在では製造業の世界シェアの四分の一以上に達した。国際市場でも労働集約型ローエンド製品が多かったが、現在はミドルエンドが主流となり、ハイエンド製品も台頭している。それに伴い、中国のGDPの世界シェアは、一九七〇年代末にはわずか二・七%であったが、今日では世界の一七%以上にも達している。工業生産や貿易分野、5Gなどの通信分野でもアメリカと対抗するようになり、アメリカの手強いライバルになりつつある。

†後発のメリットを活かした国際分業への参入

戦後、西ドイツ、日本は経済の回復を経て、一九六〇年代、七〇年代に高度成長を遂げ、製造業が大いに発展し、技術革新に伴いその水準は大きく向上し、世界のトップクラスとなった。韓国、台湾などNIEs国と地域は、一九六〇年代以降、輸出指向戦略の下で先進国の技術・対内投資を活用したうえ、技術改良・革新を大いに促進している。中国は、一九八〇年代、特に一九九〇年代に入り、後発のメリットを生かし、グローバリゼーションへ積極的に参入。先進国の直接投資・技術移転を大いに受け入れ、労働集約型の優位をはじめ、輸出を拡大し、キャッチアップ型工業化・技術のレベルアップを推進してきた。

周知のように中国は、市場経済化や外資・技術移転を盾にモノづくりの技術水準を向上させ、工業製品輸出の世界シェアを拡大し、二〇〇一年にはWTOにも加盟、三〇年以上にわたって年平均一〇％近い実質経済成長を遂げ、世界の工場としての存在感が高まっている。

現在、中国では一九七〇年代末から開始された改革開放路線を、またインドでは九〇年代初頭の経済改革と自由化を契機とし、先進国をはじめとする外国直接投資等を促進。それを通じて伝播した先進技術を活用して、急速に工業化を進めている。この結果、両国のGDPが世界経済全体に占める割合は拡大しており、現在の一人当たりGDPは、九〇年代と比較すると、中国は約一三倍、インドは約三倍となっている(51)。

また戦後、ドイツ、日本の工業化・経済成長に伴い、両国の経済の世界プレゼンスが高まった。加えてNIEs新興諸国・中国も台頭しつつある一方で、アメリカの経済パワー、つまりGDPの世界シェアは一九五〇年の五〇％から、一九六〇年は四三％に、一九七〇年は三一・六％、一九九〇年は二六・〇％、二〇〇〇年以降、とくに国際金融危機直後の二〇一〇年は二二・七％にまで大幅に低下するなど、アメリカ経済の世界プレゼンスは下がり、二〇一八年時点では二四・三％にとどまっている。

また、中国は四〇年余り前の一九七八年末に行われた中国共産党の第一一期三中全会を契機に、それまでの自力更生（自給自足）路線から改革開放（対内直接投資拡大）路線への大転換が行われた。その後、市場経済メカニズムを目指し、社会主義市場経済体制を構築した。さらにグローバリゼーションに参加し、そのメリットを活用して対外貿易・対外直接投資に力を入れ、国際競争力をつけ、国際市場シェアや経済パワーを拡大した。目下、中国はルイス転換点の克服をめざし、今後人口制限政策を緩和するとともに、労働や資本に依存した成長パターンからイノベーション・生産性主導型・内需重視型成長への転換を図ろうとしている。

中国などの新興国は、先進諸国からの直接投資導入に伴い、先進技術——世界最先端の技術とは必ずしも言えないものの自国には欠けている技術——を導入し、マネジメントのノウハウや経験を積んできた。それらの蓄積をもとに後発利益として活用し、一九九〇年代後半には、グローバル化された国際的分業へ積極的に参入していった。中国は、二〇〇一年にはWTOに加盟し、本格的にグローバル経済・国際分業に参加した。モノづくりのセンター、世界の工場・市場として、本国経済を大いに発展させると同時に、世界経済の発展を牽引している。

一九九〇年以降、中国のほか、ロシア・東欧などの旧社会主義国も民主化を実現し、市場経済に移行した。国際分業・グローバル経済のメリットを活用し、経済発展を促進してきた。インド、ブラジル、南アフリカ、東南アジアなど新興国・地域も積極的に先進国からの対内投資・技術移転を受け入れ、グローバリゼーション・国際分業に参入。国際市場シェアを拡大し、経済成長を遂げた。

中国など主要新興・途上国は国により程度は異なるものの、経済の自由化・市場経済化と、グローバル経済への参加・融合が、経済発展・経済パワー増大の促進剤となっている。

4 中国は世界のヘゲモニー大国になるか？

†世界最大のGDP大国へ

中国は、すでに述べたように一九七八年一二月から改革開放の国是を掲げ、日米欧先進国などの多国籍企業の資金・技術を導入、経済発展を支えてきた。一九九二年には「社会市場経済体制」にシフトし、社会主義の政治システムの下で市場経済を推進してきた。その後二〇〇一年一二月、中国は念願のWTO加盟を実現し、WTOによる関税などの恩恵を受けて先進国の対内直接投資に伴う第二次産業革命をはじめとする技術成果（マネジメントも含む技術・経営資源）を活用。労働集約産業を中心とするモノづくりに特化する比較優位でグローバリゼーションに積極的に参加し、世界の工場・市場として、貿易・経済の大発展を遂げてきた。

二〇一〇年には、中国は日本を超えて、アメリカに次ぐ世界第二位の経済大国になり、さらに二〇一二年には世界第一位の輸出大国へと発展している。前述のように中国は、四〇年前には世界のGDP割合が三％足らずだったのが、現在では一七％と大幅に拡大、世界工業生産のシェアも三割近くに達している。これらの数字は、先述した、イギリスに取って代わったアメリカの世界工業生産・輸出シェアの指標に類似している。

今後中国は、名実ともにアメリカの代わりに世界第一位の経済大国、さらにかつてのイギリスや現在のアメリカのような世界の支配・覇権国になるか。これは、内外で大変注目されているポイントである。

GDPの数値から数多くの国際機関が予測するように、二〇三〇〜二〇三五年頃には、中国はアメリカを抜き、世界第一位のGDP大国になると考えられるが、筆者はこの状況を取り巻く二つの前提条件が必要不可欠だと考えている。一つは、中国の国内環境からみて、クーデターや社会的・政治的な軍事混乱が起こらないこと、もう一つは、中国経済を取り巻く国際環境からみて、かつての世界大戦規模の戦争がないことである。中国および国際情勢を鑑みても、この二つの可能性は発生しえないであろう。

そうすると中国は、二〇三〇年代前半にGDP総額ベースでアメリカを超えて、世界第一位の大国になると考えられる。しかしながら、名実（GDP規模と技術力）ともに、かつてのイギリスに取って代わった第二次産業革命の主役であるアメリカのようにはなれないであろう。

†核心技術の欠如

中国は、工業生産の世界シェアではすでに世界一位になったものの、製造業技術、特にモノづくりの核心技術、基幹部品の技術・ノウハウの蓄積がまだ浅く、その大半を先進国に依存しなければならない。たとえば、伝統的な製造業の自動車エンジンや工作機械などの核心技術とその製品は、そのほとんどにおよぶ九〇%を、ドイツ、日本など先進国から導入する必要がある。

中国国家統計局統計科学研究所によると、中国の「世界の工場」としての特徴は、主に二つのカテゴリに反映されている。一つは繊維、衣料品、靴、帽子、その他の日用品である。これらの製品は主に国内で生産され、労働集約製品の低コストの優位により、国際市場を開拓、シェアを拡大してきた。

もう一つは、輸出の半分以上を占める機械製品と電気製品である。これは加工貿易の特徴を有しており、製品の生産の一部、すなわち加工と組立といった後工程は中国で完成する一方、コア技術、知的財産権、およびマーケティングチャネルなどの分野は国外となっている。つまり中国は、グローバルサプライチェーンにおける一つの環節、生産チェーンのノードにすぎず、付加価値の低いミドル・ローエンドの労働集約型の工程を担っている。

中国は、伝統的な織物や衣料品の分野で、重要なグローバルサプライヤーとなっている。一方、ハイテク製造の分野では、中国は機械および電気製品製造のグローバル産業チェーンに統合されているにもかかわらず、関連製品のコア技術を身につけておらず、グローバル産業チェーンのミドル・ローエンドの労働集約型環節にとどまっている。

航空、造船、計装などの重要な分野において、中国と先進国との間には依然としてかなりの技術的ギャップがあり、中国のグローバルサプライチェーンおよび製造チェーンへの技術的リンクはいまだ欠けており、「世界の工場」の地位でいうと、本当の製造よりも、主に「組立」やOEM工場に位置づけられる。

昨今、ファーウェイをはじめとする中国の通信大手会社は、5Gで世界をリードしていると話題になったが、通信基地やプロセスの面で、世界のシェアの四割近くを占めている。しかしながら、ファーウェイの5G製品の半導体・CPU技術の八割をアメリカなど先進国に依存し、その製品を輸入しなければならない。二〇一九年からはアメリカに制裁をかけられ、製品の調達が困難となっている。目下、在庫でニーズを満たしている状況だが、今後の供給事情はますます深刻化している。

また、フォーチュン世界五〇〇大手企業のランキングによると、中国企業の数は、九〇年代初め頃は数社ほどだったのが、二〇一〇年代には一〇〇社にまで増え、さらに二〇一九年にはアメリカを超えて一三三社にまで大きく増加した。やはり、量的・規模的な意味でも世界のトップとなったのである。

しかしながら、中身の面、つまり技術面で評価した場合は、アメリカ、ドイツ、日本などの先進国企業と比べると、まだ格差が開いている。たとえば、アメリカ、ドイツ、日本におけるランキング企業は、ほとんどがハイテク分野の自動車、NC工作機械、電気、飛行機、化学・製薬など、モノづくり製造企業である。それに対して中国の場合は、ほとんどが金融系、資源・建設系の企業であり、モノづくりの企業はファーウェイ、ZTEなど数社しかない。目下中国は、二二〇種類の工業製品生産量は世界のトップになったものの、中国国産ブランドのものはほとんどない。世界自主ブランド一〇〇社のランキングに入ったのは、ファーウェイのみである(52)。

中国は、本格的な産業革命後の歴史がわずか四〇年ほどしかなく、先進国が歩んできた二〇〇年余りの産業革命・工業化の歴史と比べると、あまりにも期間が短く、技術の蓄積が薄いと言わざるを得ない。仮にGDP総額でアメリカを超えたとしても、イギリス、アメリカのような世界支配・ヘゲモニー大国にはなりにくい。というのは、中国の技術資源が制約されているからである。

†技術資源の制約

中国の自主開発は技術立国の必要不可欠な道である。ゆえに政府も積極的に取り組んではいるが、しかし中国のイノベーションの風土、モチベーション、社会体制などの影響により、数多くの障害が立ちはだかっている。

近年、中国政府は研究開発に力を入れている。研究開発の投資は二〇〇〇年初期、GDPに占めた比率が一%足らずから、二〇一〇年代後半より先進国並みの二%台に拡大させた。しかし研究開発の効果が表れるまでは、まだ相当な時間がかかると考えられる。

また近年、中国の特許、新案などの国際出願件数は著しく増加し、アメリカに迫り世界の上位クラスに達しているが、日欧米に比べると出願件数を製品化したものははるかに少なく、またアメリカのようにハイテク分野のものも少ない。たとえば、自動車、化学、製薬などのトップグループは、アメリカ、ドイツ、日本である。中国通信機器以外は、ほとんどが三、四位以下となっている。

やや立ち入ってみると、近年の著しい特許および新案の国際出願件数の中には、先進諸国における中国内外資系企業のものが二〜三割を占めている。また、特許出願件数は、地方政府や、公的機関・組織の任務・実績として中央政府に決められている。たとえば、この地方では、どのぐらいの国内出願、あるいは国際出願の件数を目標にする、といった具合である。目標に達したら、政府からの投資・予算を取得できたり、当事業に関係する地方幹部を昇進させたりできるインセンティブが与えられる。こうして、各地方、各組織・機関は、管轄範囲での特許取得・出願を多めに得られるよう努めている。中には、水増しした件数も多く隠れている。

ハイテク製造技術重点一〇分野に沿って、日米中の出願特許件数・評価額を比較すると、中国は件数では総じて存在感を増しているが、評価額ではいまだ日米に大きく後れを取っている。(53)中国は件数、評価額ともに次世代IT産業分野へ一極集中している。

5G関連特許について、企業別に件数、評価額を見ると、件数では上位一〇位に中国企業等が四社ランクインするなど、ファーウェイをはじめ中国企業勢の存在感が大きい。評価額では、米国企業が上位五社のうち三社を占める。中国企業の評価額は、国別では日米に大きく劣後しているが、企業別に見ると上位一〇位内にランクインしているファーウェイ（第五位）だけである。

リチウムイオン電池の特許においても、件数では中国企業が上位一〇社中、四社のランクインと、世界におけるプレゼンスが高い。しかしながら、特許評価額の上位一〇社は日本をはじめ、韓国、アメリカであり、中国の企業は一社も入っていない。

もちろん一つの国、一つの企業の知的財産・技術力を判断する場合、量的な特許件数は重要である。だがそれに比べ、特許の中身・中核である特許価値につながる特許評価額は、極めて重要である。特許に関する競争力、収益性、成長性を示唆しているからである。中国は特許件数ベースで際立っているが、競争力、収益性、成長性に関わる特許価値・技術力は、日米など先進国に比べ劣後している。これより、中国の技術水準や技術蓄積の薄さもうかがえる。

上述のように、中国における5G機器の核心技術・基幹部品であるCPUの八〇%前後は、アメリカなど先進国に依存している。近年中国は、国家の「中国製造二〇二五」などの政策面で、ファーウェイをはじめとする第四次産業革命のIoT分野の進展を促進しており、研究開発、産業標準の策定、産業の育成と特定産業の応用などの面で、ある程度成果が得られている。しかしながら、関連設備の一つのコア技術についてはブレイクスルーが達成されておらず、効果的な産業チェーンが構築されていないなどの問題が依然として存在する。(54)

たとえばモノのインターネットのコア技術や設備を、さらに改善する必要がある。現在、中国のモノのインターネットは、チップやクラウドコンピューティングなどの分野で多くの実績を達成しているが、関連するコア技術はまだ先進国との間で開きがある。重要な構成要素であるセンサーは、モノのインターネット確立に必要不可欠だ。

だが、中国のリモートセンシング・スマートセンシング技術と、センサー・関連機器の研究・開発は、日本などの先進国に比べると遅れている。そのコア技術は先進国に依存しているため、中国のIoTの推進にとって大きな妨げになる。アメリカや日本、ドイツなど少数の先進国は、世界のセンサー市場の七割以上のシェアを占めていることから、先進国の技術・ノウハウに頼っているのだ。

こうした背景の下で、中国は積極的に日系企業のIoT、AI分野と連携している。二〇一五年一一月末、日立製作所は工業情報化部傘下の中国電子商会と協力して、技術イノベーションを先導し、「IoT＋製造業サービス転換」を目指してイノベーションモデル・プロジェクトや人材育成に乗り出した。

富士通も、上海儀電グループと二〇一六年一〇月から「スマート製造プロジェクト」で協業している。富士通は上海儀電のカラーフィルター製造工場で、既存の自動生産ラインと製造管理システムなどの情報に基づき、製品の製造工程や生産ラインの配置などの製造全体のプロセスを、ビッグデータやIoTといったデジタル革新を実現するテクノロジーと結び付け、富士通のセンサーやネットワーク技術、ダッシュボードソリューション、ビッグデータ分析プラットフォームなどを活用。工場の効率性を可視化するシステムを構築し、INESAグループの製造のスマート化を進めている。(55)

さらに、三菱電機が二〇一八年七月、中国政府直轄の研究機関で、技術標準化に携わる機械工業儀器儀表綜合技術経済研究所（ITEI）と戦略的パートナーシップを締結した。IoT、AIなどの先端技術を中国の製造業の現場に広げ、生産ラインの自動化技術などを共同研究し、自社技術の中国での標準化を目指している。

中国のセンサー産業は国家政策の支援を受けて、技術研究開発、設計、製造から応用までの完全な産業体系を形成しており、ミドル・ローエンド製品は基本的に市場ニーズを満たしている。しかし、産業の製品構造から見ると、古い製品の割合が比較的高い一方、新型製品は明らかに少なく、ハイテク製品はさらに少ない傾向にある。同時に、中国のモノのインターネット産業では、デジタル化、スマート化および小型化された製品は深刻な不足に直面している。

5 ソ連崩壊の原因——技術革新力の欠如

†低い技術進歩率

旧ソ連は、一九二〇年代より計画経済の下で西側先進国に早急に追いつくことを目指し、工業の急速な近代化と生産能力拡大のため、重工業優先政策をとり、生産財の生産・供給に偏ってきた。エネルギー資源の豊富なソ連は、これら天然資源と労働力を大量に投入する外延的成長により、一九六〇年頃までには重化学工業部門を中心に成長を達成していた。

一九八〇年代後半では、石油・天然ガス、鉄鋼、化学肥料、セメントなどの素材産業の生産が世界第一位と、工業国の地位を築いた。こうした重工業部門を中心に、全体の国民所得の成長を上げてきたと見てとれる。

しかしながら、長い間、国家レベルの技術・資金資源投入を軍事部門へと集中する一方、民生用産業・消費財部門における技術革新が欠如してきた。加えて一九六〇年代に入って以降、生産人口増加率の減少や、鉱山・油田老朽化による資源開発コストの上昇といった生産・供給サイドの制約により、従来の資源・労働の大量投入型の労働・資本集約型成長が限界に達し始めた。こうした制約を補うための技術集約型の生産性の上昇も得られなかったため、工業部門の成長の伸びが鈍化した。一九七〇年代以降、全体の国民所得の伸びの低下につながった。

かつて一九六〇年代、ソ連の科学技術は大きな進歩を遂げて、ソ連は世界の工業大国となった。しかし、ソ連が比較的高い技術水準に到達できたのは、軍事宇宙など優先部門だけであり、電気やコンピューターと化学工業および消費財・民生用製造業において、ソ連はアメリカなどの先進国に大きく遅れてきた。

また、ソ連の技術革新の欠如により、その工業生産性は大きく低下した。一九八九年時点で、生産性指標の国際比較において、アメリカは一〇〇、日本はそれに次ぐ九〇であり、ドイツ、フランス、イギリスはそれぞれ八五、八五、六〇となっているが、ソ連はわずか二五しかなく、アメリカの二五%、日本の約二八%、主要先進国の三〇%未満となっている(56)。

さらに一九六〇年代以後は、技術進歩率がほぼゼロに落ち込んだ。この期間の生産低下がそれほど目立たなかったのは、労働投入増加率の高さによるものと思われる。これがなければ、生産はもっと急激に落ち込んだであろう。一九七〇年代後半、および一九八〇年代前半には、技術進歩指標のTFP増加率はマイナスへと転じる。これがソ連の解体を促した一因であるのは間違いないであろう。[57]

また、ソ連工業の代表的な燃料工業部門であるTFP増加率は、六〇年代後半から大幅に減少している。たとえば一九六六～七〇年は二・六％、一九七一～七五年は三・二％、一九七六～八〇年は〇・七％、一九八一～八五年は一・八％であった。[58] ソ連は、特にコンピューターと化学工業、そして大部分の消費的工業において、アメリカに大きく引き離されたのである。たとえば、アメリカのボレッキーは一九六六年に米ソの技術水準の総合的な統計比較を行い、次のような結論を下している。

技術変革に関する二五の主要指標によって示された、一九六二年現在のソ連の新技術採用の普及範囲は、アメリカでいうところの一九三九～四七年、すなわち第二次大戦期間のアメリカとほぼ同じ程度である。これは、一九六二年時点のソ連の技術水準が、アメリカと比べて約二五年遅れていたことを意味する。特定指標によれば四〇年以上遅れていたものや、五～七年程度のものもある。[59]

†民生産業・技術の大幅な遅れ

一九五〇年代以後、ソ連では社会主義体制の下で、国家の資金・技術人材などの資源を総動員した挙国体制により、航空宇宙技術や軍事産業の開発に集中した。アメリカとの対抗上、国の威信をかけた宇宙開発が行われた。たとえば人類初の人工衛星「スプートニク1号」の打ち上げに成功、ユーリ・ガガーリンによる人類初の有人宇宙飛行の成功、宇宙ステーション「ミール」などの宇宙開発など、人類文明・科学分野に、目立つ業績・足跡を残している。

一方でソ連は、宇宙・軍事工業以外の民生用産業や製造業・消費財などの研究・開発では、日米欧先進国と比べて大幅に遅れていた。特に軍事、資源多消費型や資本集約型の重厚長大産業を長期的に重視したために、技術レベルの制限により半導体や集積回路、液晶技術、自動車などのハイテク分野、軽薄短小産業に対応できず、先進諸国に比べ劣位に立っていたのだ。

冷戦時代、アメリカをはじめとする西側・先進国陣営への対抗に備え、軍事・宇宙航空産業に莫大な技術・資金資源に投じたこと、つまり非生産的軍事・国威発揚のための偏った投入によって、民生産業・技術の開発が大幅に遅れ、高品質の冷蔵庫や洗濯機、電子レンジなどの家庭用電気製品・一般消費財の生産すら苦手とするものであった。

それでもソ連では、これら多くの家庭用電気製品や自動車技術は、西側・先進国の多国籍企業と提携し、成熟した製品の技術供与を受けていた。加えて、先進国製品の無断コピーも横行し、また第二次世界大戦時に占領地ドイツなどから接収・略奪した工場や、中国東北地方日系工場から、生産設備・技術を流用していた。

たとえば、オペルをはじめとしたドイツの自動車製造メーカーは、その設備や図面・技術が、中国東北地方においても大連旧満州製油所や鞍山製鉄所、瀋陽機器製作所などの数多くの日系生産工場からほぼすべての設備や関連技術図面が、ソ連国内に汽車で搬送された。しかしソ連の強権的な社会主義体制の下では、科学技術的な見地よりも共産主義のイデオロギー・思想が重視されたことにより、人の創造力が抑えられ、イノベーションが醸成されにくかった。

加えて、先進国の成熟技術・旧型の生産技術に長らく依存したことで、ハイテク分野では先進国と比べると決定的に立ち遅れてしまった。軍事関連技術もまた、先進国の企業に依存していた。たとえば、一九八七年に潜水艦技術の精度を上げるための軍事利用を目的に、東芝などの日本企業から工作機械、製品や技術を輸入した、通称「東芝機械ココム違反事件」なども記憶に新しい。

†イノベーション欠如の原因

ソ連における研究・開発が大幅に遅れ、技術革新が欠如していた主な原因として、以下の点が挙げられる。

まず、第一は、社会主義の体制によるものである。集権政治・計画経済体制の下で、イノベーション・技術革新は、個人・企業よりも、国の科学技術プランに基づいて行う。こうした状況では、先進国のような資本主義体制の下で、市場経済発展や技術変化に伴う、創造的破壊のようなイノベーションが起こりにくい。

第二は、技術発明や技術革新を起こすためのインセンティブが発生しにくい。社会主義体制の基本は、悪平等に基づき、一党独裁による社会安定性・合法性を実現させることである。このような体制の下では、優れた能力のある個人や、人々のイノベーション意欲を引き出すようなインセンティブは、ほとんどない。

たとえばソ連には、特許制度が長い間存在していなかった。日米欧先進国で特許制度が定められたのは、工業化前である。日本で特許制度が始まったのは、一八八五年、専売条例が施行されたことによるものである。ソ連は、一九五二年にようやく工業所有権制度を確立したものの、先進諸国の特許に比べ、発明者へのインセンティブはまだまだ少ない。

第三は、先進国の技術導入に強く依存するあまり、自主開発に欠けていることである。一九二〇年代以後は、アメリカやヨーロッパから電気機械、輸送機械・工作機械などを輸入してきた。一九一九〜一九四〇年には、欧米先進国から工作機械を三〇万台輸入した。加えて、数多くの設備を輸入する場合は大型セットで設備を輸入した。一九二〇年代後半から一九四〇年代初期にかけてソ連が採用した新しい機器設備の四分の一は、欧米先進諸国から輸入したものである。

こうした輸入代金は、伝統的なソ連の輸出財である石油、材木および穀物輸出で決済しなければならなかった。ソ連では、石油や原木・木材などの一次産品と穀物の輸出によって、軍事＝重化学工業化のための機械・設備の輸入が強行されたのである。(60)

ソ連における第一次五カ年計画期間には、先進国からの技術導入は輸入全体の八〇％を占めていた。工業化初期は、産業基盤の整備・確立のかなりの割合を、先進国に依存してきた。戦前のソ連工業の大半の部門では、技術変化は外国、特に米国の技術と生産組織の導入と密接に関連していた（Lewis 1994, p. 188）。たとえば、ゴーリキー自動車工場、マグニトゴルスク製鉄コンビナートは、それぞれ米国フォードのリヴァー・ルージュ工場、USスチールのゲーリー工場をモデルとしていた。

また、第二次大戦直後は、戦勝地域・戦争地域の生産設備を現地で分解し、数多くを自国に持ち帰った。たとえば、ドイツの自動車・機械などの工場、中国東北鞍山の製鉄所、瀋陽の飛行機製造工場、大連の製鉄所、造船所、製油所などからすべての生産設備・装置を鉄道で自国に運んできたのである。

具体的にはこうであった。「一九四五～四六年に、ソ連自動車工業省は、ドイツの米国占領地区に所在する工業企業三社の設備撤去を行なう機会をも得ている。一九四五～四六年の間に、中型機械製造人民委員会（ソ連自動車工業省）の工場は、ドイツのソ連占領地区、ポーランドに帰属したドイツ領、ならびにオーストリア、チェコスロバキアおよび一九三九年時点の国境線におけるポーランドに所在していたドイツ企業から撤去された四七四七基の設備を受け取った。このうち、三二三九九基は金属切削用の工作台であり、三八八八基は鍛造プレス機械であった。設備の大部分は、ドイツのソ連占領地区からソ連に搬送された。またソ連中型機械製造人民委員会は、一九四五年秋に、満州において日本の機械製造企業二〇社から撤去された設備五九四四基も受けとっている」[61]。そして占領地であるドイツから、数多くの科学技術者・エンジニアを自国に連れてきた。

戦争直後は、欧米の技術・設備導入に頼って、工業発展を促進してきたソ連だが、経済が成熟するにつれ、既存の設備よりも、先進国のよりハイテク分野の技術への依存が高まってきた。しかし、米ソ冷戦が深刻化するにつれ、アメリカは対ソ連の技術輸出を制限し、その流出封鎖を強めてきた。こうしたことを理由に、一九六〇年代以後は、ソ連の科学技術分野への研究開発投資が大幅に増加した。だが先述のような原因により、先進国と比べると技術革新が効果的に進まず、大幅に遅れている。

旧ソ連の集権的独裁体制の下では、技術発明・革新を起こす個人の自由と、インセンティブのない収奪的制度ゆえに、イノベーションによる創造的破壊を引き起こすことができず、技術の進捗や持続可能な経済発展は停滞、頓挫してしまったのだ。

「ソ連は一九六〇年代に入ると様相が一変し、技術進歩率がほとんどゼロ近くに落ち込む。この期間の生産低下がそれほど目立たなかったのは、労働投入増加率の高さによるものと思われる。これがなければ生産はもっと急激に落ち込んだことだろう。一九七〇年代になると労働の伸びも小さくなり、また資本増加率も漸減していく。一九七〇年代後半および一九八〇年代前半には、TFP成長率はマイナスの値をとるようになる。これがソ連の解体を促した一因であるのは間違いないだろう」(62)。

†科学的社会主義の限界

「科学的社会主義」を理念とするソ連は、つまり歴史・社会構造の科学的分析に基づいて、社会主義社会への移行は歴史的必然であると主張するマルクス・エンゲルスの社会主義思想の下で、挙国体制の下、科学・技術の発展にはとりわけ力を注いできた。毎年の『ソ連邦国民経済統計集』も「科学・技術進歩」にはかなりのページを割き、一九四〇年には一万人弱であった「科学労働者」は一九八四年一五〇万人に増加しており、これは「世界の全科学労働者の四分の一である」と注がついている。具体的には、原子力、宇宙開発、物理、数学、生化学などでの功績が誇示された。科学面への投資も、年一五〇億ルーブル(一九七一〜一九七五年平均)から二五〇億ルーブル(一九八一〜一九八四年平均)に急増している。

原子力発電所も、有人宇宙飛行も、ソ連が世界に先駆けてきたこともあって、若者の憧れは宇宙飛行士であり、科学者、技術者であった。そのため、軍事技術・軍事関連の重工業が優先して進められてきたが、一九八〇年代以降の世界産業の「軽・薄・短・小」化、ハイテク分野では、西側先進国にとの間に数年~十数年のギャップがあった。産業でも、軽工業や民需産業における技術に関しては、ソ連自身、その遅れを自覚していた。

教育改革（後述）ではコンピューター化を目指していたが、そもそも技術インフラをはじめとするハード部分は、教育界に整備しづらいとみられている。挙国体制での軍事・宇宙などの技術研究・開発は、原則として中央集権的に専門化していたのでメリットもあった。しかし、民生産業・企業レベルでの研究開発や、応用・普及、そのインセンティブが乏しいこと、また価格や利益面からの刺激（特別超過利潤といった形の）が小さいことなども、問題とされた。

長い間、ソ連の経済成長は、社会主義計画経済体制の下で、資本財・軍事関連の重工業にこだわってきた。計画・命令といった指揮システムでは、生産性を高めるイノベーションや、インセンティブ、モチベーションを喚起することができず、先進国のようなハイテク技術的変化をフォローできないまま、技術貢献による経済成長を持続させることが困難となり、一九七〇年代には、その成長がほぼ止まってしまっていた。

加えてソ連は、東西冷戦時代、アメリカなど西側諸国の対抗に備える軍拡競争でこうした国々に駆け足で追いつこうとしたが、工業技術、特に技術革新の力が限られていた上、重厚長大である鉄鋼・石炭などの資本集約的な重化学工業に依存していたことで[63]、先進国に追いつくどころか、むしろ技術集約的なハイテク産業はほぼ発達しなかった。

前述のようにかつてソ連は、一九五〇年代には社会主義的国家総動員の挙国体制の下で、ドイツや日本など工業国の技術・生産設備を手に入れ活用することで、経済の高度成長を達成してきた。だが、高度成長や工業化キャッチアップ後は、民主的自由と技術革新に不可欠なインセンティブがないまま、また共産主義的で収奪的制度が絶えず存在していたことにより、米日欧先進国の第三次産業革命、つまり「軽薄短小」などのハイテク分野でのイノベーションを引き起こすことができず、経済の発展はますます滞り、旧ソ連の崩壊につながったと考えられる。

（1）Tyler Cowen, *The Great Stagnation*, Penguin Group（USA）Inc. 2011（邦訳：タイラー・コーエン著、池村千秋訳『大停滞』日本経済新聞出版社、二〇一一年、二七頁）。

（2）Robert J. Gordon, *The Rise and Fall of American Growth*, Princeton University Press, 2016（邦訳：ロバート・J・ゴードン（高遠裕子・山岡由美訳）『アメリカ経済成長の終焉』（下）日経ＢＰ社、二〇一八年、三九〇頁。

（3）郭四志「変動する世界経済構造に関する研究——世界経済パワーバランスの変化と影響」『帝京経済学研究』第四七巻第二号、二〇一四年三月、一九頁。

（4）六車秀之「アメリカ経済の底力と日本経済への波及」(http://www.dynamic-m.co.jp/pdf/pdf-ronbun/A24-42-NY3.pdf)。
（5）郭四志「人民元国際化に伴う「石油人民元」の台頭」『帝京経済学研究』第五〇巻第二号、二〇一七年三月、六八頁。
（6）郭四志「転換期における世界経済の注目点」『帝京経済学研究』第五一巻第一号、二〇一七年一二月、九頁。
（7）藤瀬浩司『欧米経済史――資本主義と世界経済の発展』放送大学教育振興会、二〇〇四年、二四一頁。
（8）佐々木昇『現代西ドイツ経済論』東洋経済新報社、一九九〇年、二六頁。
（9）A. Hoffmann『ドイツの現状』Societäts-Verlag, 1993, P. 219。
（10）熊谷徹『あっぱれ技術大国ドイツ』新潮文庫、二〇一一年、八四頁。
（11）佐々木昇、前掲書、二六頁。
（12）工藤章『二〇世紀ドイツ資本主義――国際定位と大企業体制』東京大学出版会、一九九九年、五九八頁。
（13）熊谷徹、前掲書、八五〜八六頁。
（14）経済企画庁『昭和四四年年次経済報告――豊かさへの挑戦』一九六九年七月。
（15）注目すべきは、その構成は大きく変化しているのである。すなわち、日本の経常黒字は、かつては、貿易黒字の規模を反映したものであったが、二〇〇〇年代後半以降は、グローバル・バリュー・チェーンの拡大や現地生産の増加による輸出の抑制、原油価格上昇による輸入金額の増加、原子力発電所の停止に伴う鉱物性燃料輸入の増加等もあって、輸出額と輸入額が均衡する規模となった結果、貿易収支のツェイトが低下し、企業の海外進出に伴い、海外からの投資収益の増加もあって所得収支の黒字が大きく増加している（内閣府『令和元年度　年次経済財政報告』二〇一九年七月）。

(16) 日本産業技術協会編『日本産業技術史事典』思文閣、二〇〇七年、一二三頁。

(17) これは東京大学の元岡達らとの共同研究によって開発されたものである（公益社団法人発明協会「NC工作機械」『戦後日本のイノベーション一〇〇選』http://koueki.jiii.or.jp/innovation100/innovation_detail.phpeid=00043&test=open&age=high-growth）。

(18) 同上。

(19) 注17と同じ。

(20) 日本産業技術協会、前掲書三〇四〜三〇五頁。

(21) （公益社団法人発明協会「産業用ロボット」『戦後日本のイノベーション一〇〇選』http://koueki.jiii.or.jp/innovation100/innovation_detail.phpeid=00043&test=open&age=high-growth）。

(22) 同上。

(23) 奥山幸祐「半導体の歴史　その二四　二〇世紀後半　超LSIへの道——一九八〇年代　DRAMにおける日本メーカーの台頭」『SEAJ Journal』日本半導体製造措置協会、二〇一二年八月、一三八号。

(24) 半導体人協会「1986年、世界半導体市場における日本半導体シェアは米国を抜き世界の第一供給者となった」(https://www.shmj.or.jp/museum2010/exhibi065.htm)。

(25) 経済企画庁『昭和五九年年次経済報告』一九八四年八月七日。

(26) 後藤晃、本城昇、鈴木和幸、滝野沢守「研究開発と技術進歩の経済分析」『経済分析』第一〇三号、内閣府経済社会総合研究所、一九八六年九月、一頁。

(27) 堀内英次「一九八〇年代後半の日米半導体摩擦——米中摩擦への教訓」『米中摩擦下の日中連携』

（第七章）二三四頁。

(28)「例えば一九八二年にはＩＢＭの技術情報を不当に手に入れたとして産業スパイ容疑で日立の社員が逮捕され、また国内法であるスーパー三〇一条による報復を脅しとして米国製半導体の輸入拡大やダンピングの疑いがある対米輸出の価格管理が行われた。また安全保障を理由にＮＥＣや富士通などのスーパーコンピュータが米国の政府調達から締め出され、航空・宇宙分野では日米衛星調達合意によって衛星調達が国際競争入札に変更された結果、日本の人工衛星開発が抑制され、またＦ－２支援戦闘機では当初国内自主開発が計画されていたにもかかわらず米国の輸出拡大と日本のハイテク製造技術の獲得を意図して共同開発が押し付けられるなど、米国のハイテク分野の貿易不均衡の是正やその競争力維持と安全保障上の目的が複雑に絡み合った〝日本叩き〟が行われた」（堀内英次前掲論文、二三五頁）。

(29) 経済企画庁『昭和五九年年次経済報告〜新たな国際化に対応する日本経済』一九八四年八月七日。

(30) 国立研究開発法人新エネルギー・産業技術総合開発機構（ＮＥＤＯ）「海外トレンド：グローバルな半導体競争――エコシステム確保をかけて」二〇二一年、八頁（https://www.nedo.go.jp/content/100931733.pdf）

(31) 同上。

(32) https://news.mynavi.jp/artice/20210325-1839872/

(33) 同上。

(34) https://gazoo.com/article/car_history/130530_2.html

(35) 立石佳代「日本自動車産業の革新と成長」『日本国際情報学会紀要』二〇〇五年、二巻一号、五六頁。

(36) http://koueki.jiii.or.jp/innovation100/innovation_detail.php?eid=00002&age=topten

(37) http://koueki.jiii.or.jp/innovation100/innovation_detail.php?eid=00001&test=open&age=high-

growth
(38) https://www.toyota-mobi-tokyo.co.jp/carlineup/prius/special-1_history
(39) 呂寅満「韓国の産業構造変化・産業発展・産業政策」『RIETI Discussion Paper Series 16-J-025』独立行政法人経済産業研究所、二〇一六年三月、二二頁。
(40) EPROM（Erasable Programmable Read Only Memory）は、デバイスの利用者が書き込み・消去可能な半導体メモリの一種だ。
(41) DRAM（Dynamic Random Access Memory）とは、揮発性（volatile memory）の半導体記憶装置（半導体メモリ）の一種だ。
(42) 吉岡英美「世界市場の獲得から見た韓国半導体の持続的発展」『アジア研究』VoL. 54. No. 3. 二〇〇八年七月。(https://www.jstage.jst.go. jp/article/asianstudies/54/3/54_35/_pdf)
(43) 吉岡英美「第1章　韓国半導体産業の競争力――キャッチアップ後の優位の源」『韓国主要産業の競争力』日本貿易振興機構アジア経済研究所、二〇〇八年、四八頁。
(44) 陳禮俊「台湾における半導体産業一考察」『山口経済学雑誌』二〇〇〇年五月、二〇一頁。
(45) みずほ銀行・みずほ総合研究所『台湾投資環境』二〇二〇年一月。
(46) 佐藤幸人「台湾半導体産業の発展における後発性と革新性」『アジア経済』日本貿易振興機構アジア経済研究所、二〇一六年九月、五一～五二頁。
(47) https://jp.ub-speeda.com/ex/analysis/archive/21/
(48)「中国鉄鋼大手、日本の無償支援で成長し新日鐵をシェア逆転…異常な供給過剰無視しひたすら巨大化」『Business Journal』二〇一六年一一月四日（https://biz-journal.jp/2016/11/post_17069_2.html）。
(49)「中国成全球最大汽車保有国 新能源汽車占全球四成以上」『第一財経』二〇二〇年一二月一四日。

(50) 趙英「中国自動車工業の自主革新と米中貿易衝突の影響」郭四志編『米中摩擦下の中国経済情勢と日中連携』同友館、二〇一九年、一一七頁。

(51) 内閣府『世界経済潮流』九五頁（https://www5.cao.go.jp/j-j/sekai_chouryuu/sh11-01/pdf/s1-11-1-4.pdf）。

(52)『人民日報』二〇二〇年一〇月一四日。

(53) 経済産業省『通商白書』二〇一九年版（概要）、一三頁。

(54) 科学技術振興機構中国総合研究・さくらサイエンスセンター編『中国の10大重点製造業とトップ企業の現状と動向』二〇一八年九月。

(55) https://pr.fujitsu.com/jp/news/2016/10/5-1.html（富士通ＨＰ）

(56) 涌井秀行「二〇世紀社会主義・ソ連崩壊の歴史的意味」明治学院大学『国際学研究』第四二号、二〇一二年一〇月

(57) 栖原学「近代経済成長の挫折——ソ連工業の興隆と低迷」『比較経済研究』第五一巻第一号、二〇一四年一月、二四頁。

(58) 栖原学、前掲論文、二五頁。

(59) 安平哲二「ソ連経済と技術進歩」『ソ連・東欧学報』巻一号、一九七二年、三三頁。

(60) 涌井秀行「二〇世紀社会主義・ソ連崩壊の歴史的意味」明治学院大学『国際学研究』第四二号一－一八、二〇一二年一〇月、五頁。

(61) A・I・ミニューク（源河朝典、岩崎一郎、杉浦史和、島信之訳）「ソ連の自動車工業と接収ドイツ製設備技術」『岡山大学経済学会雑誌』三四（三）、二〇〇二年、一三二頁。

(62) 栖原学「近代経済成長の挫折——ソ連工業の興隆と低迷」『比較経済研究』第五一巻第一号、二〇一

四年一月、二四頁。

(63) ニッセイ基礎研究所「混迷を深めるソ連経済の現状と今後の動向」(スタラフ・メンジュコフ教授インタビュー)『調査月報』一九八九年一一月号、三頁。

第 5 章
第四次産業革命
——グローバル化と競争の激化（2010年代〜）

「中国製造2025(Made in China 2025)」の10大領域(中国政府公式サイトより)

1　インダストリー4・0と主要国の戦略

†インダストリー4・0とは何か

これまで振り返った各回の産業革命においては、相互影響や、継承・継起などが特徴的であった。これについて、産業革命における各局面の相互間に、重畳《ちょうじょう》的継起が見られる「重畳説」が指摘されている。

たとえば一九世紀後半は、第一次産業革命の「成熟局面（鉄道・郵便事業）」に重畳する形で、第二次産業革命の「出現局面（重化学工業）」がすでに始まっていた。同様に、二〇世紀後半に始まった第三次産業革命の「出現局面」（IT産業）も、第二次産業革命の「成熟局面」（サービス産業）に重畳しつつ、独自に継起してきたと見ることができる。[1]

特に一九五〇年代のコンピューター・デジタル技術とエネルギー技術革命をはじめとする第三次産業革命は、一九九〇年代からのコンピューター、ICT技術による生産の自動化・効率化や、二〇〇〇年代初期のインターネット技術の発達と新・再生可能エネルギーの応用・普及を促進している。

こうした三度にわたる産業革命により、人類の文明・社会に必要な技術・製品は、そのほとんどが発明・開発されている。さらにこれ以上の革命的、かつ新しいイノベーション・技術革新は、そう簡単に生じるはずがないばかりか、制約すらされるであろうと考えられたが、近年、IoT、AI、新エネルギーなどの第四次産業革命が起き始めている。この第四次産業革命を中心とするイノベーションは、二一世紀の経済社会、人類の生産方式、ライフスタイル、人間の価値観に、大きな影響を与えようとしている。

第1章で述べたようにインダストリー4・0という名称には、人類の長い歴史における「第四次産業革命」という意味が込められている。確認しておくと、これまでの三度（第四次産業革命前）の産業革命は、主に以下のような技術特徴を有している。

第一次は、一八世紀から一九世紀にかけて起きた、水力や蒸気機関による工場の機械化。第二次は、一九世紀後半に進んだ電力・内燃機関の活用。第三次は、二〇世紀後半に生まれた「プログラマブル・ロジック・コントローラ（PLC：工場などで自動制御に使われる装置）」による生産工程の自動化である。インダストリー4・0は、これらに比肩する技術革新として位置づけられている。(2)

インダストリー4・0は、製品のライフサイクルを通じて、バリューチェーン（価値連鎖）全体の組織とコントロールが新たなステップに入ることを意味する。同サイクルは、個別化の進むユーザのリクエスト、ニーズに対応するもので、アイデア段階から開発および製造の指示、製品の末端ユーザへの納品、果てはリサイクリングまでのすべての段階を指し、それに関わるサービスも含まれる。(3)

その基盤をなすのは、次のようなものである。すなわち、①価値創造に関与するすべてのインスタンス（実体）がネットワーキングされていることにより、あらゆる関連データがリアルタイムで常に利用可能であること、②そのデータから、それぞれの時点で最適な価値創造フローを導出することができる能力であること。

人・オブジェクト・システムを結ぶことにより、動的かつリアルタイムに最適化され、自己組織型の企業横断的価値ネットワークが成立し、費用や可用性、資源消費量などといった様々な基準に従っての最適化が可能となる。(4)

†インダストリー4・0が生まれた背景

インダストリー4・0というコンセプトが生まれた背景には、製造立国であるドイツの焦りと強い危機感があった。GDPに占める製造業の割合が二割強となっているドイツでは、大企業だけでなく中堅・中小企業に至るまで、国としての製造業全体の国際競争力を維持・強化し、国内でモノづくりを続けることが必要不可欠であった。

世界を見渡すと、ドイツは次のような厳しい状況に直面している。つまりITを武器にビッグデータを活用した新たなビジネスモデルを創出するアメリカと、比較的安価な労働力とレガシー設備を気にとめることなく最新技術に投資する新興大国中国を相手に、競争力を強化し、保ち続けるために何をするべきなのかが大きな課題となっているのだ。それを克服するために導いた結論が、インダストリー4・0というヴィジョンであった。(5)

産業革命の中心は、省力・省エネを図る動力・エネルギー革命と言える。産業革命の歴史を遡ってみると、第一次産業革命は、水・蒸気を動力源とした蒸気機関・機械を使った生産の事を指す。第二次産業革命では、電気を使い機械・モーターを動かして分業の仕組みを取り入れたことにより大量生産（マス・プロダクション）が可能となった。そして第三次産業革命は、コンピューターエレクトロニクスを使ったオートメーション・省力化が実現された。インダストリー4・0はそれに続く「第四次産業革命」という意味合いで名づけられたものである。

ICT（情報通信技術）の急速な発展は、モノやその製造工程、生産様式およびライフスタイルにまで社会経済の環境変化を促してきた。それにより、新たな産業革命である第四次産業革命が起き始めている。近年世界では、大きな産業革命の到来が期待されている。たとえばGEは、二〇一二年にインダストリアル・インターネットを標榜し、従来の産業革命、インターネット革命に続く新たな革命と位置づけている。これは蒸気機関、電力、生産工場の自動化に次

ぐ第四次産業革命という意味を包含している。(6)

第四次産業革命のとらえ方は、上述したＩｏＴやＡＴをはじめとする内容以外に、スマートグリッド、水素エネルギーなどの新エネルギー、炭素繊維などの新材料、CO_2削減やＣＣＳ(Carbon capture and storage：二酸化炭素回収・貯留)などの低炭素化技術・環境保全技術を含むべきであると考えられる。(7)

第四次産業革命は、技術領域の多様性・複雑性に富み、また、企業・工場を中心にインターネットを通じてあらゆるモノやサービスと連携することで、新しい価値やビジネスモデル、手法の創出を目指すＩｏＴのような新しい結合として特徴づけられている。

第四次産業革命を駆動するハイテク技術は、これまでの産業革命で培われた技術経験や知識・ノウハウとシステム、特に第三次産業革命で飛躍的に発展したデジタル技術を土台に築かれている。(8)

これまでの産業革命に共通する特徴は、その駆動力である。第一次産業革命の駆動力は、石炭・蒸気機関であり、第二次産業革命の駆動力は、石炭・蒸気機関に代わり、石油・電力・自動車が現れた。第三次産業革命の駆動力は、石油と併存する原子力や再生可能エネルギー、および情報・自動化技術がクローズアップされ、さらに第四次産業革命の駆動力は、モノやサービスのインターネットに関するビッグデータといったネットワーク力や、化石燃料に代替する新エネルギーである。

こうした産業革命、とりわけ今後、第四次産業革命の駆動力は、世界経済の発展に大きな影響を及ぼしつつ、主要国の産業活動と国民生活にインパクトを与えていくだろう。

2 ドイツ――インダストリー4・0

†政府の政策・取り組み

ドイツでは、二〇一一年一一月に提案された第四次産業革命の構想・目標、つまり包括的なモノづくりのデジタル化のイニシアティブであるインダストリー4・0は、政府の科学技術イノベーションの基本政策である「ハイテク戦略」のアクションプラン、「未来志向プロジェクト」の一つとして位置づけられている。そこでは、IoTや生産の自動化技術を駆使し、スマート工場を実現するとともに、工場内外のモノやサービスと連携することで、新たな価値やビジネスを作りだすことが目標となっている。ドイツは、政府要人をはじめ、経済界や労働組合、アカデミアの代表による産官学のインダストリー4・0推進協議会機構を設置し（図5－1）、この目標の達成を促進しようとしている。

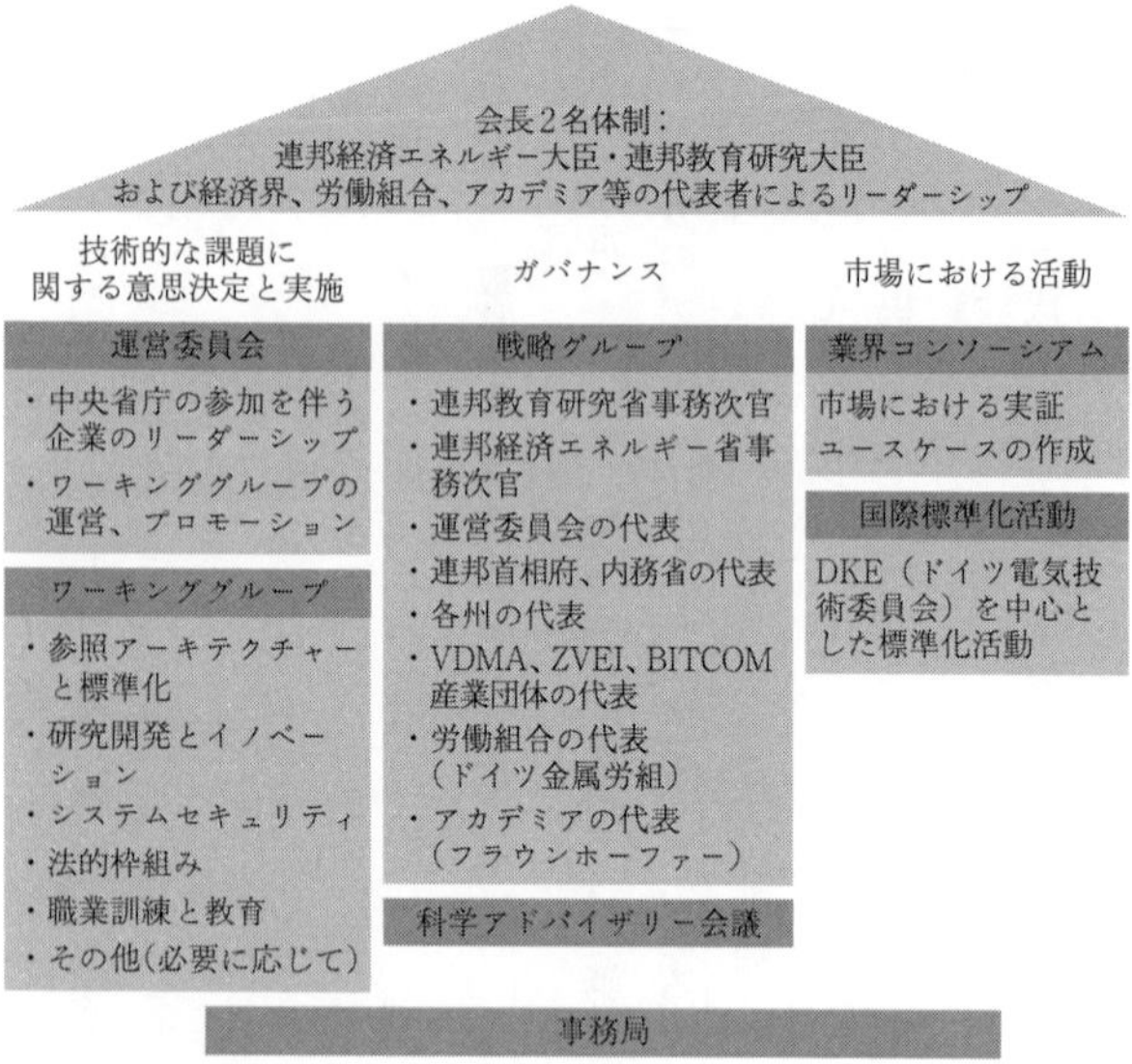

図5-1 インダストリー4.0　推進協議会機構図
出所：インダストリー4.0プラットフォームよりCRDSにて改編〔『主要国の研究開発戦略（2016年）』〕。

インダストリー4・0は、IoT や生産の自動化（Factory Automation）技術を駆使し、スマート工場同士をつなぎ、ドイツの製造業全体がまるで一つの大きなスマート工場であるかのように機能するものである。こうしたイノベーションが進むことで、結果として、高付加価値製品を大量生産品並みの低価格・低コストで、顧客ごとに受注・提供するマスカスタマイゼーションへの対応が図られる。

　これを実現するためには、製品、生産設備設計、生産、メンテナンスに至るバリューチェーン全体を幅広く見直すことが必要不可欠だ。

そのため、ドイツ政府は二〇二五年頃を目処に、M2M（Machine to Machine）や、センサー、アクチュエータを含むCPS（Cyber Physical Systems：サイバーフィジカルシステム）、機器のインターフェースの高度化、ビッグデータ技術やクラウドコンピューティング、通信ネットワークやサイバーセキュリティなどでの共同研究開発を産官学で推進している。

たとえば、「システムの自己最適化」「人と機械の連携」「インテリジェントネットワーク」「エネルギー効率」「システムエンジニアリング」など細分化した四七のプロジェクトに、一七四もの企業・大学・研究機関が参画。ドイツ政府はこれに、五年間で五六億円を投資し、参画している企業が出資する八四億円と合わせ、合計一四〇億円規模の活動となっている。[9]

さらにドイツでは、イノベーション分野における独自の戦略として「The High-Tech Strategy for Germany 2020」を二〇一〇年七月に策定し、五つの重点課題領域を設定した（①エネルギー・環境産業、②健康産業、③自動車産業、④防衛産業、⑤情報通信産業）。また、産学官の連携を深めることを目的とした「コンピテンス・ネットワーク」「先端クラスター・コンペティション」「イノベーション・アライアンス」などの政策や、コンペティションを通じたネットワークやクラスターの形成を推進している。[10]

二〇一四年には「新ハイテク戦略」[11]が発表された。ドイツ政府は順調に研究開発投資を拡大し、景況感も悪くないことなどから、過去八年間のハイテク戦略を引き継ぐ形で、よりイノベ

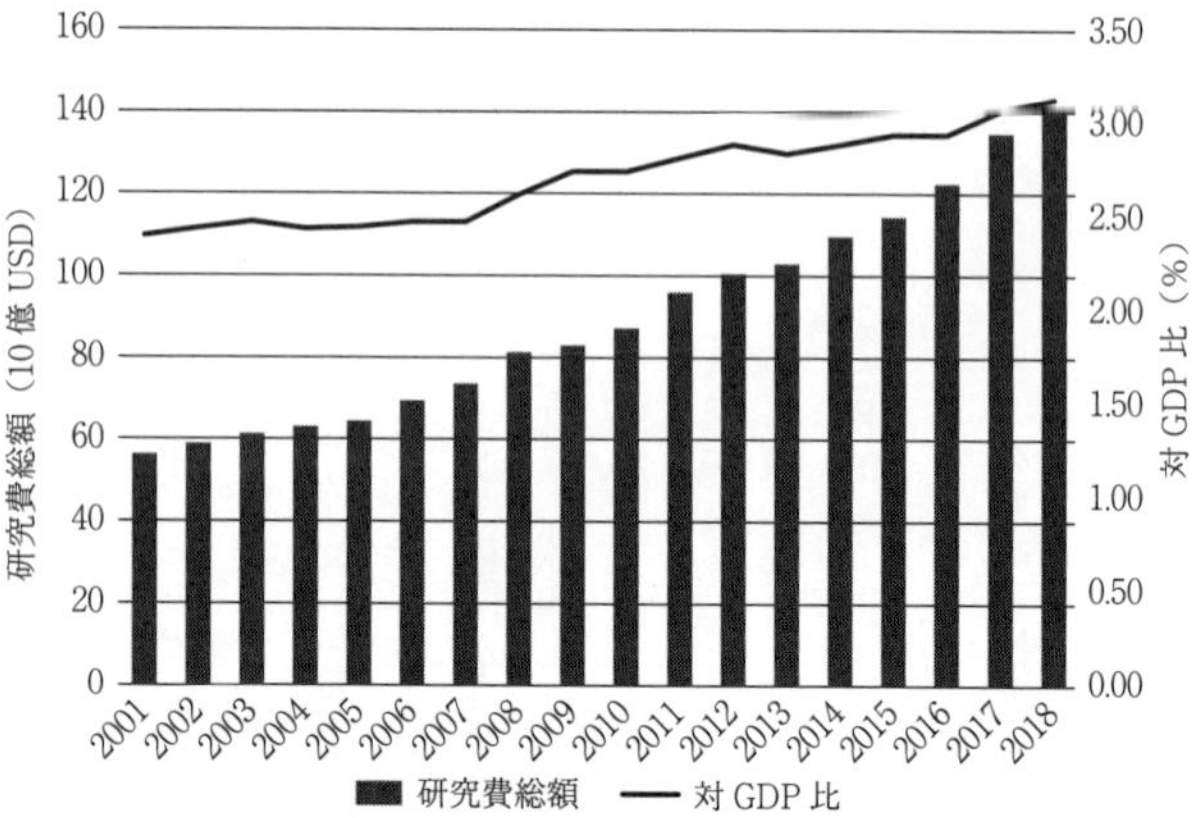

図 5-2　ドイツの研究開発費（一〇億米ドル）とその対 GDP 比（%）の推移
出所：科学技術振興機構『研究開発の俯瞰報告書主要国の研究開発戦略』（2021年）。

ーション創出に軸足を移し、積極的に施策している。同新ハイテク戦略では、すでにイノベーションの推進力が大きいセクターを特定し、優先的に研究・開発を実施するとしている[12]。

図5-2に示したように、近年ドイツでは基本的に、研究開発投資を年々拡大している。主に大学教育への資金や大型施設、宇宙研究・宇宙技術等、どの国でも多額の資金が必要な分野のほか、国民健康、エネルギー研究と技術、持続可能な開発、ITなどのセクターに配分している。

†「ハイテク戦略二〇二五」

二〇一八年九月に、ドイツ政府は「ハイテク戦略二〇二五」を公表し、「知識から実用」をもたらすイノベーション重視の姿勢を貫いている。変化の早い社会情勢や、グローバルな解決が求められる社会的課題、高まる国際競争の圧力に対応し、①社会的課題の優先分野、②鍵となる未来技術と人材、③研究開発の推進方法を示した。国内外ならびに産官学のステークホルダーに共通する横串的な「ミッション」を定義し、政策を実施する。

ハイテク戦略二〇二五で注目すべき点として、ドイツが次代の技術革新の中心であるために、重点研究開発領域（①機械学習、ビッグデータ、②サイバーセキュリティ、HMI、ロボット、VR、③通信システム、5G通信技術、④電池、3Dプリント、軽量化、製造技術、⑤量子シミュレーションシステム、超精密計測技術、画像化技術、⑥バイオテクノロジー、バイオインフォマティクス、航空宇宙衛星、材料）を定め、社会的実装や応用を見据えた研究、および世界のトップへ飛躍させるべき技術を目標としている。

ドイツが重点的に取り組む、これら六つの優先課題を「新ハイテク戦略」と比較すると、次のようになる。

新ハイテク戦略では、最優先課題として位置づけられていたデジタル化への対応が項目からはずれた。デジタル化は単独の課題ではなく、すべての課題に共通する問題として捉えられている。他には、国内の地域間格差を、イノベーション創出促進で是正するという課題が新たに追加されている。

また、二〇一八年九月に「量子戦略」を発表し、二〇一八〜二〇二二年の四年余りで六億五〇〇〇万ユーロを投資する。重点領域として、第二世代の量子コンピューティング（コンピューター、シミュレーションなど）、量子コミュニケーション（通信、セキュリティ技術など）、計測（精密計測技術、衛星、ナビゲーション技術など）の開発のほか、量子分野の技術移転と産業の参画推進を挙げている。

ハイテク戦略二〇二五における社会課題解決のため、自動走行、電気や燃料電池自動車など、この領域は大きなイノベーションの端緒となっている。充電施設の整備、法規制の緩和、EUの方針なども含んだ包括的な実用化への施策がある。未来技術分野のミッションとして、ドイツならびに欧州をAIの研究開発実用化の拠点とし、人材を確保しながら多様な応用領域を巻き込むことで、AIをベースとしたビジネスモデルを構築するポイントが示されている。

さらに二〇一八年一一月、ドイツ政府はAI戦略「AIメイド・イン・ドイツ」を発表した。背景には、ドイツはAIの基礎研究分野では優れた業績を出しているものの、応用・実用化の面では、競争力を持つとされている自動運転分野においても、米国に後れを取っていることがある。

ドイツ政府のAI戦略では、このような問題を克服するためにも、二〇二五年までに総額三〇億ユーロを投資し、ドイツでのAI発展を推進する。具体的には、AIセンターの建設、新技術の研究開発、スタートアップ支援などが予定されており、AI分野の人材を育てる仕組みを構築し、AI分野で世界トップレベルを目指すとしている。(13)

加えて、ドイツ政府（経済・エネルギー省）は二〇一九年二月に、ドイツおよび欧州の製造業の競争力と、経済・技術面の優位性を長期的に維持するための産業政策策定の指針として、「国家産業戦略二〇三〇」を発表した。ドイツはAI活用における「自動運転」と「医療診断」を重要な分野とし、ドイツの課題である応用分野で基礎研究の強みを活用しようとしている。

既存の強みがある製造業で、技術を主導にEU域内で、研究開発、生産、サービス・流通などのすべての工程（バリューチェーン）を完結させ、競争力の強化を重要視している。さらに、製造業の付加価値を現在のGDP比二三％から、二〇三〇年までに二五％に引き上げることを目指している。

これは、現在を第四次産業革命前夜と位置づけることで、イニシアティブを取ることを目指し、二〇二五〜二〇三五年頃の達成を目標に、中小企業の取り込みや高度専門・技術人材の育成まで幅広い領域に及ぶ。(14)

ドイツの第四次産業革命における特徴と言えば、インダストリー4・0を始動した主役はあくまで政府であり、モノづくり産業などの業界は、政府のインダストリー4・0の構想を受け、具体的に執行者として第四次産業革命を推進していることにある。政府は積極的に「インダストリー4・0プラットフォーム」事務局に参画し、事務局の活動をリードし、「プラットフォーム・インダストリー4・0」の組織・運営などの主導権を握っている。

ドイツ政府が積極的に参与・リードした主な背景には、アメリカの存在が挙げられる。つまりドイツは、ＩｏＴに活発に取り組む米国の潮流が、ドイツを支えてきた製造業の優位を脅かし始めていることへ、危機感・プレッシャーを抱いているのである。単に米国のインターネットと競争することはできないのである。

ドイツは、ＩｏＴ、ＡＩデジタル技術をはじめとする第四次産業革命関連のハイテク技術をモノづくり分野に活かし、自動車、機械、化学製品、医薬品、電気機器、金属などの製造業をデジタル化・ネットワーク化し、輸出志向型の競争上の優位を、さらに強化しようとしている。

米国が主導する「インダストリアル・インターネット（Industrial Internet：産業のインターネット）」の精力的な動きが、ドイツ政府主導の、国を挙げての取り組みの契機となっている。事実、世界中に広がっているパソコンのほとんどは、アメリカのマイクロソフトやアップルのＯＳをベースに動いており、スマートフォンの分野でも、アップルと、グーグルの「アンドロイド」がしのぎを削っている。

またドイツから見れば、膨大なビッグデータを蓄積する米国企業が、その勢いで製造業分野でもＩｏＴのグローバル・スタンダードを保有・支配すれば、世界トップクラスを維持しているドイツのモノづくり産業は、単なる下請け産業に転落してしまうのではないかという懸念も強い。米国の取り組みに対抗するためには、ドイツ政府によって製造業などの産業プラットフォームを標準化・統一化させることで、EU、ひいては世界に通用する統一規格として普及させる必要があると考えているわけである。(15)

なお、図5-3に示したように、世界経済フォーラム（WEF）のイノベーションランキングにおいて、常に上位であったドイツは、二〇一八年に米国を抜いて一位となり、二〇二〇年もトップに位置している。背景には、官民を挙げて精力的にインダストリー4・0を推進させていることがあると考えられる。

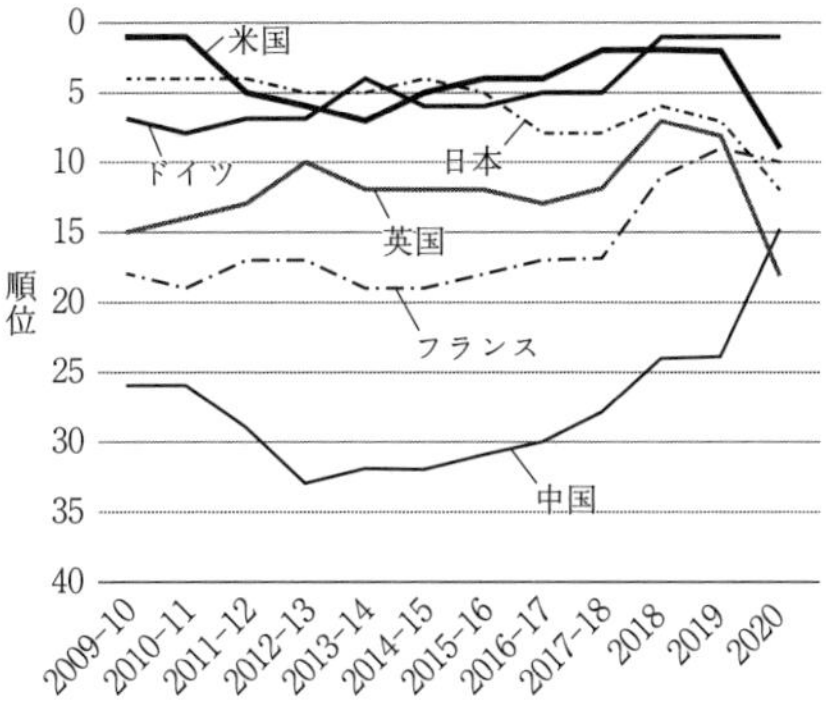

図5-3　主要国のイノベーションランキング推移
出所：図4-2と同じ。

†企業の取り組みと政府の企業への支援

政府の第四次産業革命の取り組みに合わせて、企業は積極的に第四次産業革命の技術を現場に活かしている。たとえば、産業分野のIoTやインダストリー4・0のシステムを提供するスタートアップ企業

「optiMEAS Measurement and Automation Systems」は、圧縮ガス関連の製品やシステムの開発・製造に取り組む「ベコテクノロジーズ」と業務提携を結んでいる。(16)

ベコテクノロジーズは、一五カ国に子会社、三五カ国に代理店ネットワークを有する、グローバル事業を展開している企業である。同社は、自社製品にoptiMEASのモニタリングシステムを搭載することで、製品のIoT化とクラウド環境を整えることを実現した。これにより、製品の稼働状態や圧縮空気の質についての測定値やデータがクラウド上に転送され、リアルタイムでデータを確認することができるようになった。

ドイツの自動車機器メーカーであるボッシュのドイツ南部ブライヒャッハ工場では、工場機器や電動工具をインターネットにつなぐことで、業務プロセスの自動化に取り組んでいる。たとえば、自動車用油圧バルブの生産ラインでは、品目ごとに異なる組立指示を出すことで、たった一つの生産ラインから三〇〇品目もの製品を製造している。また、電動工具をネットワークにつなぐことは、指示に応じて締め付けの力を自動で変更するといった作業の効率化も向上させている。

将来的には、製品自体が機械や工具に指示を出し、自動で製造工程を組み替えたり、製造から発送までの流通状況をリアルタイムで記録したりといった展開を目指している。

なお、シーメンス、フェニックスなど、電気、倉庫がすべてロボットの企業もまた、インダストリー4・0に取り組んでいる。シーメンス工場は、注文書、設計、生産から、物流の高いオートメーション化、高速化、高い効率化と高精度化までデジタルシステムを作り上げたことにより、生産能力が八倍に高まり、合格率は九九・九九％に達した。

自動車メーカーのベンツやフォルクスワーゲンは、自動支払いとパワーバッテリーに必要な鉱物資源のサプライチェーン管理に、ブロックチェーンの使用を始めた。二〇一九年八月、ベンツグループはドイツ商業銀行と連携し、トラックによる料金自動払いをサポート。二〇一九年四月には、フォルクスワーゲングループが、コバルト資源の調達に関する業界の協力に乗り出し、ブロックチェーン技術を使用したサプライチェーンの追跡を実現した。

BMWは、電気自動車のデータ管理にブロックチェーンを活用していることが注目されている。変更、削除、改ざんができないブロックチェーンの特徴を生かし、車の走行履歴、カーナビデータ、EVの充電履歴、車の流通経路情報等を記録している。(17)

WIPO（世界知的所有権機関）が二〇一九年一月に発表した資料によると、(18)これまでのAI関連特許の申請数は、ドイツは、インダストリー4・0の有力企業であるシーメンスが一一位、自動車部品大手のロバート・ボッシュが二一位に入っている。また、フラウンホーファー研究機構によると、応用分野別の機械学習の特許出願件数では、画像・映像処理分野でシーメンスが世界で三位、信号処理分野でボッシュが三位についている。

そのほか、ドイツ企業ではドイツテレコム、ダイムラー、BMWの特許出願件数が多い。米国や中国では、IT・インターネット企業や通信企業がAI分野において有力だが、ドイツでは伝統的な製造業の企業がAIをリードしている。[19] たとえば、製造業が多く集積し、経済規模の大きいノルトライン・ヴェストファーレン（NRW）州、バーデン・ビュルテンベルク（BW）州、バイエルン州の三州には、第四次産業革命に関わるAI分野を先行する研究機関や地場大企業などが集中しており、研究や投資が活発化している。ドイツ企業はモノづくりの優位を、IoT、AIといったデジタル化をミックスすることで、国際競争力を強化しようとしている。

第四次産業革命における企業の対応・取り組みに対して、ドイツ政府は、大企業の新興国への速やかな事業展開や、事業規模拡大および中小企業をはじめとする経営資源のネットワーク化・連携強化による国内産業資源の稼働率の向上、競争力の強化に力を入れようとしている。つまり中小企業を第四次産業革命（インダストリー4・0）に引き入れることにより、大企業のバリューチェーンに中小企業を組み込むことが可能となり、大企業のグローバリゼーションのメリットを中小企業も享受することができるというわけだ。

そこでドイツ政府は、中小企業に対し、インダストリー4・0とCPS（Cyber Physical Systems）に関する理解を促進している。中小企業にインダストリー4・0およびCPSに関する知識を習得させる仕組みとして、州政府がイニシアティブをとり、教育機関を助成する形で、各地域工科大学や応用科学大学、フラウンホーファー研究所を核として実証ラボを構築し、主に中小企業向けのPoC（Proof of Concept：概念実証）環境を提供している。[20]

このほかにも政府は、中小企業にデジタル化の機会と課題を理解してもらう組織を支援し、それを通して、画像処理や3Dプリンティングおよび生産分野におけるIT活用などの技術・ノウハウを普及させている。加えて政府は、国内の産学連携により中小企業のインダストリー4・0への取り組みをサポートしている。たとえば、「ドイツ南部のエスリンゲン大学では、大企業の製造技術や生産管理に関する最新技術・技法の共同研究成果・ベストプラクティスを中小企業へ提供することや、中小企業の人材育成を支援している[21]」。

なお、二〇一三年四月にドイツ政府は、ドイツ機械製造業者協会およびその他機関に設立された「Industry 4.0 Platform」（プラットフォームワーキンググループ）に提出された最終報告書（『ドイツ製造業の未来――インダストリー4・0の実施のための提案について』）を採用した。同インダストリー4・0の提案は、産業分野における新世代の革新的技術の研究開発とイノベーションを支援し、二〇一一年一一月にドイツ政府が発表した「High-TechStrategy 2020」の目標を実行。サイバー物理システムに基づく新しいインテリジェント製造に取り組み、世界の製造業の主導的地位を強化し、国際競争における第四次産業革命の戦略的方向性を確保するものである。

†具体的推進策

これまでドイツは、主に次のような側面でインダストリー4・0の実施を促進するための措置を講じてきた。

まず第一に、イノベーション計画ガイダンスのフレームワークの確立である。二〇一三年以降、ドイツは一連の指導計画の枠組みを次々と導入している。前述のように、ドイツ政府は「デジタル行動アジェンダ（二〇一四〜二〇一七）」と「デジタル戦略二〇二五」（後述）および「ハイテク戦略二〇二五」（HTS 2025）を打ち出し、研究開発を促進している。

政府は、マイクロ・エレクトロニクス、材料研究とバイオテクノロジー、人工知能における今後七年間の国内の研究と、イノベーション政策その他の分野における横断的なタスク、画期的な目標と技術を明確にした上で、開発の方向性、トレーニング、継続的な教育などの新たな機関を創設し、税制上の優遇措置を通じて研究開発をサポートすることを主眼に置いている。

第二に、R&Dとイノベーションへの投資を拡大する。インダストリー4・0戦略を実施するために、ドイツ中央政府、州政府、政策銀行、および大企業は、戦略実装の過程で企業の革新的な研究開発にベンチャー資本支援を提供し、近年、ハイテク起業基金を設立した。二〇一八年のドイツ政府の財政予算では、教育および科学研究の支出は一七五億ユーロ（二〇一〇年より七五％多い）に達し、政府はＧＤＰに占める研究開発費の割合を二〇一八年の三％[22]から二〇二五年には三・五％まで増やす見込みである。

第三に、積極的にデジタル化プロセスの推進に取り組んでいる。ドイツ政府は、二〇一六年三月に「デジタル戦略二〇二五」を発表した。同戦略は、二〇二五年までにドイツがいかにデジタル化を具体化していくのか、そのために取り組むべき一〇の施策について提案している。具体的には、ギガビットネットワーク網を二〇二五年までに整備するための一〇〇億ユーロ規模のファンド設立、中小企業のデジタル化を支援するための、二〇一八年までの一〇億ユーロの投資、新興企業の資金調達を容易にするための新たな支援基金の設立、ベンチャー投資への優遇措置、起業支援情報ポータルサイトの立ち上げといったイノベーション環境の構築、さらにはデジタル教育戦略など多岐にわたっている。[23]

第四に、標準化モデルとデモンストレーションモデルの創出。インダストリー４・０戦略の実装では、さまざまな産業分野とリンクとの間のギャップを埋め、主要な技術用語や仕様などのオンライン言語の統一と標準化を実現させる。ドイツは、政府、業界、企業の協力に基づいた八つの優先行動計画を策定しているが、その中でも標準化は第一位にランク付けされている。

二〇一三年一二月に、ドイツ電気電子情報技術協会によって最初のインダストリー４・０標準化ロードマップがリリースされた後、インダストリー４・０に関連する技術標準と仕様に関するすべての参加者の概要と計画の基礎が提供され、ドイツの業界と標準化の分野における権威組織は、二〇一六年に「Standardization Council Industrie 4.0」の設立を共同で発表。インダストリー4・0のデジタル製品に関連する標準を提案している。

第五に、「デュアルシステム」のプロのタレントトレーニングメカニズムを改善させる。インダストリー4・0戦略の実施において、デジタル化の人気の高まりは、既存の制作コンテンツと技術プロセスを大きく変え、労働者の知識、スキル、および作業習慣に関する新しい要件を提唱した。デュアルシステムは、職業学校（応用大学）と企業が理論と実践を緊密に組み合わせて、インダストリー4・0の需要シナリオに適した応用専門家の能力を育成するモードである。インダストリー4・0インテリジェントプロダクションの特定のソリューションを完全にシミュレートし、現代の才能に適応する、より標準化されたトレーニングモデルを形成させている。

第六に、イノベーションの国際協力を強化する。インダストリー4・0戦略の円滑な推進には、ドイツ国内で取り組むのみならず、欧州連合や他の国々との教育および技術的協力の利用と拡大も必要である。

二〇一七年、ドイツ教育研究省は八億五〇〇〇万ユーロ以上を投じ、国際協力に取り組んでいる。また、二〇一九年三月、ドイツ政府は国内の大学、科学研究機関、および企業による国際人工知能研究所の設立を支援するガイドラインを発表し、承認された各プロジェクトに五〇〇万ユーロ以下の三年間の資金を提供している。

近年はブロックチェーン技術を積極的に採用し、ブロックチェーン分野での展開を加速させ、グローバルな人材と資本プールを引き付け、関連する技術と製品の研究および産業開発を促進し、国際的な影響力をさらに高めようとしている。

加えて、ブロックチェーン分野においてドイツ政府は、ブロックチェーン技術を重視し、かつ積極的に活用し、ドイツの経済発展を推進させようとしている。二〇一九年九月、連邦政府は「ドイツ国家の区域ブロックチェーン戦略」を発表し、ブロックチェーン技術によってもたらされる機会を利用して、経済と社会のデジタル変革の促進やドイツのデジタル主導を目指している。

†ドイツの第四次産業革命の特徴

昨今、ドイツは諸外国と比べ、積極的に第四次産業革命を推進している。世界的にもリードしているその特徴は、次のような点において注目されている。

第一に、ドイツ政府が旗振り役を務めている。民間企業が主導する米国のインダストリアル・インターネット・コンソーシアム（IIC）とは異なり、ドイツのインダストリー4・0

は、ドイツ政府が主導しているという点で際立っている。ドイツ連邦政府は、二〇一一年に「二〇二〇年に向けたハイテク戦略の実行計画」に示された一〇施策の一つとしてインダストリー4・0構想を公表した。

第二に、産官学連携で取り組んでいる。ドイツでは、政府主導の下で産官学連携による第四次産業革命に関わる共同プロジェクトとして推進されている。たとえば政府は、二〇一二年一〇月に有識者で構成される「Industrie 4.0 Working Group」と科学技術アカデミー「acatech (National Academy of Science and Engineering)」によってまとめられた提案を受け入れ、活用している。

現在では、ドイツにおける電機、通信、機械などの工業会（BITKOM、VDMA、ZVEI）によって運営される「Industrie 4.0 Platform」と名付けられた事務局下で、産官学のワーキンググループが活動を行っており、この戦略的施策を実践しているところだ。二〇一三年四月には、ドイツの大手ソフトウェア企業SAPの元社長でドイツ工学アカデミー会長のヘニング・カガーマン氏を中心とするワーキンググループが「インダストリー4・0導入に向けた提言書6」をまとめると同時に、「プラットフォーム・インダストリー4・0が設立された。

同プラットフォームを通じて、連邦経済エネルギー省、連邦教育研究省、連邦内務省といった政府機関に加えて、ドイツ機械工業連盟（VDMA）、ドイツIT・通信・ニューメディア産業連合会（BITKOM）、ドイツ電気・電子工業連盟（ZVEI）などの業界団体、さらにはフラウンホーファー研究所といった研究機関や、ボッシュをはじめとする民間企業を含めた産官学連携体制が構築されている。(24)

ドイツ政府は、ハイテクのプラットフォーム（Hightech-Forum）を創立し、イノベーション対話（Innovationsdialog）、ドイツ国内の研究と専門家委員会の革新を基礎に、三大専門家コンサルティング機関として確立し、インダストリー4・0を推進している。

第三に連邦政府と州政府の役割分担による取り組みである。インダストリー4・0など中長期的な第四次産業革命に関わる政策・戦略は、連邦政府がそのリーダーシップを果たしている。前述のハイテク戦略および国際戦略や標準化についても、連邦政府が深く関与している。連邦政府が関与しやすいよう、法も改正されている。

一方、州政府は、具体的な産業政策やイノベーションを担当している。州政府の取り組み例としては、バイエルン州は「Bayern Digital」という指針を出し、産業横断型の研究開発プラットフォームの創出と中小企業のデジタル化を支援。二〇三〇年までにスタートアップ企業三〇〇〇社を目標としている。

3　アメリカ――デジタル化とオープン・イノベーション

米国政府の取り組み

二〇一一年に米国政府は、産官学を結び付ける国家的枠組みである「先進製造業パートナーシップ（AMP：Advanced Manufacturing Partnership）」を新設し、AMP運営員会において、重点的に研究開発を行うべき技術の特定や、実施すべきシステム改革を実施している。

これにより、関係府省の下、産学のコンソーシアム組織（製造革新機構：IMI）を設置したうえで、先進複合材料やパワーエレクトロニクス、3Dプリンターなど多岐にわたる研究開発を推進している。中でも、デジタル製造・設計分野に関しては、国防総省が主導官庁となり、DMDII（Digital Manufacturing and Design Innovation Institute）というIMIを設置し、CPSIを活用してモノづくりを高度化し、コスト削減や生産性向上を目指している。

二〇一七年度予算では、AMPの中核をなすプログラムである「米国製造イノベーションネットワーク」に、義務的予算として一九億ドルが計上されている。(25)

アメリカ政府が二〇一五年一〇月に打ち出した「米国イノベーション戦略」（図5－4参照）

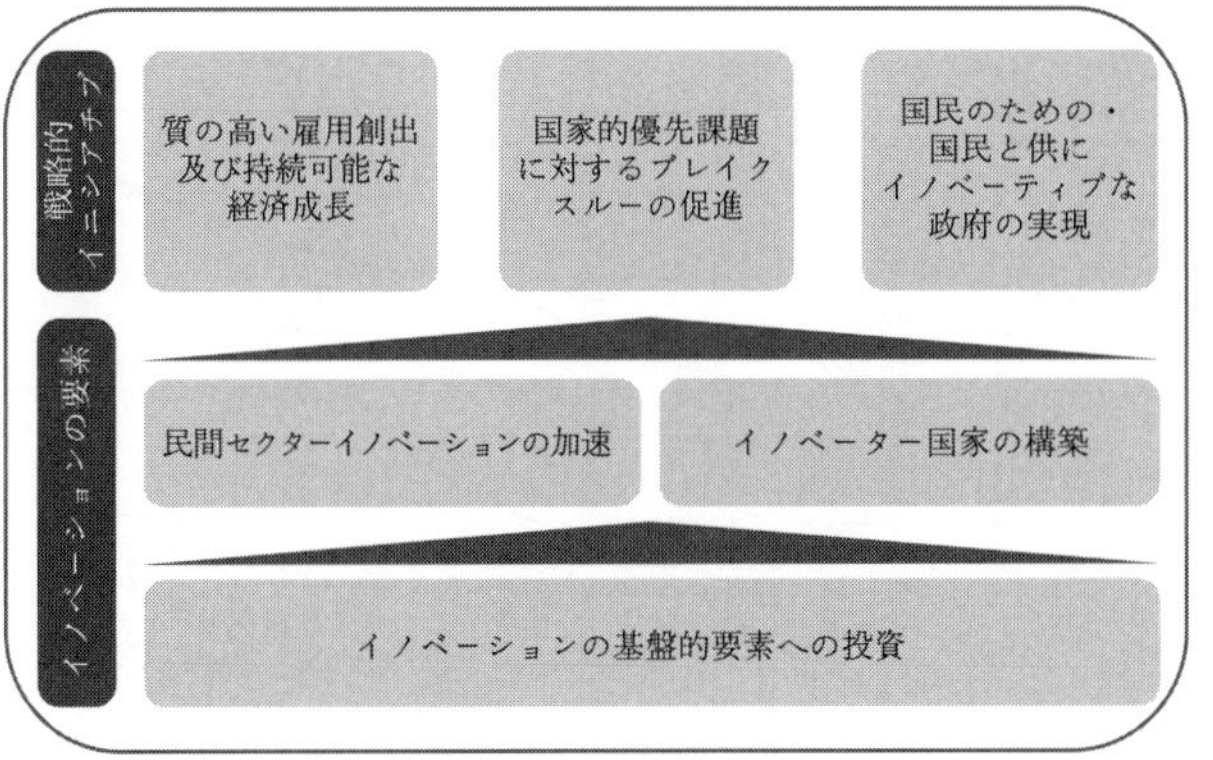

図 5-4　米国のイノベーション戦略の構成要素
出所：米国イノベーション戦略 2015 を基に CRDS 作成。

では、基礎研究や人材育成をはじめとする「イノベーションの基盤的要素への投資」に加え、「国家的優先課題に対するブレイクスルーの促進」「民間セクターイノベーションの加速」「質の高い雇用創出および持続可能な経済成長」などを目指し、先進製造技術の研究開発推進や、スマートシティの建設等を重要な位置づけとしている。

同戦略は、①研究開発および長期経済成長のための構成要素への投資、②国家的優先領域（ⓐ先進製造業、ⓑプレシジョン・メディシン、ⓒBRAINイニシアティブ、ⓓ最先端自動車、ⓔスマートシティ、ⓕクリーンエネルギーと省エネ技術、ⓖ教育技術、ⓗ宇宙、ⓘコンピューティングにおける新開地）での戦略重視、③政府のイノベーション能力の強化という三項目に重点を置いている。

アメリカでは、オバマ政権が発足して以来、科学技術イノベーション政策を包括的に表明してきた。イノベーションを活用することで持続的成長と雇用創出を目指し、研究開発費の数値目標を対GDP比三％とするなど、研究開発投資を拡大して主要国でトップに位置している（図5-5）。近年のアメリカにおける研究開発への投資は、特に低炭素化分野に傾いている。たとえば、二〇二〇までに新エネ・グリーンエネルギー分野の研究開発等に一五〇〇億ドルを投資する。

　オバマ政権は、活力ある製造業が雇用創出と経済成長、国家安全保障に必要不可欠であるとし、また米国の地位を回復するために、特に先進製造九四分野の研究開発を強化する政策を、首尾一貫したイノベーション戦略に位置づけている。二〇一七年度の大統領予算教書でも、先進製造研究開発への重点投資が謳われ、二〇億ドルが要求されている。

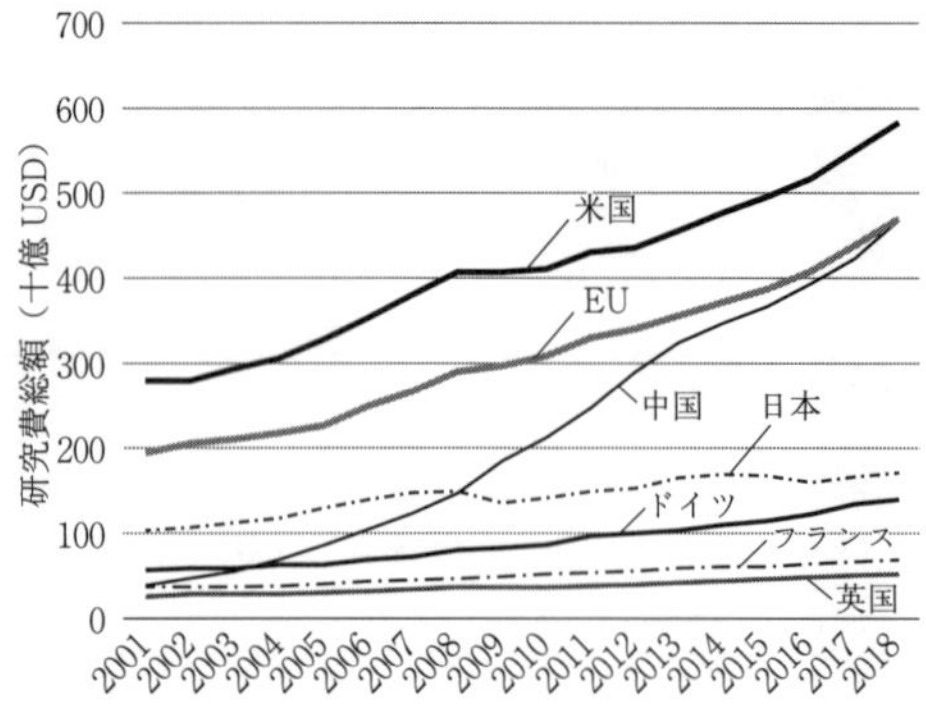

図5-5　主要国の研究開発費の推移
出所：図5-2と同じ。

　米国政府は、先端製造技術の開発に力を入れるほか、地球温暖化・環境保全への対応や、さらなる雇用創出と国際競争力向上のために、「グリーン・ニューディール政策」を国家イノベーション戦略の重要な一環としている。とりわけ、環境・エネルギー分野における研究開発に、より一層力を入れている。

米国イノベーション戦略において「クリーンエネルギー革命を誘発する」ことを最重要課題に掲げ、クリーンエネルギーにおけるイノベーション創出を「現代のアポロ計画」と呼び、①二〇一五年までに次世代自動車を一〇〇万台普及させる、②二〇三五年までに電力の八割をクリーンエネルギー供給とする、という戦略的目標を掲げている。

こうしたクリーンエネルギー投資重視の姿勢は、二〇一七年度大統領予算案にも反映されており、米国エネルギー省（DOE）主導で実施されるクリーンエネルギー技術プログラムに七七億ドルを計上している。

DOE全体としては、科学局（DOE／SC）における基礎研究への重点投資の継続（五七億ドル）、エネルギー効率再生可能エネルギー局（EERE）における次世代自動車技術開発や次世代先進バイオ燃料の開発支援、ARPA‐Eへの資金提供の拡大等を柱として、一七二億ドル（一九％増）のR&D関連予算を配分している。[26]

トランプ政権下では「人工知能（AI）特別委員会」「研究環境に関する合同委員会」の二つの特別委員会がNSTC下に設置された。「AI特別委員会」は二〇一八年六月に設置され、連邦政府全体のAI研究開発の優先順位や取り組みの調整について助言する役割を持つ。「研究環境に関する合同委員会」は、NSTCの科学委員会と科学技術活動委員会の合同によって二〇一九年五月に設置され、米国の研究環境が抱える大きな問題として、事務負担の軽減、研究の公正性、研究の安全保障、安全・包摂的な研究環境の四つを特定し、その改善方策を検討している。

二〇一八年一〇月、国家科学技術会議の技術委員会は「先進製造において米国がリーダーシップをとるための戦略」を公表している。同戦略は産業界全体において、米国が先進製造のリーダーシップをとることで、国家安全保障と経済的繁栄をもたらすためのヴィジョンで、三つ(①新しい製造技術を開発し、移転する、②製造人材を教育し、訓練し、結び付ける、③国内製造サプライチェーンの能力を拡充する) のポイントを目標としている。

†トランプ政権の米国科学技術イノベーション政策の特徴

米国の科学技術イノベーション政策の特徴については、包括的・体系的に政策目標や計画を管理するような一貫した枠組みはなく、内外の情勢や政権のスタンスを踏まえた個別の政策により取り組まれている。

二〇一七年にトランプ政権が発足して以来、アメリカは「米国第一主義」を掲げ、米国の安全保障と軍事技術優位を重視し、とりわけAI、5G情報通信、量子コンピューティングなどの次世代新興技術領域に注力している。また、二〇一八年から先端的・戦略的産業における輸出管理制度や、対内直接投資規制を含む一連の技術保護施策を取り始めるなど、ハイテク分野において中国に対抗するような動きが見られる。

これに加えて、オバマ政権が積極的に注力した環境・気候変動問題解決をめぐる政策的な取り組みは、前提となる問題意識に懐疑的な姿勢で挑み、「気候変動行動計画」の撤回やパリ協定からの離脱を始め、環境政策の転換とエネルギー政策の規制緩和に着手し、政策方針を逆転させたことが目立っている[27]。

他方、中国の技術分野の台頭を意識し、ハイテク分野での長期的リーダーや先端製造技術など地位確保にも力を入れている。

二〇一九年八月末にはホワイトハウスが「二〇二一年度研究開発予算優先事項」を公表し、次のような「五つの優先事項」に焦点を当てている。①米国の安全保障（高度な軍事能力、重要インフラのレジリエンス、半導体、希少鉱物）、②「未来の産業」における米国のリーダーシップ（AI、量子情報科学、コンピューティング、高度通信ネットワークと自律性、先進製造）、③米国のエネルギーと海洋など環境におけるリーダーシップ（エネルギー、海洋、地球システムの予測）、④米国の保健とバイオエコノミーにおけるイノベーション（生物医学、退役軍人の健康、バイオエコノミー）、⑤米国の宇宙探査と商業化である。

こうした、トランプ政権下での「人工知能（AI）特別委員会」や国家科学技術会議の技術委員会が掲げている、AIや先進製造は、まさに米国がハイテク分野におけるリーダー的地位を確保するためのものである。

†バイデン新政権の主な先端技術の政策・戦略動向

バイデン政権は、トランプ政権のハイテク政策・戦略に比べても、両者ともに国内に技術力・製造力を持つという国内重視（つまり技術保護主義）の姿勢に大差はない。[28] いずれにせよ新政権では、技術保護のルール、国内技術力向上が加速すると見られる。[29]

バイデン政権では、研究開発・イノベーションの公約を見ると、次のような特徴を有している。第一に研究開発予算を増額して、研究開発・イノベーションの領域を拡大している。トランプ政権時の約一四〇〇億（二〇二〇年一〇月～二〇二一年九月）に加え、さらに今後四年間で三〇〇〇億ドルを増額した。しかも5G競争に勝利し、米国全土に5G高速通信網を整備するのみならず、先端材料、健康・医療、バイオテクノロジー、クリーンエネルギー、自動車、航空宇宙、人工知能、テレコミュニケーションなどのハイテク分野での取り組みも強化し、雇用を創出することができる国内産業を重視している。

第二にバイデン政権は、クリーンエネルギー・イノベーションを強化している。具体的には、次のようなポイントが注目される。①バイデン政権がパリ協定に復帰することを表明し、二〇五〇年までに経済全体でCO_2排出量ゼロを目指す。そのために、四年間で二兆ドル（約二二五兆円）を投入する。②クリーンエネルギー・クリーン輸送・クリーン工業プロセス、クリーン材料などの戦略的研究分野に重点を置く。③アメリカを、EVおよびその原材料や部品の製造における世界的なリーダーに押し上げる。

クリーンエネルギーの研究開発・インベーションにおいては、主に次のような技術が対象となる。[30] ⓐグリッドスケールの蓄電：リチウムイオン電池の一〇分の一のコスト。ⓑ先進的原子炉――現在の半分のコストで、より小さく、より安全で、より効率的な原子炉。ⓒゼロ・ネット・エネルギー・ビル――スマートな材料、家電製品、システム管理のブレイクスルーによりゼロ・ネット・コストとなる。ⓓ再生可能エネルギーを利用した水素製造――次世代電解槽のような技術革新により、シェールガスからの水素よりも低コストで炭素を含まない水素製造。ⓔ産業熱の脱炭素化、カーボンニュートラルな建材――鉄鋼、コンクリート、化学品の製造に必要な産業熱の脱炭素化、カーボンニュートラルな建材の再構築。ⓕ食糧・農業分野の脱炭素化――大気中のCO_2を除去し地中へ蓄積。ⓖCCU、CCS――直接空気を取り込むシステムや既存の工業用および発電所の排気装置への改造によるCO_2吸収、深度地下への隔離、セメント代替製品製造への利用。

アメリカ政府はこうしたクリーンエネルギーのインフラ・技術の導入促進のため、四年間で四〇〇〇億ドルの政府調達を充当する。クリーンエネルギー技術の主要な投資領域は、次のとおりである。①自動車産業――グリーンな部品・材料の開発、電気自動車の充電ステーション、②都市交通――高品質で排出量ゼロの公共交通機関の構築に投資電力供給。二〇三五年までに炭素汚染のない電力セクターを実現するため、クリーンな国産電力を目標、③住宅――持続可能な住宅の建設を加速、省エネ家電製品購入や建物改修に資金提供、④イノベーション――バッテリーストレージ、ネガティブ・エミッション技術、次世代の建築材料、再生可能水素、高度な原子力などの重要なクリーンエネルギー技術の商業化、⑤農業と環境保全――廃棄された油田・ガス田や鉱山の整理、持続可能な農業／環境保全事業の雇用の創出、などである。

最終的にバイデン政権は、中国のハイテク技術の影響力を懸念し、中国を長期的な唯一の戦略的競争ライバルと見なし、アメリカの世界先端技術分野でのリーダーとしての地位を維持していくために先端技術の研究開発を強化させようとしている。

まず、半導体・マイクロ・エレクトロニクスの強化・支援に関する動きが活発化している。近年国防権限法二〇二一では、半導体・マイクロ・エレクトロニクス、AI、量子コンピューター、5G等の強化・支援規定が盛り込まれている。二月二四日、バイデン大統領が大統領令に署名し半導体製造強化に三七〇億ドルの政府投資[31]を行い、半導体の供給セキュリティを図った。ここで指摘すべきは、バイデン政権が今年一月に発足して、中国に対する強い警戒感が高まっていることである。バイデン政権は最先端技術での米国の戦略的優位性を確保する目的で、ダリープ・シン国家安全保障担当副補佐官（国際経済担当）、アン・ニューバーガー国家安全保障担当副補佐官（サイバー・新興技術担当）、タルン・チャブラ国家安全保障会議上級部長（技術・安全保障担当）など、技術専門家を次々と起用し、バイデン政権は議会で、中国との技術覇権競争で同盟国や友好国と連携することの重要性を指摘している[32]。

トランプ政権に続きバイデン政権は、先端技術分野において中国を念頭に競争優位性を立て、世界のリーダー的地位を確保し続けるために、自らの研究開発を強化するのみならず、同盟国や民主主義的価値観を共有する友好諸国とも連携している。中国への技術流出を防ぎ、技術取引を抑制させようとしている。今後は、第四次産業革命をめぐるハイテク・先端技術分野での米中をはじめとする主要国間の競争が、より一層激しくなっていくと考えられる。

†米国企業の第四次産業革命への主な取り組み

第四次産業革命において米国が目指しているのは、米国がデジタル化（CPS：サイバーフィジカルシステム）とオープン・イノベーション（前述のIIC）で世界をリードすることである。対象分野は製造業のみならず、エネルギー、インフラ、資源開発、ヘルスケア、運輸などの広い分野である。なおドイツや後述の中国と比べると、米国政府が主導役というよりも、大企業の企業連合が主に第四次産業革命を推進している。たとえば、GE、シスコ、インテル、AT&T、IBMの五社が二〇一四年四月に設立した企業連合は、その後二〇〇社以上に拡大し、活動を続けている。エンジンや車両など、機械（マシン）にセンサーを搭載してネットワーク化し、マシンのデータを収集・分析している。ムダを減らして効率化を図り、コンピューター側でマシンを制御、遠隔操作して自動化・省人化を実現しようとしている。[33]アメリカはこうした技術を通じて実質的な世界標準（＝デファクトスタンダード）となって、世界市場を握ろうとしている。

第四次産業革命に積極的に取り組んでいるGEは、事業ポートフォリオを大きく組み替えて、巨額の資金と製造業の技術的優位をベースに、米国が圧倒的な強みを持つICT技術を融合した新しい製造業のビジネスモデル構築を実現している。

GEはグループのソフトウェア部門（GEソフトウェア）が提供する産業用基本システムPredix（プレディクス）を武器に、圧倒的な存在感を示している。二〇一五年のGEグループソフトウェア事業の売上高は五〇億ドル（約六〇〇〇億円）だったが、二〇二〇年には、その三倍の一五〇億ドル（約一兆八〇〇〇億円：IT第三位の独SAPと同等規模）に引き上げるとしている。[34]

また発電分野では、GEが積極的にIoTを導入している。同社は産業用IoTシステムであるプレディクス（Predix）をすべての発電設備に導入することで、発電システムの性能や効率、信頼性を高め、エネルギーの安定供給を図っている。同社によると、デジタルパワー設備を導入すれば、発電時の燃料効率が三％改善され、オペレーションおよびメンテナンスのコストダウンを実現、四分の一削減されることが見込まれる。

また、IoTをはじめとする技術を活用し、世界中の火力発電所における発電効率を一％向上させることができれば、約五万基の風力発電タービンに相当する発電量を得られる計算となり、CO_2排出を二〜三％、窒素酸化物を一〇％削減できる。[35]

インダストリアル・インターネットは、二〇一二年にGEが提唱した概念である。製造業、エネルギー、ヘルスケア、運輸、公共サービスの五分野を重点分野とした製品販売後のデータ収集やデータの利活用に重点を置き、IoT技術革新の進展を背景に、これまでのソフトウェア・サービス重視の姿勢を変化させ、製造業のルネサンスを目指している。

二〇一四年には、アメリカの大手五社（AT&T、GM、IBM、インテル、シスコシステムズ）は、インダストリアル・インターネット・コンソーシアム（IIC）を設立した。IICには、米国企業のみならずドイツ企業や日本企業も参加しており、ドイツのプラットフォーム・インダストリー4・0とも情報交換や共同作業を行っている。また、スタートアップや中小企業における新技術の発掘商用化に向け、オープンな場を提供する取り組みも行っている。[36]

加えて、近年、アメリカのベンチャーキャピタルはIoTスタートアップへ三六億ドルを投資し、IoTシステム導入を加速させる製造業と石油、シェールガス採掘ソフトウェアマーケットの開発を手掛けている。

二〇一九年九月九日の日興通信の記事(37)によると、テキサス州ヒューストンにあるArundo Analytics社はIoTミドルウェアとインフラストラクチャーソフト開発に定評で、石油、天然ガス採掘、電力、化学メーカーへのデータアナリティクスソフトにおいて特に進展があり、エネルギーマーケット向けIoTソフトウェアアプリケーションで、ベンチャーキャピタルがマークしている。またDellとパートナーを組み、燃料効率化システムや製造現場のマシンツールIoTモニタリングも手掛ける。なお、シェールガスIoTリアルタイムエッジシステムを開発するフォグホーン社は、地下二〇〇〇〜三〇〇〇メートルの深部にあるシェール層へボーリングする高度なシステムに欠かせないボーリングロッドに取り付けられたIoTセンサーからデータを取得する。

第四次産業革命に関わるハイテク分野である半導体産業においては、半導体大手のインテルが、二〇二一年三月二三日に、今後数年間で二〇〇億ドルを投じ米国西部に新工場を建設すると発表した。二〇二四年までにパソコン向けCPUなどに使われる回路線幅が七ナノメートル程度のハイテクのCPU生産に乗り出すというのである。その背景には、米政府は半導体産業を重視し、バイデン大統領は二月、大統領令に署名し半導体などの供給網を強化しようとする狙いがある。米政府・議会が国産強化を急ぐのは、供給網である中国リスクが高まっているためだ。(38)

なお、最近グーグルやAmazon.com（アマゾン）も独自の半導体チップ開発を進めている。たとえばグーグルはイスラエルで、サーバー用プロセッサーを含むSoC（Systems on a Chip）の開発に乗り出した。(39) アマゾンは、ネットワーク機器の心臓部、スイッチングチップの開発に力を入れている。同社は従来、半導体メーカーである米Broadcom（ブロードコム）に特注のスイッチングチップを作らせ、それを自社製ネットワーク機器に使っていた。ブロードコムによるカスタム品を自社開発のものに置き換えようというのだ。(40) こうして、半導体・ハイテク分野では、両社は積極的に自主開発に取り組んでいる。

4 中国――国家主導による製造業のイノベーション

†「メイド・イン・チャイナ二〇二五」と「インターネット＋」

中国の国家中長期科学技術に関する戦略計画は、本国を二〇二〇年までに世界トップレベル

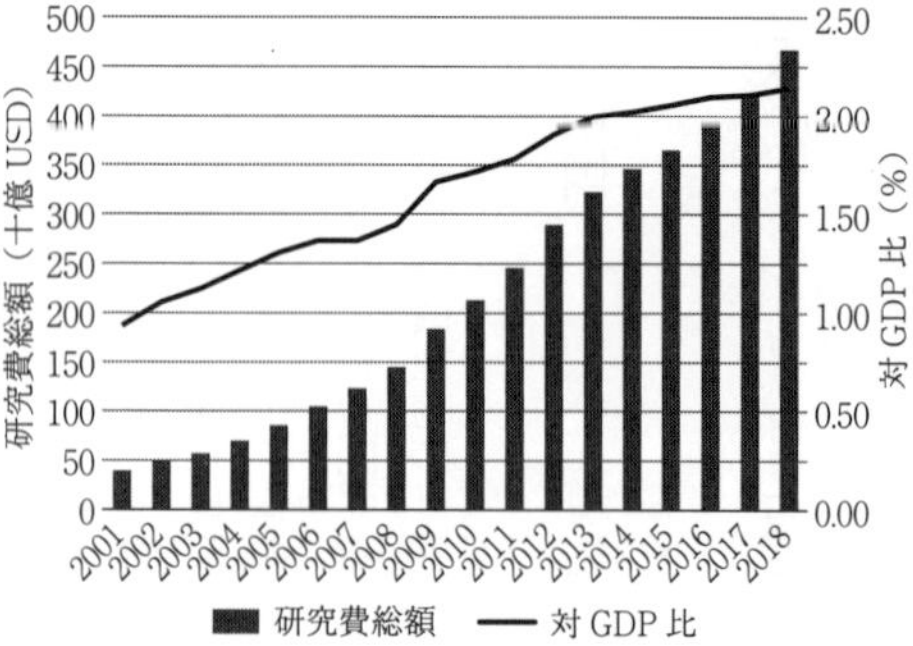

図5-6　研究費とその対GDP比の推移
出所：図5-2と同じ。

の科学技術力を持つイノベーション型国家とすることを目標としていた。近年、中国の国家研究開発投資のGDPに占める比率は、一〇年前の一％台から二％台まで大きく拡大している（図5－6）。

具体的には、中国は国家中長期科学技術の戦略計画と「第一三次五カ年計画（二〇一六～二〇二〇年）」とともに、研究開発投資の拡充（二〇二〇年までに対GDP比率二・五％）や、IoT、AIをはじめとするハイテク重点分野の強化等を通じて、自主イノベーション能力を高め、これを実現することを目指している。

中国政府は二〇一五年五月、ICTの発展を受けての先進諸国の製造業高度化、国内の人件費をはじめ生産コスト上昇の影響の軽減、経済の持続的発展を目指し、今後三五年間を見据えた最初の一〇年間において、製造業発展のロードマップを示した「メイド・イン・チャイナ二〇二五」および「インターネット+」という戦略を掲げている。

「メイド・イン・チャイナ二〇二五」では、二五年までに製造大国から製造強国への転換を目指す。イノベーション環境の整備による製造業のデジタル化、ネットワーク化、スマート化を促すとともに、品質の向上やサービス型の製造業への構造転換を図ることとしている。国産ブランドの確立を図り、先端的な一〇大重点分野（次世代IT、ハイエンドNC工作機械・ロボット、航空宇宙関連設備、海洋プロジェクト用設備・ハイテク船舶、先進的軌道交通設備省エネ・新エネルギー自動車、電気設備、新素材、バイオ医薬・高性能医療機器、農業機械設備）における自主開発技術を実現し、そのハイエンド製造業地位を確立させる。

一方の「インターネット＋」戦略は、IT技術と従来型産業との融合で、サービス産業を中心に電子商取引、工業インターネット、インネット金融、教育、環境保全、医療福祉など新経済を拡大させる狙いがある。これを背景に、二〇一五年七月には、大手IT企業（バイドゥ社、アリババ社、テンセント社）が所有する技術によって、従来の製造業の情報化を促進することを目指す「インターネット＋アクションプラン」が打ち出された。

同プランにおいては、二〇一八年までにインターネットをベースにしたサービスの充実や実体経済とのリンクをさらに高めた上で、二〇二五年までに、インターネットを中心としたネットワーク化、スマート化、サービス化、連動型の新しい産業エコシステムの構築を図ることとしている。

ちなみに企業レベルでは、ボストン・コンサルティング・グループが二〇一四年に、一五〇〇名の経営幹部より回答を得た調査結果などをもとにまとめた「イノベーション企業ランキング・トップ五〇」で、中国のレノボ（第二三位）、小米科技（第三五位）、テンセント（第四七位）、華為技術（ファーウェイ）（第五〇位）の四社がランクインしている。

加えて、発明の独創性を知的財産権によって保護し、事業化を成功させることで、世界のビジネスをリードする企業をランクインする「トップ一〇〇グローバル・イノベーター」をトムソン・ロイターが二〇一一年から毎年発表しているが、ここでもファーウェイは、二〇一四年に中国企業として初めてランクインしている。[41]

さらに二〇二一年四月、BCGが調査したイノベーションに関するレポートの最新版「Most Innovative Companies 2021: Overcoming the Innovation Readiness Gap」によると、中国企業では依然として、今述べた四社がランクされている。ファーウェイは二〇一四年の二〇位から、二〇二一年四月時点では第八位に躍進し、テンセントと小米科技は、それぞれ同第四七位、第三五位から、第二六位、第三一位に上昇した。他方、レノボは同第二三位から第二六位にやや下がっている。[42] しかし、総じてファーウェイをはじめとする通信・TCTTCT企業は、特許などの研究開発分野において力を大いに伸ばしている。

また、WIPO（世界知的所有権機関）が二〇一六年三月に発表した、二〇一五年度の特許の国際出願件数によると、ファーウェイの出願数が二年連続で首位となっている。これまでの中国におけるイノベーションの特徴は、国家戦略・目標の下で、国有シンクタンクや国有企業が政府に強く押し上げられてきた点にある。

ただ、中国の科学技術政策・戦略は、中国共産党の中央政府によるトップダウンで決定されるイメージが強いが、科学技術のように専門性の高い分野については研究者等の専門家の意見を尊重し、ボトムアップの提案が政策に反映されることも多い。国の重要な方針を決定する場合には、国務院（内閣府相当）のもとに政策立案を行うための専門家チームが組成され、科学技術部（MOST）が事務局機能を担う。さらに近年、官民挙げての官産学研究開発体制や科学技術政策のコミュニティの連携が強化されている。とりわけ政府系の国有企業よりも、ファーウェイなど技術開発型の大手民間企業が中国の研究開発をリードしていることは、注目を集めている。

†「AI二〇三〇」とブロックチェーン技術

二〇一六年三月、中国政府は全人代において第一三次五カ年（二〇一六～二〇二〇年）計画により初めて経済発展分野における革新的駆動（イノベーションドライバー）に関連する新たな指標として、労働生産性を導入した。革新的駆動は、イノベーションによるモノやサービスの質の改善を促し、労働生産性を上昇させて経済成長を図っている。そのため二〇一六年から二〇二〇年までの五年間で年平均労働生産性の伸び率を六・六％以上に設けており、実質GDP成長率六・五％よりやや高い伸び率を目標としている。

その背景には、二〇一七年の初めごろから労働人口が減少すると予測されていることがある。GDP成長率の目標を達成するためには、一人当たりの労働生産性の引き上げが必要なのである。

革新的駆動分野をみると、二〇一五年から二〇二〇年で、研究開発費の対GDP比を二・一％から二・五％、一万人あたりの発明特許保有量を六・三件から一二件、科学技術の経済成長に対する貢献度を五五・三％から六〇％としている。さらに、インターネット普及率が新たに主要指標に加わり、固定ブロードバンド家庭普及率を二〇一五年から二〇二〇年で四〇％から七〇％、移動ブロードバンド普及率を五七％から八五％まで引き上げることも盛り込まれた。こうした研究開発においては、民間企業による研究開発費の貢献度が七六・六％を占めているため、より一層、民間企業による研究開発が促進されることが期待されている。

また、二〇一五年五月と二〇一七年一〇月に中国国務院と共産党一九回全国大会は、中国建国一〇〇周年にあたる二〇四九年までに、世界における製造強国であることを実現するための、三段階の戦略目標を掲げている。戦略の第一段階は「二〇二五年までに世界製造強国列に入ること」、第二段階は「二〇三五年までに世界製造強国の中堅になること」、第三段階は「二〇四九年に世界の製造強国のトップになること」である。

中国製造業の発展向上の障壁には、自主的イノベーション能力の脆弱性、自国製品の付加価値の低さ、資源・エネルギー利用効率の単発的かつ革新的な技術力の低さ、新たな産業構造構築の必要性、企業のグローバル経営能力の低さが挙げられる。これら障壁を克服するために「イノベーション駆動」「品質改善」「グリーン発展」「構造改善」「人材育成の重点化」の五つの基本方針を設定している。

第一段階における、二〇二五年までの具体的な戦略としては、上記基本方針に基づく前述の一〇大重点分野を選出した。また、技術イノベーションセンターの建設をはじめとする国家主導の施策が展開されている。

さらにAI国家発展戦略に関しては、二〇一七年七月、中国政府が「次世代人工知能発展計画（通称「AI二〇三〇」）」を発表した。「中国国家安全保障と国際競争力が複雑な事態になった現在、新たな競争優位性を得るため、国家レベルで人工知能の戦略的開発を主導しなければならない」という目標の下、「第一段階で二〇二〇年までにAI技術で世界の先端に追いつき、国民の生活改善の新たな手段となり、AI核心・関連産業規模は一兆元になる。第二段階で二〇二五年までにAI基礎研究で大きな進展を実現し、産業アップグレードと経済構造の転換を牽引する原動力になり、AI核心・関連産業規模は五兆元になる。第三段階で二〇三〇年までにAI理論・技術・応用のすべてにおいて世界トップ水準となり、中国が世界の〝AIイノベーションセンター〟になる」ことを掲げている。[43] AI核心・関連産業を含めた産業規模は、一〇年で一〇倍に拡大し、一〇兆元となり、日本の平成二九年度（二〇一七年度）予算の一・七倍に相当する規模となる見込みである。

主要国では、中国は第四次産業革命の技術応用を進めている。二〇一九年九月のマイクロソフトのグローバルIoT応用現状に関するIoTSignals調査報告[44]によると、中国企業の八割以上がすでにIoTテクノロジーを活用している。中国企業の応用率はドイツと同じく八八％に達し、米国とフランス（八七％）、英国（七三％）より高い。このIoT応用は主に小売り・卸売りや、交通、政府の公共管理、医療・健康管理分野に集中している。

中国政府は、ブロックチェーン技術によるさらなる産業発展を図っている。政府は、二〇一六の『第一三次五カ年計画』で、ブロックチェーン開発、利用に対する支援強化を採択し、技術の開発支援、管理監督基準・技術標準化に関する政策を立案した。二〇一六年から二〇二〇年までの「国家情報化計画」を策定し、ブロックチェーンを戦略的ハイテク技術として積極的な技術開発とサポートを行うこととしている。

さらに二〇一九年一〇月には、中国共産党の高層部である中共中央政治局は、集団学習という会議を開いてブロックチェーン技術の知識を学習し、それを国家産業の発展に活かすとしている。中でも習近平は「ブロックチェーンを核心的技術の自主的なイノベーションの突破口と位置づけ、ブロックチェーン技術と産業イノベーション発展の推進を加速させよ」と高層部に指示。中国政府は仮想通貨に対して慎重な姿勢をとっているものの、ブロックチェーン技術・ノウハウの産業での活用に積極的に取り組んでいる。

政府のサポートを受け、広州、重慶、青島、武漢、長沙、仏山などの大中都市では、数多くのブロックチェーン産業園・工業団地が設立されている。二〇一九年五月時点では、二二のブロックチェーン産業園が運営されている。これらの産業園を中心に、中国国内でブロックチェーン業務を展開している企業は約一〇〇〇社にのぼる。

二〇一八年の中国におけるブロックチェーン関連特許申請数は四四三五件で、全世界の四八%を占め、世界ランキングでは二位であるアメリカの一八三三件を抑え、堂々一位の座に就いた。(45)

二〇二〇年三月現在、中国は広東、上海、杭州などを中心に二二のブロックチェーン工業団地を設立している。国内のブロックチェーン企業の数は四九九社に達し、米国に次ぐ。国内のインターネット大手もBaaSのアプリケーションの見通しに気づき、独自の既存サービスに基づいたブロックチェーン業務に乗り出した。アリババクラウドは、一四のアプリケーションシナリオを顧客に提供するため、アリババクラウドブロックチェーンBaaSプラットフォームを確立。JD.comは、主要製品の偽造防止トレーサビリティ機能であるZhizhenチェーンを立ち上げ、ファーウェイは独自のHuawei Cloud PaaSサービスをさらにアップグレードし、パブリッククラウドブロックチェーンサービスを始めた。こうして、さまざまな主要な技術革新と産業モデルが次々と誕生した。

†中国の第四次産業革命の特徴

中国の第四次産業革命への取り組みの特徴としては、次のいくつかの点が挙げられる。

第一に、国家主導のもと、官民を挙げて推し進めている点である。先述のように「中国製造二〇二五」をはじめとする戦略を掲げ、国有企業や民間企業の研究開発をサポートし、後述するがハイテク技術産業パークを設立など、ハイテク技術産業の発展を促進している。

具体的には、電子情報技術、生物および新医薬技術、航空宇宙技術、新材料技術、ハイテクサービス業、新・省エネルギー技術、資源・環境技術、ハイテク改造伝統産業など、政府が重点的に支援するハイテク分野関連企業に優遇税率（一般企業：通常二五％）を一五％に軽減する。特に集積回路（IC）産業に限定し、高度な技術を有する企業に対して税制面での支援を強化。回路線幅が二八ナノメートル以下、かつ経営期間が一五年以上の集積回路生産企業に対しては、黒字化した年から一〇年間企業所得税（法人税）を免除する。重要な集積回路設計企業とソフトウェア企業に対しては、企業所得税を五年間免除し、その後は税率一〇％とし、ＩＣ製造設備の輸入関税の免除など、ＩＣ産業に対する税制面の支援を強化している。

第二は、補助金によるハイテク産業・企業への支援である。中国では、近年産業補助金を増加し、ハイテク産業の研究開発を支援している。二〇一八年の時点で補助金総額は一五五一億元と、二〇一三年の八一〇億元と比べると二倍近くにまで拡大し、年平均約一四％も増加した。

特に通信・コンピューター、その他機械製造業と自動車産業向けの補助金は急増している傾向にある。上場している通信・コンピューター、その他機械メーカー三五六社の二〇一八年の産業補助金をみると、合計二三五億元であり、ここ五年間の年平均増加率は全産業平均を大きく上回る二五・三％であった。[46] これらの補助金は企業の研究開発に活用される。また、中央・地方政府系列の投資ファンドもハイテク企業に支援する。

第三に、ハイテク技術産業園・半導体産業園を通して、ハイテク技術産業の育成と振興を図っている。中国政府はこれまで、北京、上海、広州、深圳などの沿海部から内陸部にわたって、一六八のハイテク技術産業園を設立した。それらは主に、①国家ハイテク産業開発区、②国家大学サイエンスパーク、③国家バイオ産業基地、④国家イノベーションパーク、⑤中外共同運営国家ハイテクパーク、⑥国家特色産業基地、⑦国家ソフトウェアパーク、⑧国家インキュベーター、⑨国家帰国留学人員創業パーク、⑩国家知的財産実証パークといった一〇種類のパークから成り立っている。

これらのパークの立地は沿海部をはじめとした経済発展都市で、インフラが整備され、技術人材が豊富で、産業レベルが比較的高い地域である。政府は、地域産業集積のメリットをハイテク産業の発展に活かそうとしている。

さらに近年、中央政府と地方政府は、中国の第四次産業革命に関わる大きなボトルネックである半導体技術課題を克服するために、数多くのIC・半導体産業園を設立し、半導体産業へ大規模な投資を行っている。二〇二〇年五月現在、中国国内で建設・計画中の半導体工業団地は六七に上った。中でも二〇一八年以降に着工した数は三七に達し、投資規模が一〇〇億元に達した半導体産業園は、四割近くとなっている。二〇二〇年上半期には、一四〇のプロジェクトが完成・スタートし、その投資総額は三〇〇〇億元以上にのぼっている。これら半導体産業園の中で、政府が主導したものは六四％で、官民合弁は二四％となっている。

政府は半導体産業園を通じて、国家や各地域の技術資源を集約・活用してチップなど半導体産業技術水準の向上に取り組み、二〇二五年頃には、チップの国産率七〇％を実現しようとしている。昨今、アメリカの中国への制裁・半導体供給の規制が深刻化する中、中国政府は、第四次産業革命の発展に関わる半導体需給がひっ迫・深刻化するにつれ、焦燥感を見せつつある。

そもそも中国の半導体産業は、技術・ノウハウの蓄積があまりにも浅く、半導体技術水準は米日欧先進国と比べ、二、三十年の後れを取っている。目下、中国半導体業界ではハイエンドの技術者の不足が深刻で、当分の間、核心技術・基幹部品は海外に依存せざるを得ない。

†IoT、AIの非製造業への偏りとハイテク技術摩擦

最後に指摘すべきは、中国のIoT・AIをはじめとする第四次産業革命への取り組みが、ドイツや日本のモノづくり・製造業を中心とした取り組み・応用に比べて、主にサービス・流通、公共管理などの非製造業分野に集中していることである。

二〇一八年時点でのAIの市場規模は、二五一億一〇〇〇万元に上り、業種別の市場シェアから見ると、安保・セキュリティ、金融、販売は、それぞれ五三・八%、一五・八%、一五・二%となっているが、製造業はわずか三・四%しか占めず、非製造業シェアは約九七%に達している。

二〇一九年、中国のIoT・AIなどデジタル経済の非製造業増加値は四六%であった。それに対し、製造業の増加値は二割足らず、一九・五%にとどまっている。中国において経済発展が著しいメイン分野は、IoT・AIをはじめとするデジタル経済の中でも、サービスなどの非製造分野であることがわかる。

なお、二〇一〇年から二〇二〇年四月までに、中国国内には合計一一三五の人工知能企業が

設立され、そのうち八割以上の企業が二〇一二年以降の創設で、主にソリューション、企業サービス、ロボット工学、および健康、セキュリティ業界に集中している。[47]

ショッピング販売分野のIoT、AI応用におけるスマートフォン決済・モバイル支払いに関しても、市場規模はますます拡大している。中国インターネット情報センターによると、二〇二〇年三月の時点で、中国のネットユーザーは二〇一八年比七五〇八万人から大幅増の九億四〇〇〇万人に達するとともに、インターネットの普及率は約六五％に、オンラインショッピングのユーザーは七億一〇〇〇万人に達した。オンライン消費がデジタル経済において重要な位置を占めるようになりつつあり、消費市場の急速な発展を促進する面でも、日に日に重要な役割を果たすようになっている。

なお、商品販売・流通分野における物流のIoT、人工知能（AI）応用の例から見ると、中国国家物流ハブ担当都市である山東省臨沂市は、IoT、AI技術の応用を中心とする現代大型スマート物流パークプロジェクトを積極的に運営させている。敷地面積約一三・三ヘクタールの臨沂国際陸港スマート物流パーク一期も完成し、稼働開始したところである。同物流パークはIoT、AI、ビッグデータ、クラウドコンピューティングなどの現代テクノロジーを融合することにより、宅配便の仕分け効率や正確率を大幅に高めている。[48]

中国は、公共安全・セキュリティ分野で顔認証技術を活用している。たとえば、中国の『人民網』報道[49]によると、二〇一九年七月、北京市公共賃貸住宅での顔認証ゲートの使用が開始された。同一〇月時点で、北京市は建設済みである五九の市級公共賃貸住宅のすべてに、顔認証システムを導入した。

中国で、サービス・流通などの非製造業分野に比べて、ＩｏＴ、ＡＩの製造業への応用・普及が遅れた主な背景は、中国におけるモノづくり・製造業が流通・サービス分野のように長けておらず、中国の製造業・生産現場の技術・ノウハウなど技術資源の制約により、メーカーでの生産現場よりも、サービスなど非製造分野に比較的活かしやすいからだと考えられる。もともと製造業のハイテク技術や高性能の設備・装置を先進諸国に依存している中国では、ＩｏＴ、ＡＩがサービスや販売などの非製造業に集中し、ドイツや日本ほど製造業・生産現場で活用できていないのである。

なお、ＩｏＴ、ＡＩに関連する核心技術のチップも、ほとんど海外に依存している。毎年中国がアメリカから輸入しているＩＣチップの金額は、原油輸入額を超えている。二〇一八年時点では、二〇〇〇億ドル以上に達した[50]。

加えて二〇二一年三月に中国の第一四次五カ年計画（二〇二一〜二〇二五年）には、国家戦略による科学技術力の強化、企業の技術イノベーション能力の向上、人材のイノベーション活力の活性化、科学技術イノベーションメカニズムの改善が明記されている。

第一三次五カ年計画時にも、イノベーションを通じた産業の高度化・生産効率の向上が図られ、技術革新がもっとも重要なポイントとされた。ただし、今回の第一四次五カ年計画では「科学技術の自立」や「コアとなる核心技術の攻防をしっかり行う」といった技術革新強化のための趣旨が盛り込まれたことが注目されている。

その背景には、半導体などにおける米国とのハイテク技術摩擦・対立がある。二〇一九年以来、米国は、チップ禁輸措置、情報通信機器・サービスのサプライチェーンからの中国企業排除など、ファーウェイをはじめとした対中国の技術封鎖を進めてきた。このような状況を踏まえ、これまでアメリカなどの先進国に依存してきた中国では、半導体等の核心技術・基幹部品を外国から脱依存せざるを得ないという習政権トップ層の焦燥感・緊迫感が一層増し、国産化を加速させていると考えられる。

外国に依存している分野としては、人工知能（AI）、量子情報、半導体、バイオテクノロジー、航空宇宙・深海技術等の先端技術など、国家重大プロジェクト関連分野が挙げられる。

†海外からの人材調達

中国のハイテク技術は二〇一七年までに、主に対日米欧先進国企業のM&Aを通じて一〇〇件以上の技術案件を獲得した。たとえば二〇一六年四月には、浙江万豊科学技術開発が米パスリンを三億二〇〇〇万ドルで買収、溶接ロボット技術と人材資源を手に入れた。同年八月には、美的集団が世界でも有力な産業ロボットメーカーであるドイツ・クーカ社の株式を九五％取得。日本でも、二〇一八年までに中国企業による日本企業への技術資源獲得型の買収案件は、二五件にのぼっている。

しかしながら、アメリカなどによる対中国半導体の技術封鎖・制限で、先進諸国が中国の買収投資を警戒し始めていることから、中国にとっては、対外投資およびM&Aにより、先進国の技術資源取得が難しくなってきた。ゆえに、モノづくりハイテク分野の企業人材・経験者を優遇し、積極的に吸収してきた。政府は外国籍ハイエンド人材および専門人材を中国に来訪させ、科学研究、交流のための滞留政策の充実を図るとともに、外国人の在中永久居留制度を推し進め、技術移民制度の構築を模索している。二〇一四年には、半導体チップ産業の発展をめざして二二〇億ドルのファンドを設立した。

台湾H&L智理管理コンサルティグ公司によると、二〇一八年一月〜九月に、三〇〇人以上のシニアエンジニアが台湾よりヘットハンティングされ、中国系半導体チップ企業に就職した[51]。こうした半導体・チップ産業の振興を図るためのファンドを設立して以来、中国大陸は台湾から、すでに一〇〇〇人近くのエンジニアを吸収している。

二〇二〇年八月一二日の『日経アジア』の報道[52]によると、中国政府の支援を受けた二つの新興ファウンドリ（実際に半導体を製造する企業）である全新集積回路製造（QXIC）および武漢紅興半導体製造株式会社（Hongxin）が、iPhoneのAシリーズチップ生産を担当する台湾TSMCから、それぞれ、五〇人以上の元TSMC技術者およびマネージャーを雇用し、中国側が倍以上の給料を提示して引き抜いた噂が報じられている。

ちなみに二〇一六年から大陸半導体企業と台湾連華電子による合弁企業・联芯集成电路制造に勤務している三七歳の台湾芯片工程师 Tommy Huangn の話によると、大陸側のオーナーに厚遇され、子供教育手当を年間六万人民元（約九〇〇〇ドル）に加え、高給（台湾の二倍）を支給されているという。

QXICやHongxinのような新興半導体プロジェクトの多くは、地方政府の支援を受けており、国家目標への貢献を中央政府にアピールするため、互いの競争とトップ人材の獲得に拍車がかかっている。こうした事情がさらに、中国の海外サプライヤーへの依存度を減らす目論見へとつながり、国内のチップ産業育成への支援がますます高まっている。[53]

中国政府は、半導体チップの国産化を二〇二五年までに四〇%に上げることを目標としている。しかし、必要とされる関連人材・技術者は七〇万人以上と目算されているにもかかわらず、二〇一七年時点で国内には四二万人しかおらず、人材ギャップが大きい。米国が対中国半導体輸出・取引制限を強化する中、中国のチップ・半導体の需給ギャップが深刻化しているのである。

しかし中国は、自国の力でもそのギャップを埋めることができない。ゆえに中国は、台湾などの海外人材を厚遇で吸収し、積極的にヘッドハンティングをしているというわけである。目下、台湾政府やTSMCなどは、優遇した条件や手当、および従業員による誓約書などで、エンジニア・技術者たちの中国大陸への流出を防ぎ、引き留められるよう、取り組んでいる。

今後バイデン政権は、中国を排除していくと考えられている。同盟国・友好国連携で半導体サプライチェーンの構築が強化されるにつれ、中国半導体企業と台湾など海外半導体企業との人材争奪戦は、さらに激しさを増すであろう。

5　日本――企業主体のイノベーション

†「Society 5.0」

諸外国では、第四次産業革命とも言うべき大きな変革を先導し、経済競争に打ち勝つという観点から、それぞれの国の強みを活かした挑戦的な取り組みが官民協力の下で進められている。これに対し、日本はドイツやアメリカなどと比べると遅れているものの、近年、政府が積極的

	Society 5.0（日）	先進製造（米）	Industrie 4.0（独）
背景	サイバー空間と現実空間の高度な融合		
対象分野	社会のあらゆる分野（ものづくり分野含む）（システム間連携等を通じた我が国が抱える様々な課題の解決と新たな価値の創出）	ものづくり分野（3D プリンティング、パワーエレクトロニクス、軽量金属材料、デジタル製造・設計、先進複合材料製造）	ものづくり分野（情報通信技術と生産技術の統合を通じた設計・生産から小売・保守までの全体効率化、生産性向上）
目指すもの	超スマート社会（産業、暮らし、生き方が変わり、あらゆる人が活き活きと快適に暮らすことのできる社会）	雇用の創出と国際競争力強化（製造業の国内回帰とそれによる雇用の創出、新技術の開発による国際競争力）	製造業の競争力強化（多品種少量生産、異常の早期発見等によるドイツの生産技術で世界の工場を席捲）

図 5-7　日本の第五期基本計画と米国・ドイツの取り組みとの比較
出所：文部科学省。

に第五期計画や「科学技術イノベーション総合戦略二〇一五」の策定、「日本再興戦略（二〇一六）」の策定など、イノベーションに積極的に取り組んでいる。

科学技術に関する第五期科学技術基本計画（二〇一六〜二〇二二年）で位置づけられた「Society 5.0」は、ドイツのインダストリー4・0や米国の「先進製造パートナーシップ」などモノづくりの取り組みと比べると、モノづくり等の産業分野のみならず、社会の様々な分野に広がり、社会変革・イノベーションにつなげていく点が強みであることが特徴づけられている（図5－7）。

具体的には、Society 5.0 はサイバー空間とフィジカル空間（現実空間）を高度に融合させたシステムにより、経済発展と社会的課題の解決を両立する人間中心の社会を指す。それは狩猟社会（Society 1.0）、農耕社会（Society 2.0）、工業社会（Society 3.0）、情報社会

（Society 4.0）に続く新たな社会を目指すもので、今述べたところの第五期科学技術基本計画においては、日本が初めて提唱している。

第五期科学技術基本計画は、以下の四本柱を示している。

①未来の産業創造と社会変革に向けた新たな価値創出の取り組み
②経済・社会的課題への対応
③科学技術イノベーションの基盤的な力の強化
④イノベーション創出に向けた人材、知、資金の好循環システム

Society 5.0が目指す社会は、ＩｏＴ（Internet of Things）ですべての人とモノがつながり、様々な知識や情報が共有され、今までにない新たな価値を生み出すことで、これらの課題を克服させる。それは主に、先述したようなサイバー・フィジカル空間を融合させたシステムを通じて実現しようとする。

経済産業省は二〇二〇年四月に、新産業構造ビジョン（第四次産業革命をリードする日本の戦略）を定めた。具体的な戦略は次の通りである。

①データ利活用促進に向けた環境整備
②人材育成・獲得、雇用システムの柔軟性向上
③イノベーション・技術開発の加速化（「Society 5.0」）（オープンイノベーションシステムの構築、世界をリードするイノベーション拠点の整備・国家プロジェクトの構築・社会実装の加速（人工知能等）、知財マネジメントや国際標準化の戦略的推進）
④ファイナンス機能の強化
⑤産業構造・就業構造転換の円滑化
⑥第四次産業革命の中小企業、地域経済への波及（中小企業、地域におけるＩｏＴ等導入・利活用基盤の構築）
⑦第四次産業革命に向けた経済社会システムの高度化

また二〇一六年六月に日本政府は、名目ＧＤＰ六〇〇兆円に向けた成長戦略「日本再興戦略（二〇一六）」を打ち出した。戦後最大の名目ＧＤＰ六〇〇兆円の実現を目指し、第四次産業革命を活用し、今後再興戦略の下で、①新たな「有望成長市場」の戦略的創出、②人口減少に伴う供給制約や人手不足を克服する「生産性革命」、③新たな産業構造を支える「人材強化」の三つの課題に向けて、さらなる改革に取り組んでいく。

なお、日本の官民合わせた研究開発費とその対GDP比については、主要国の中でもEUを除いて第三位となっている（前出図5－5）。図5－8で示したように、近年研究開発費の対GDP比は、おおむね三・三％前後で推移するなど、主要国と比較すると高い割合を維持し続けているものの、研究開発費自体は過去五年間で年率〇・二％程度増加と、ほぼ横ばい傾向となっている。[54]

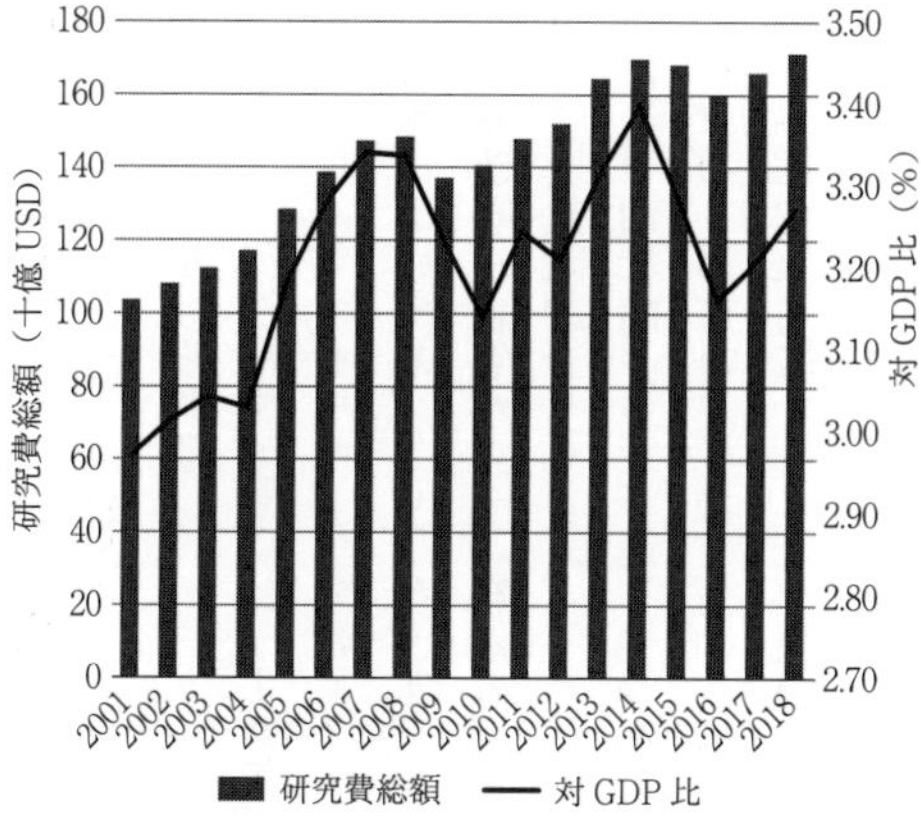

図 5-8　日本の研究開発費（一〇億米ドル）とその対 GDP 比（%）の推移
出所：図 5-2 と同じ。

　一方、他の主要国の研究開発費は一貫して増加を続けており（過去五年間の年増加率は中国六・二％、米国四・一％など）[55]、また研究開発費の対GDP比についても増加傾向にある。今後、デジタル化・低炭素化など、ハイテク技術をめぐり国際競争が激しくなる中、日本にとってさらなる研究開発力の強化が重要な課題となっている。

　以上、世界主要国による戦略計画の実施時期や内容が異なる面はあるが、第四次産業革命を通してイノベーションに取り組む共通の特徴としては、経済成長・国際競争力を維持する上でもイノベーションがカギであることが再認識できる。また、国家を挙げての積極的な対応・行動も挙げられる。

もう一つ、注目すべき点は、IoTやAIなど以外に、各国が新エネルギーやグリーンエネルギーなど、エネルギー産業のイノベーション創出にも力を入れていることである。

日本においても、IoTやAI、ロボットなどの新技術を用いて、生産面・サービス供給面の効率改善や顧客へのきめ細かな対応を図る動きが広がっている。二〇一八年に実施した内閣府の企業意識調査を見ると、IoT、ビッグデータ、AIなど新技術の導入・活用や、それに向けた中期計画の策定が進みつつある。

ロボットの市場規模は、二〇一六年の一七億ドル（約二〇〇〇億円）から二〇二〇年には三〇億ドルに拡大していくことが見込まれている。ただし、産業用ロボットの市場規模は拡大しているものの、日本はIoTの導入で後れている。たとえば、IoTの導入状況と今後の導入意向を国際比較してみよう。導入状況については、アメリカは四〇%を超えているのに対し、日本は一〇%程度となっているほか、今後の導入意向については、アメリカ、ドイツともに七〇〜八〇%程度となる一方、日本は四〇%程度にとどまっており、日本企業の取り組みは、やや慎重になっている面が見られる。(56)

日本におけるインダストリー4・0は、ドイツやアメリカなど世界の国々よりもやや出遅れたものの、二〇一五〜二〇一七年あたりから徐々に普及してきている。またドイツでは、政府と産業界が一体となって国家プロジェクトとして推進している一方、日本は企業が主体となって個別に取り組んでいるという違いがある。[57]中国やドイツなどが国家主導的であることと比較すると、日本の第四次産業革命においては、モノづくり企業が自らが取り組んでいるのは、大きな特徴だと考えられる。

政府は二〇二〇年一月、「第四八回総合科学技術・イノベーション会議」に基づき、「Human Well-being（人々の幸福）」を目指し、二〇五〇年までにその基盤となる社会・環境・経済の諸課題を解決するための、六つのムーンショット目標を、次のように掲げている。

①人が身体、脳、空間、時間の制約から解放された社会を実現、②超早期に疾患の予測・予防をすることができる社会を実現、③AIとロボットの共進化により、自ら学習・行動し人と共生するロボットを実現、④地球環境再生に向けた持続可能な資源循環を実現、⑤未利用の生物機能等のフル活用により、地球規模でムリ・ムダのない持続的な食料供給産業を創出、⑥経済・産業・安全保障を飛躍的に発展させる誤り耐性型汎用量子コンピュータを実現。

これら目標実現のためのカギは、AIやロボットなどハイテク技術を人・社会にリンク・結合するように開発・活用することである。目下、日本政府と研究機関は積極的に取り組みつつあり、今後の効果・ゆくえが注目される。

†日本の第四次産業革命への取り組みの特徴

日本の第四次産業革命への取り組み特徴について、次のいくつかの点を指摘しておきたい。

第一に、政府の政策・戦略は、ドイツ・アメリカ政府と比べると後れているものの、近年、政府の第四次産業革命に関わる人・社会を中心に、包括的で長期的な戦略を掲げた取り組みに力を入れている。他の国のモノのつながりとは異なり、「Society 5.0」に示されるように、IoTですべての人とモノがつながり、先に述べた「Human Well-being（人々の幸福）」を二〇五〇年までに実現するとする長期な六つのムーンショット戦略目標を掲げたのが特徴的である。

第二に、日本のR&D投資は、新事業よりも既存事業の改良に注力している。日本企業においては、革新的な新製品開発を通して差別化を図るというプロダクト・イノベーションへの取り組みが、アメリカやドイツよりも低調である。

科学技術・学術政策研究所の全国イノベーション調査[58]によると、プロダクト・イノベーションを実現した企業の割合は、日本は一五・八％とアメリカ（一六・九％）、ドイツ（三五・八％）

よりも低くなっている。その背景には、日本のR&D投資が、プロダクト・イノベーションにつながる新しい財・サービスの創出よりも既存の技術強化に重点をおいていることが挙げられる。

また、独立行政法人経済産業研究所が実施したR&Dに関する実態調査でも、「新事業の創出・自社の技術基盤の強化」を目的に挙げる企業の割合は、日本では約三割にとどまっているが、アメリカでは約五割となっている。一方、「既存事業の強化」に取り組んだ企業の割合は、日本は七割近くに達しているのに対し、アメリカでは五割以下にとどまっている。(59)

第三に、企業が独自にIoT等の導入・活用を進めている。中国やドイツの国家主導的な第四次産業革命への取り組みに比べ、日本の場合は、企業自らが積極的にIoT等の活用に向けて取り組んでいる。特に中小モノづくり企業においては、昨今の労働力不足の深刻化を背景に、生産性向上や新たな商品・サービス等の付加価値創出を実現すべく、IoT等の導入・活用を推進している。

最後に、日本企業のIoTへの取り組みは、すでに述べた欧米の取り組みとは異なり、既存事業の強化に集中しているがゆえに、現場改善に力を入れ、製品の品質を上げ、生産性のアップを目指すという意味において、現場力をIoTの導入・活用に活かしている点は、他国と比べても際立っている。

日本の企業は単なるモノ・インターネットだけではなく、人を介し、また人を中心にして、IoT、AIを活用しているのである。つまり日本の企業は、特にメーカーの得意とする現場力で、IoTのパワーを発揮し、メリットを作り出しているのである。現場の生産ラインの省力・効率化や、生産状況・製品の品質向上に、IoTがよく活かされているのがわかる。

たとえば、一九六八年創業の山口製作所（新潟県）は、金属プレス加工や、それに伴う金型の製造を行うメーカーだが、現場の生産システムを開発してIoTを活用している。社内の情報管理および作業効率化を図るため、プログラミングが得意な社内の人材を活かし、蓄積してきた現場力を活かし、生産管理システムを独自開発してIoTを活用し、生産設備の稼働状況に関するデータの取得を可能にした。このことは、同社の強みとなっており、さらに次のようなメリットももたらしている。[60]

従来は、過去の受注情報や製造に関わる情報を探すのに相応の手間が必要であったが、生産管理システムやIoTの仕組みを導入することで、その手間が削減された。また、IoTの仕組みによって取得した工作機械の稼動状況を顧客に開示することで、製品製造のトレーサビリティという点で、他者との差別化を図ることができた。さらに、中小モノづくり企業の現場をよく理解しているツール提供企業から、使い勝手の良いIoTの仕組みを導入したこともあり、IT／IoTに対する現場社員の意識向上が図られた。

二〇二一年三月二六日、日本政府は統合イノベーション戦略推進会議を開き、二〇二一年度から五年間の科学技術政策を示した「第六期科学技術・イノベーション基本計画」を閣議決定・施行した。二〇二一年度からこれまでの五年間（二〇一六年度〜二〇二〇年度まで）より四兆円増やし、向こう五年間の研究開発費の投資目標を三〇兆円に設定している。またこの計画を通して、カーボンニュートラルに向けた脱炭素社会の実現に向けた技術革新を後押しする狙いがある。

技術革新戦略の分野として、ＡＩ、バイオ、量子技術、マテリアル（素材）、健康・医療、宇宙、海洋、食料・農林水産業の八つが挙げられる。今回の科学技術・イノベーション基本計画の制定は、昨今日本を取り巻く地政学的状況、世界秩序の再編に伴うイノベーションを中核とする国家間の覇権争いの激化が背景にある。そして国家競争優位を構築するために科学技術イノベーションが必要不可欠であることが強く認識されている。

6 新型コロナ対応とグリーン成長戦略

†IoTによるコロナへの対応

日本では、IoTがコロナへの対応に活かされている。センサーデバイスが収集したデータをネットワーク経由でクラウド上に蓄積し、用途に応じた分析結果を導き出して次のアクションを自動的に実行するという、IoT技術を応用したシステム開発の流れが加速しており、すでに多種多様なIoTシステムが稼働している。[61] たとえば、テレビや新聞の報道で目にする機会の多い「主要駅・繁華街の人出」を観測した統計情報は、スマートフォンのGPS機能や基地局のセルID、Wi-Fiなどから取得した位置情報をもとに携帯電話事業者が算出したものである。

民間のITベンダーを中心に「密閉」「密集」「密接」のいわゆる〝三密〟状態を監視・検知・警告する各種IoTシステムも開発され、オフィス・店舗・病院・学校・公共施設といった人の集まる場所で活用されている。[62]

ドイツでも、新型コロナウイルス感染の拡大防止への取り組みが実施されており、経済面ではスタートアップ企業等への支援のほか、情報通信分野では、モバイル端末を使っての感染拡大防止用アプリケーションの開発や、通信トラフィックの急増に対応するためのガイドライン作成などが進められている。

たとえば、ドイツのフラウンホーファー研究所は、二〇二〇年四月に、Bluetooth 技術を使った近接追跡（proximity tracing）アプリケーションを開発し、感染拡大を防ぐことにより対応できるようになった。同アプリケーションは、Bluetooth により端末間の距離を時間・空間レベルで測定し、対人距離が一定のリスクレベルに達した場合、端末ユーザーにそのリスクを通知することができるというもので、データ処理の過程で、場所・電話番号・ユーザー名に関する情報内容を特定されることがなく、各ユーザーの個人情報が保護される。(63)

中国では、二〇二〇年一月から始まった新型コロナウイルス感染蔓延に対応するために、5GとAI、ビッグデータ、クラウドおよび超高精細動画技術との融合、無人ロボットのリモート操縦を活用している。たとえば、5Gの高速大容量・超低遅延の特徴を活かしコロナ診療に応用している。

二〇二〇年二月一八日には、新型コロナウイルス感染症患者に対する遠隔超音波診療を行うために、浙江省人民医院遠隔超音波医学センターの専門医師が中国電信の5G技術を利用し、七〇〇キロメートル離れた黄陂体育館方舱医院の超音波ロボットアームを操作し、超音波検査を実施した。これは、新型コロナウイルス感染症発生後、初となる5G遠隔診療技術を用いた治療であり、この現場医療スタッフへの診療指導を含め新型コロナウイルス感染者への遠距離検査によって、5Gの高速大容量・超低遅延のネットワーク通信が極めて重要であることが示された。

米国では、企業がソーシャルディスタンスを人工知能カメラで監視するなど、ウイルス感染対策に機械視認技術を活用している。たとえば、一部の企業では人工知能ソフトウェアを基盤とする監視カメラを活用し始めた。シカゴ拠点の建設大手ペッパー・コンストラクション（Pepper Construction）は、ケンブリッジ（マサチューセッツ州）拠点の新興企業スマートヴィッド・ドット・アイオー（SmartVid. io）のソフトウェアを採用し、オラクルを施主とするイリノイ州ディアフィールドの建設現場において、作業員らの物理的間隔を人工知能とカメラによって認識し、密集をできるかぎり回避するよう監視している。(64)

加えて、新型コロナウイルス感染の再拡大が懸念される中、先進国の間では開発途中の有望なワクチンをめぐって争奪戦が展開されている。主要国が競って巨額を投じ、「ワクチン・ナショナリズム」の動きが活発化している。目下、各国がワクチンの争奪戦を繰り広げている。

アメリカでは、新型コロナウイルス感染が深刻化した二〇二〇年三月以降、BARDA（米生物医学先端研究開発局）がコロナ案件に集中している。投じた金額は、一二億ドル（約一三〇〇億円）を超える。(65)ＢＡＲＤＡは米バイオ企業モデルナにも約四億三〇〇〇万ドル（約四六〇億円）を投じ、ワクチンを大量に買い取る契約も結んでいる。米国政府は、二〇二〇年九月の時点でファイザーやアストラゼネカなどの製薬会社と、ワクチン供給の契約を締結し、アメリカの人口を超える四億回分のワクチンを、完成前に確保している。

ＥＵはドイツの有力ワクチンメーカーに八〇〇〇万ユーロ（約九四億円）の研究助成を決めた。またドイツ政府は、二〇二〇年六月、新型コロナウイルス感染症（COVID-19）のワクチン開発企業キュアバックに出資すると発表した。ドイツ復興金融公庫（ＫｆＷ）を通じて約二三％の株式を三億ユーロで取得し、同社のメッセンジャーリボ核酸（ｍＲＮＡ）の技術開発や事業拡大などを促進して、ワクチン開発を加速させている。ドイツ政府は、ワクチン開発の支援に総額で最大七億五〇〇〇万ユーロを投じた。

中国では、新型コロナウイルスをめぐる薬の関連投資は、四〇億元（約六〇〇億円）にのぼっている。今後、一〇〇億元を超えると予測される。

新型コロナへの対応をめぐり、アメリカをはじめとする国から批判を浴び、厳しい国際環境に取り巻かれる中国だが、ワクチン開発競争に勝利すれば、コロナ禍との戦いで世界を主導する地位を確立でき、世界におけるさらなる存在感が高まる好機になりそうである。

また中国政府は、二〇二〇年に新型コロナの感染症対策として、一兆元の特別国債を発行している。こうした資金力で、製薬企業のワクチン開発にテコ入れする。外国にも供給する方針で、国際的な影響力を高めたい政府の意向がうかがえる。

中国医薬集団（シノファーム）や興控股生物技術（シノバック）など一三社が新型コロナワクチンの開発に力を入れ、ワクチンの供給体制整備を急いでいる。中国全体における二〇二一年のワクチン生産・供給能力は、六億回分以上になる予測である。

EUは、フランスの製薬・バイオテクノロジー会社サノフィから、三億回分のワクチンの供給を受けることや、ドイツ、フランス、オランダ、イタリアの四カ国が設立したアストラゼネカから四億回分のワクチン供給を受けることで合意している。なおイギリスは、アストラゼネカが開発中のものを含め、合わせて六種類のワクチン供給を受ける合意を結んでいる。[66]

日本もワクチンの開発・確保に向けて、ファイザーとアストラゼネカから、それぞれ一億二〇〇〇万回分のワクチンの供給を受けることで基本合意しているほか、独自開発にも取り組もうとしている。日本政府は第二次補正予算でワクチン開発・生産支援のため、約一九〇〇億円を計上。ワクチン製造設備導入のための新規事業者を五社ほど募り、助成金を各二〇〇億～三〇〇億円提供する。こうした臨床試験と並行し、量産体制を整えようとしている。

米日欧と対照的に、中国とロシアはこうした争奪戦には加わらず、独自にワクチンを開発することに国を挙げて取り組んできた。完成したワクチンを、いわば「外交カード」として、国際社会における自国の影響力を拡げようとしている。

今後さらに、新型コロナウイルスの蔓延が世界的に拡大するリスクのある中、ワクチン開発をめぐる競争による「ワクチン・ナショナリズム」や「自国第一主義」の高揚は、コロナ蔓延を長引かせる恐れすら生じさせる可能性がある。主要国間では連携して技術・ノウハウの優位性を活かし、国際協調でワクチンの開発・供給に取り組むべきであろう。

†カーボンニュートラルに伴うグリーン成長戦略

世界主要国は脱炭素化への動きを活発化させている。それに伴い、EVや新・再生可能エネルギーなどのイノベーションが加速している。

EUは二〇三〇年までに中期目標として、少なくともCO_2を一九九〇年比で五五%削減、さらに二〇五〇年までにカーボンニュートラルの実現を目指している。イギリスのボリス・ジョンソン首相は、二〇三〇年までにCO_2を六八%削減するという野心的な目標を表明した。さらに二〇五〇年までに、少なくともCO_2・温室効果ガスの純排出ゼロを掲げている。

ドイツは、二酸化炭素（CO_2）など温室効果ガスの削減に世界で最も積極的に取り組んでいる国の一つだ。メルケル政権は二〇一九年一二月一八日に、世界で初めて「気候保護法（Klimaschutzgesetz）を施行させ、CO_2排出量の目標達成を法律によって義務化した。[67]またドイツ政府は、温室効果ガスの排出量を一九九〇年と比較して、二〇三〇年までに少なくとも五五％削減し、二〇五〇年までには純排出量をゼロにする目標を掲げている。

アメリカは、バイデン大統領が就任直後の二〇二一年一月二〇日に、パリ協定への復帰を決定。同二月一九日、地球温暖化対策の世界的枠組みである「パリ協定」に、正式復帰した。バイデン政権は、トランプ政権時代の化石燃料によるメタンガスの排出規制の緩和策を捨て、一月二七日、温室効果ガスの規制を強化。二〇三五年までに電力部門でのCO_2排出をゼロに、二〇五〇年までに温室効果ガスの排出を実質ゼロにするという目標を掲げ、世界をリードする国として、グリーン成長や環境保全を加速させようとしている。

新興大国の中国は世界第一位のCO_2排出大国であり、環境ファクターでさらに世界での存在感を高め、国際社会への影響力を拡大するために、積極的に脱炭素化に取り組んでいる。二〇三〇年までには、中期目標としてCO２排出量を削減に転じさせ、GDPあたりCO_2排出量を二〇〇五年比六五％超削減する計画だ。さらに二〇二〇年九月二二日、習近平国家主席は二〇六〇年までに実質排出ゼロのカーボンニュートラルを目指すと宣言した。

加えて、二〇二一年四月二二〜二三日、バイデン大統領が主催した気候変動サミット会議では、「パリ協定」に復帰したバイデン大統領が、二〇三〇年の温暖化ガス削減目標を示した。脱炭素で国際協調しながら世界の主導権を狙う。米国の中期目標は「二〇〇五年に比べて五〇

％減」。これを軸に、森林をはじめとする吸収分と相殺し、二〇五〇年に実質ゼロにする長期目標の達成を目論む。

アメリカをはじめとする主要国によるこうした主導権争いは、今回の気候変動サミットに向けて一段と激しくなっていくものと考えられる。環境分野で先行するEUは、一九九〇年比で五五％減らす新目標を公表した。英国は二〇三〇年までに排出量を九〇年比で少なくとも六八％削減する目標も掲げている。日本は二〇一三年度比で二六％減らす従来目標から積み増しし、四六％削減する目標を打ち出した。前述のように中国も、二〇六〇年までに二酸化炭素の排出実質ゼロを、改めて掲げている。そのため、世界シェアの五割を占める自国の莫大な石炭消費量を、二〇二〇代後半から減らすことを表明。二〇三〇年までにCO_2排出量を減少に転じさせる中期目標を掲げている。

こうした主要国が、カーボンニュートラル目標への脱炭素化・CCSなどをはじめ取り組んでいる主な分野として挙げられるのは、再生可能エネルギーの開発・導入拡大や、水素発電・インフラ関連の水素産業の創出、カーボンリサイクル・燃料アンモニア産業の創出、蓄電システム・技術、安全性確保の原発・次世代原子炉、運輸に関わるEV・電動化、水素燃料、スマートグリッド（系統運用）、省エネなどである。

こうしたグリーン産業・技術を支えているのは、第四次産業革命のIoT、AIをはじめとするデジタル技術、インフラの強化およびその要の技術である半導体・情報通信技術である。

主要国のカーボンニュートラル目標に向けた脱炭素化により、ＥＶ、電池、半導体をめぐって競争が激化している。世界的な脱炭素に向けたシフトにより、技術革新分野の将来的な成長ドライバーとなる産業の切り札がこの三つに絞られているからだ。

保護主義の高まりで、主要国・地域が自陣にキーテクノロジーを囲い込む技術覇権争いが勃発していたところに、コロナ禍が襲来。物理的に世界が分断されたことで、三大産業のサプライチェーンを確保するための国家間競争が熾烈さを増している。[68] しかも脱中国依存への取り組みも加速している。

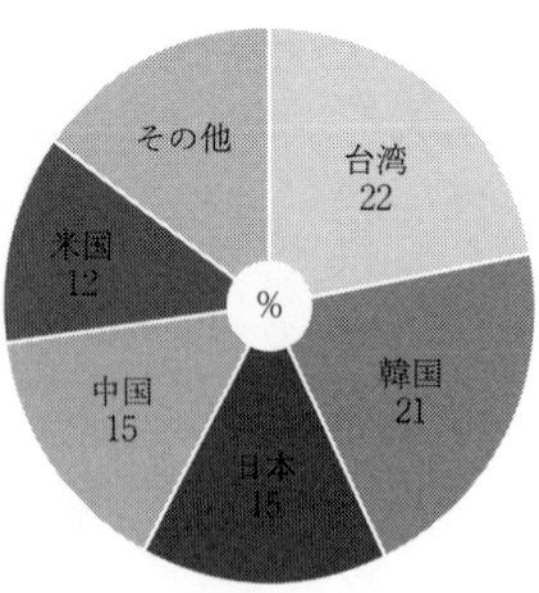

図 5-9　世界における半導体の生産シェア（2020 年）
出所：『日本経済新聞』。

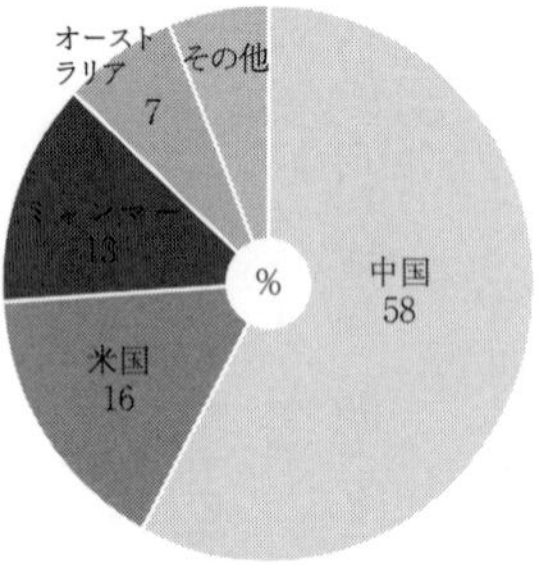

図 5-10　レアアースの世界シェア（2020 年）
出所：図 5-9 と同じ。

たとえば、アメリカは世界の半導体シェアの一二％しか保有しておらず（図5-9）、需給ひっ迫のリスクに直面している。年初から顕在化した半導体不足は米自動車メーカーなどを直撃し、サプライチェーンの見直しは急務である。バイデン大統領は、供給網の国家戦略を命じた大統領令に署名し、半導体のほか、電気自動車（EV）用の電池、レアアース（希土類）、医療品を中心に、供給網の強化対策に乗り出している。

EV用に利用されるモーター用レアアースについては、中国は約六割の世界シェアを持ち（図5-10）、アメリカや日本は約八〇％を中国に依存している。現在アメリカは豪州との間で脱中国依存を進め、生産大手の豪ライナスは米国防総省の資金援助を得て、米テキサス州に工場を建設する。[69] 環境政策で注力するEV電池でも、パナソニックや韓国LG化学と競争する中国勢がシェアを高めており、対策が必要不可欠である。

他方、車載用リチウムイオン二次電池メーカーの投資合戦も激しくなってきており、主要国の環境規制の高まりから自動車メーカーが電動化戦略を強化し、脱ガソリン車の流れが急速に進む中、電動車の中核部品となる電池の需要は飛躍的に高まりを見せている。電動化の波が中国や欧州を中心に押し寄せているのだ。富士経済によると、電動車需要を受けて駆動用二次電池の二〇三五年の世界市場は、二〇一九年比で七・四倍の一九兆七一八五億円にまで拡大する見通しである。[70]

なお、中国の半導体の生産能力は、二〇三〇年に現在の一五%から二四%にまで拡大し、世界最大になる可能性があると言われている。米日欧にとって、供給網で中国に依存することは、安全保障上の懸念が生じ、貿易規制を通じて圧力をかけられる恐れがあることから、バイデン大統領令では「同盟国との協力かつ強靭な供給網につながる」と強調。敵対国の制裁や災害などの有事に影響を受けにくい体制を構築しようとしている。

したがって半導体分野では、友好関係にある台湾をはじめ、日本や韓国と連携し、レアアースでは有力企業を持つオーストラリアなど、アジア各国・地域との協力を視野に入れる。[71] さらに今年四月、レアアースを確保し、レアアース生産国への依存軽減に急いでいるアメリカは、自国産レアアース鉱石の分離・精製プロセスを新たにヨーロッパのエストニアにシフトし、処理することにした。

具体的には、重要製品の供給網に関する情報を同盟国と共有する。生産品目で互いに補完するほか、非常時に速やかに融通し合える仕組みを検討する。余剰能力や備蓄品の確保も協議する。中国との取引を減らすよう要請する可能性もある。

(1) 公文俊平・田中辰雄・山口真一「産業化の変遷と課題」『プラットフォーム化の二一世紀と新文明への兆し』公益財団法人 総合研究開発機構、二〇一五年一〇月、五五頁。

(2)「ドイツの「第四次産業革命」つながる工場が社会問題解決」『日本経済新聞』二〇一四年一月二八日。
(3)日本貿易振興機構（ジェトロ）ベルリン事務所、海外調査部欧州ロシアCIS課『インダストリー4.0実現戦略――プラットフォーム・インダストリー4.0調査報告』二〇一五年八月、八頁。
(4)同上。
(5)神澤太郎「インダストリー4.0とは？　第四次産業革命と製造業のデジタル化」『The Finance（ザファイナンス）』二〇一六年六月三〇日。
(6)湯川抗「IoTとAIの進展から考える産業革命」『富士通総研（ニューズレター）』二〇一六年二月二五日。
(7)郭四志「世界経済おける第四次産業革命について」『帝京経済学研究』第五〇巻第一号、二〇一六年一二月、二九頁。
(8)クラウス・シュワブ『第四次産業革命を生き抜く』日本経済新聞出版社、二〇一九年、二二頁。
(9)川野俊充「インダストリー4.0：ドイツが描く第四次産業革命「インダストリー4.0」とは？『MONOist』二〇一四年四月一四日。
(10)内閣府『世界経済の潮流』二〇一三年（http://www5.cao.go.jp/j-j/sekai_chouryuu/sh13-01/s1_13_2_2.html）
(11)ThenewHigh-TechStrategyInnovationsforGermany: http://www.bmbf.de/pub/HTS_Broschuere_engl_bf.pdf (JST/CRDS)
(12)それに関する六つの優先課題：①デジタル化への対応、②持続可能エネルギーの生産・消費、③イノベーションを創出、④健康に生きるために、⑤スマートな交通、輸送、⑤民間安全保障の確保。

(13) 経済産業省、厚生労働省、文部科学省『二〇一九年版ものづくり白書』七五頁。
(14) ＪＳＴ／ＣＲＤＳ『主要国の研究開発戦略二〇一六』一二〇頁。
(15) 山田太郎前掲書、六〇頁。
(16) https://www.startup-dojo.com/industry4/
(17) https://crypto.watch.impress.co.jp/docs/event/1181067.html
(18) 是永基樹、油井原詩菜子「製造業大手を中心に進むＡＩ導入（ドイツ）」『地域レポート』ＪＥＴＲＯ、二〇一九年五月一七日。
(19) 同上。
(20) 藤野直明、水谷禎志、百武敬洋「第四次産業革命にかかわる欧州の最新情報」『知的資産創造』二〇一七年九月号、一九頁。
(21) 同上。
(22) 科学技術振興機構『主要国の研究開発戦略二〇二一年』一四七頁。
(23) 総務省『平成二九年版情報通信白書』(https://www.soumu.go.jp/johotsusintokei/whitepaper/ja/h29/html/nc277350.html)
(24) 総務省『平成三〇年情報通信白書』二〇一八年 https://www.soumu.go.jp/johotsusintokei/whitepaper/ja/h30/html/nd135210.html
(25) 文部科学省『平成28年版科学技術白書』二〇一六年、六八頁。
(26) ＪＳＴ／ＣＲＤＳ『主要国の研究開発戦略二〇一六』五〇頁。なお、気候変動分野における研究開発については、連邦一三省庁による横断的なイニシアチブ「米国地球変動研究プログラム（ＵＳＧＣＲＰ）」１に従って実施されている。オバマ政権は温室効果ガス排出量を二〇二〇年までに二〇〇五年レベルの一七%減、二〇五〇年までに八三%減にまで削減するとの目標を掲げている（前掲書、五〇頁）。

(27) 国立研究開発法人科学技術振興機構　研究開発戦略センター『研究開発の俯瞰報告書　主要国の研究開発戦略』二〇二〇年、四〇頁。

(28) 国立研究開発法人科学技術振興機構　研究開発戦略センター『米国の科学技術政策動向とバイデン新政権』二〇二〇年一二月三日、五頁。

(29) ＮＥＤＯ『バイデン次期大統領で変わる米国の技術イノベーション・気候変動政策』二〇二〇年一一月、二四頁。

(30) 技術対象は、ＮＥＤＯ前掲文一六頁。

(31)「米政府、半導体製造強化に３７０億ドルを投資へ：バイデン大統領が大統領令に署名」EE Times Japan、二〇二一年三月一日（https://eetimes.itmedia.co.jp/ee/articles/2103/01/news082.html）

(32) 岡崎研究所「米国はいかに中国との先端技術開発競争に臨むのか」『Wedge』二〇二一年三月二四日。

(33) https://wisdom.nec.com/ja/technology/2016012901/index.html

(34) https://wisdom.nec.com/ja/technology/2016012901/index.html

(35) ジェトロ海外調査部『北米におけるＩｏＴ、ＡＩの活用事例』二〇一八年三月、五頁。

(36) 経済産業省、厚生労働省、文部科学省『二〇一九年版ものづくり白書』二〇一九年、七一頁。

(37) https://www.nikkotelecom.co.jp/news/?p=2&ca=2&y=2019

(38)『日本経済新聞』二〇二一年三月二五日。

(39)『日経ＸＴＥＣＨ』二〇二〇年四月二日。

(40)『日本経済新聞』二〇二一年四月九日。

(41) 関志雄「イノベーションによる成長を目指す中国──担い手となる民営企業『RIETI』二〇一五年二月四日
(42) BCG *Most Innovative Companies 2021 Overcoming the Innovation Readiness Gap* April, 2021, p. 5.
(43) 日本の平成二九年度（二〇一七年度）予算の一・七倍に相当する。
(44) https://blog.csdn.net/csdnnews/article/details/100681041
(45) https://crypto.watch.impress.co.jp/docs/event/1242445.html
(46) 関辰一「増加する中国の産業補助金」ASIA MONTHLY 二〇一九年一〇月、三頁。
(47) 億欧智庫『二〇二〇年中国人工智能商業落地』中国北京億欧智庫二〇二〇年七月、一二頁。
(48) 科学技術振興機構 Science Portal China https://spc.jst.go.jp/news/200101/topic_6_03.html
(49) http://j.people.com.cn/n3/2019/0722/c95952-9599261.html
(50) Deloitte『全球人口知能白皮書』二〇一八年、五四頁。
(51) 〝热点聚焦：中国高薪高补吸引台湾芯片人才 以减少对进口芯片依赖〟REUTERS（台北), September 5, 2018.
(52) Cheng Ting-Fang, "China hires over 100TSMC engineers in push for chip leadership" NIKKEI Asia, August 12, 2020.
(53) 同上。
(54) 科学技術振興機構『研究開発の俯瞰報告書主要国の研究開発戦略』二〇二一年、二九頁。
(55) 同上。
(56) 内閣府『平成三〇年度　年次経済財政報告──「白書」：今、Society 5.0 の経済へ』二三〇頁。
(57) https://www.digital-transformation-real.com/blog/industory-40.html

(58)内閣府『日本経済二〇一六‐二〇一七―好循環の拡大に向けた展望―』二〇一七年一月、九七頁。
(59)同上。
(60)経済産業省 関東経済産業局『中小ものづくり企業ＩｏＴ等活用事例集』二〇一七年三月、四七頁。
(61)https://www.teldevice.co.jp/ted_real_iot/column/iot_for_infection_control/
(62)同上。
(63)https://www.fmmc.or.jp/news/coronavirus.html
(64)U. S. Front Line「米企業ら、社会的距離を人工知能カメラで監視～ウイルス感染対策に機械視認技術を活用」二〇二〇年五月八日 https://usfl.com/news/127612
(65)「ワクチン開発、国家間で主導権争い激化　国際協調課題」『日本経済新聞』二〇二〇年五月一日。
(66)出川展恒「世界に広がる『ワクチン・ナショナリズム』」『ＮＨＫ（時論公論）』二〇二〇年九月九日。
(67)熊谷徹「ドイツ政府の気候保護政策の現状と課題」『DWIH Tokyo』二〇二〇年一二月二三日。
(68)浅島亮子「〝ＥＶ・電池・半導体〟が世界の技術覇権争いで大本命に急浮上、脱炭素シフトがダメ押し」『ダイヤモンド』二〇二一年三月一五日。
(69)『日本経済新聞』二〇二一年二月二四日。
(70)『ニュースイッチ』（激化する車載電池の投資合戦、中韓リードで国内メーカーどうする？）二〇二〇年一二月一四日。
(71)『日本経済新聞』二〇二一年二月二四日。

終　章
国際政治経済秩序のゆくえ
――産業革命史の視点から

G20大阪サミットで握手するトランプ米大統領(左)と安倍首相。
右は中国の習近平国家主席(2019年6月、共同)

これまでの世界の産業革命に伴う経済発展と諸外国の工業化・イノベーションは、経済システムに大きな影響を与え、世界政治経済構造の変容を生じさせてきた。二一世紀、特に二〇一〇年代に入って以降、世界政治経済が加速し、多極化構造が顕在化している。

さらに第四次産業革命が進行する中、米中両大国は技術覇権をはじめとする世界政治経済の支配権をめぐって激しく対立し、摩擦がエスカレートし、新冷戦の現実味を帯びつつある。米中の板挟みとなっている諸外国は、米中の関係が今後の世界秩序・政治経済構造の先行きに及ぼすであろう影響について、特に懸念している。

本章では、世界政治経済の変容を観察し、それを踏まえた今後の世界政治経済構造・秩序の再編成に関わる動きを検討したい。

1　今日の世界政治経済構造の変容

すでに第三章で述べたように、一九七〇年代以降、ドイツ、日本の工業力による経済の高度成長、経常収支黒字が拡大し、世界経済のプレゼンスが高まりを見せてきた。一方、アメリカ経済は低迷・衰退し、パックス・アメリカーナや世界でのヘゲモニー地位が揺らぎ、世界経済の力地図が塗り替えられ始めている。

さらに二一世紀に入って以降、中国・新興諸国はキャッチアップ型の工業化を目指し、先進国の対内直接投資・技術移転を活用し、輸出志向型成長を実現した。中国をはじめとする新興諸国のGDPや貿易、投資の世界シェアは拡大し、その台頭に伴い、世界の政治経済構造が大きく変容しつつある。世界経済のパワーバランスの変化が、世界政治経済・ガバナンスシステムに大きな変化を生み出しているのである。

これまでは、世界経済をリードする監督役であったアメリカなど、主要先進国に管轄されるG7やIMF・WTOおよび主要国際機関・組織が、世界金融・投資、貿易および環境などの問題に対応してきた。しかしながら、中国など新興国の台頭や、それらの国々のパワーが拡大するにつれ、先進諸国だけでは世界的な問題を解決へと導くことが困難になってきている。こうした国際金融危機に対応するため、二〇〇九年には新興国が参加するG20が、世界における経済・金融および環境・エネルギーなど主要問題に対応する新しいガバナンスの場として誕生した。

すでに述べたように、アメリカをはじめとする先進国の世界支配パワーは低下し、GDPの世界シェアは一九九〇年には九割近くあったのが、二〇〇〇年には七割ほどへ、さらに二〇二〇年には五割台へと落ち込んでいる。一方、中国など新興・途上国のGDPの世界シェアは、同じ時期にはわずか一四・六%だったが、その後二六%へ、さらに四四・五%にまで大幅に上昇した。

　二一世紀に入って以降、中国をはじめとする新興諸国の世界への影響力が拡大するとともに、世界政治経済構造が多極化へと向かったが、近年はその多極化がますます加速し、顕在化している。

†金融・貿易分野での中国・新興国の存在感の高まり

　新興国のSDR割り当て率が上昇する一方で、アメリカをはじめとする先進諸国はそのSDR割り当て率が低下している。二〇一一年にはIMFにおける特別引き出し枠（SDR）において、主要新興国・中国の比率が二〇〇六年までの二・九八％から六・三九％に引き上げられ、アメリカ（一七・四一％）、日本（六・四六％）に次ぎ、第三位となった。

　さらに二〇一六年一〇月一日、中国の人民元が正式にSDR（特別引出権）構成通貨に入り、構成比率はドル、ユーロに続く一〇・九二％となり、日本の八・三三％を上回った。インド、ブラジルSDR比率もそれぞれ同一・九五％、一・四二％から、同二・七五％、二・三二まで引き上げられた。新興諸国全体のSDR比率は、二〇〇六年までの一〇・三％から、現在の一六・一％まで高められた。

　一方、G7をはじめとする先進諸国の比率は、四六％から四三・四％にまで下げられた。新興諸国のＩＭＦにおけるＳＤＲ比率は、経済規模や外貨準高シェアに比べるとまだ低いものの、ＩＭＦでの新興国の発言・関与力は高まりつつある。中国人民元のＳＤＲ入りは、米ドルを一極としてきた基軸体制を牽制し、国際通貨体制に影響を与えようとしている。

人民元の国際化は基軸通貨としてのドルに挑戦し、その地位を揺るがしつつある。世界を見ても、人民元建ての決済比率は上昇傾向にある。昨今、「一帯一路」沿線国での投資、貿易に関わる数多くの案件は、人民元建て決済を行うようになった。特に中国は、世界第一位のエネルギー消費大国、第一位の石油・天然ガスの輸入大国としての大市場の強みを活用。「石油人民元」の台頭により、中央アジア・ロシアやイラン、イラクの一部中東産油国およびアフリカ、南米の産油国と、人民元建てによる石油・天然ガスの取引を拡大している。中国・新興国をはじめとするＡＩＩＢ（アジアインフラ投資銀行）やＮＤＢ（新開発銀行・ＢＲＩＣＳ）銀行も誕生し、中国・新興国の世界金融分野での影響力は一層拡大している。

中国が主導して、二〇一四年七月に設立したＮＤＢ（本部は上海）の外貨準基金は一〇〇〇億ドル規模で、四一〇億ドルを拠出。また、二〇一五年四月、中国をはじめとした五七カ国が参加し創設されたＡＩＩＢは、その本部を北京に置き、一〇〇〇億ドルの資本金の約三〇％にあたる二九七億ドルを出資する最大出資国である中国は、重要案件に関する意思決定を行う際に拒否権を持つ。

こうした基金や中国主導のNDB、AIIBを通じ、アジア・ヨーロッパなどの国・地域に、中国がより直接的に関与する形で融資・資金援助が可能となる。中国は経済パワーの影響力や豊富な資金力をテコに、米国の意向に左右されにくい広域経済圏を築き、人民元使用範囲の拡大による脱ドル依存を狙って、世界への経済・金融的影響力を拡大しようと目論んでいる。

他方、前述のような世界貿易体制においては、二一世紀に入ってからのドーハ・ラウンドの交渉停止に伴い、米国のWTOへの関与の度合いが次第に下がりつつある。米国は、WTOの多国間の貿易協議の枠組みから、二国間・地域貿易協議・交渉に転向した。そもそもWTOの機能は、国際貿易のルールを定めて国家間の貿易紛争を解決するためのものだが、保護貿易主義を推し進めるトランプ政権は、従来のWTOの枠組みでは「アメリカ第一主義」に基づく自国の貿易利益を守りにくくなることから、それに反発しているのである。近年は、紛争解決の審理に当たるWTO上級委員の再任も拒否。WTOからの脱退を示唆するなど、WTOへの関与に消極的になりつつあり、その影響力は弱まりを見せている。

すでに一九九〇年代後半以降、新興国のWTOでの国際通商交渉は、経済成長・貿易拡大に伴い、その影響力が高まってきた。それまでのGATT多国間交渉では、欧米のバイ交渉、四極貿易相会合、そしてグリーンルーム会合の三つが大きな役割を果たしていた。そのうち四極は、米・EC・カナダ・日本であったし、グリーンルーム会合もせいぜい一〇カ国程度に限られ、そのうちの大半が先進国であった。二〇〇一年にドーハ・ラウンドに入ってからは、四極に代わって、G4と呼ばれる国々が重要な決定を行うようになってきた。G4を構成するのは、米、EUの他、ブラジルとインドである。

二〇〇九年以後は、BRICSなど新興諸国が参加するG20がWTOの意思決定の中核となっている。新興国がWTOの国際通商交渉に参加したことによって、これまでの先進国主導の交渉が牽制されつつある。結果の良し悪しはともあれ、新興国の影響力が高まったことは事実である。たとえば、WTOの「ドーハ・ラウンド」(ドーハ開発アジェンダ)は、二〇〇八年の決裂以降、長い間目立った進展がなかった。[1] 新興・途上国の発言力が強まり、先進国を中心とした意思決定に限界が来ていると言えよう。

他方、中国は積極的にWTOに関わるようになっている。たとえば、二〇一九年五月一三日、WTOに対して「WTO改革に関する意見書」を提出した。[2] 中国政府(商務省)は、単独主義や保護主義の台頭によって、多国間貿易体制の権威や有効性が深刻な挑戦を受けている。一方で、WTOの交渉スピードが遅いこと、組織運営効率が低いこと、貿易政策には透明性向上の余地があることなど、様々な問題意識を示し、WTOが必要な改革を推進し、現在の危機を解決することによって、時代の変化に対応し、多国間貿易体制を維持することを支援し、影響を与えようとしている。

二〇一八年一一月、中国がWTO改革に関する立場を示した文書を発表して以降、WTO改革に積極的に関わってきた。EUなどと共同でWTO上級委員会の改革案を提出し、二〇一八年一月には、他の七五の加盟国と電子商取引に関する共同声明を発表し、WTOにおける電子商取引に関する交渉に参加した。新興諸国の主役として、WTOという国際貿易の枠組みへの関わりを深めている。

†G20における新興諸国の国際社会への影響の拡大

新興諸国は、G20体制により世界的地位が拡大し、先進国とともに世界政治経済の問題に直接に対処するようになってきている。

先述の世界金融・貿易体制での新興国のプレゼンス・影響力の拡大と同じく、G7・G8サミットからG20までの変化は、米欧先進国を中心とする世界政治経済の一極体制から、BRICSなど新興国が参加する多極性体制への変容・再編へと向かいつつある。

G20サミット設立の経緯は、以下の通りである。アメリカ、イギリス、フランス、ドイツ、日本、イタリア、カナダ、EUは、G7として定期的に財務大臣・中央銀行総裁会議を開催していたが、この先進七カ国・一地域に主要国首脳会議（G8）参加国のロシアと新興経済国一一カ国（中国、インド、ブラジル、メキシコ、南アフリカ、オーストラリア、韓国、インドネシア、サウジアラビア、トルコ、アルゼンチン）が加わり、一九九九年より二〇カ国・地域財務大臣・中央銀行総裁会議（G20 Finance Ministers and Central Bank Governors）を開催していた。この会議には、IMF（国際通貨基金）、WB（世界銀行）、IEA（国際エネルギー機関）、ECB（欧州中央銀行）など、関係する国際機関も参加し、世界経済・金融やエネルギー安全保障などを討論している。この最初のG20閣僚クラスの会合は、一九九〇年に入って以降、新興・途上国の台頭や世界経済のシェアが拡大したことを反映している。

さらにリーマンショックをきっかけとした世界金融危機の深刻化を受けて、二〇〇八年からは二〇カ国・地域首脳会合（G20サミット）も開催されている。

G7を主導するアメリカ・イギリスは、金融資本主義を軸に経済発展を遂げていたが、二〇〇七年夏から金融崩壊が始まり、二〇〇八年九月のリーマンブラザーズの破綻によって金融危機が実体経済に及び、先進国を中心に世界は深刻な不況に陥った。米国が世界から旺盛に輸入・消費してきたそれまでの体制が失われる中、米英型の金融システムにあまり組み込まれてこなかった中国など新興諸国の経済成長が、世界経済にとって重要なエンジン・牽引役となった。世界の金融・経済問題を解決するためには、既存の先進国の枠組みのみでは不可能である。

こうした背景下で、二〇〇八年一一月には米国ワシントンDCでG20経済サミットが開かれた。二〇〇九年四月にはイギリスロンドンサミットを経て、同年九月には米ピッツバーグのサミットとなり、G20がG7・G8に取って代わって、世界金融・経済など諸問題に関する討議や意思決定・ガバナンスの場が誕生した。

二〇〇八年一一月のG20以来、中国やインド、ブラジル、南アフリカ共和国など新興主要国が国際経済で果たす役割は増し、先進諸国と共同で欧米諸国の財政・金融政策の健全化、途上国の開発援助、気候変動・地球温暖化の問題などの課題に取り組んできた。加えて、新型コロナウイルス感染症のパンデミックにも積極的に対応している。

G20サミットは、これまで年一度の頻度で一五回開催された(二〇二〇年一一月二一〜二二日のリヤドサミットテレビ会議を含む)。世界経済は大恐慌に陥ることなく回復を遂げ、成長に向かっている。経済回復から安定した経済成長への移行はまだ実現されておらず課題も残されているが、G20サミットの取り組みが成功であったと評価する者は多い。

今後もG20サミットがその役割・機能をさらに強化し、数多くの課題を克服する必要がある。世界金融危機に伴いG20サミットが本格的に誕生したのは、世界経済ガバナンスの場がこれまでのG7の一極体制から、G20の多極体制へと移したことを意味している。

†気候変動問題への中国の影響力の拡大

工業化・経済の高度成長に伴い、中国はすでに二〇一〇年に世界第一のエネルギー消費大国となり、化石燃料起源のCO_2排出量は世界第一位で、世界排出量の三割近くにまで達している。温室効果ガスをもたらすCO_2の排出量に対する中国の環境政策・戦略は、世界の温暖化問題への対応・動向に大きな影響を与えている。

昨今、中国は、資源・エネルギー多消費産業である重化学工業の構造転換や化石燃料起源のCO_2排出量、また深刻化しているPM2・5などによる大気汚染を軽減させるために、二〇一五年六月末に「国連気候変動枠組み条約」事務局に気候変動に対する自主的約束草案（INDC）文書を提出した。二〇三〇年頃までにCO_2の発生量をピークアウトさせると表明した。その上で、同年末のパリ会議でも、中国は正式に本表明でもってコミット。このように、世界気候変動政策における中国のイニシアティブを国際的にアピールし、気候変動分野での存在感を増大しようとしている。

さらに二〇二〇年九月二二日に、習近平国家主席は、国連総会でのビデオ講演でCO_2排出量を二〇三〇年までに減少に転じさせた上で、六〇年までに実質排出ゼロのカーボンニュートラルを目指すと宣言した。加えて、習主席は国連主催のオンライン会合でも「二〇三〇年までに中国の国内総生産（GDP）当たりの二酸化炭素（CO_2）排出量を二〇〇五年より六五％以上減らす」と表明した。気候変動問題への積極的な対応で中国の国際社会への影響力の拡大を狙い、パリ協定を脱退した米国の主導力低下を念頭にし、中国の世界気候変動分野での存在感を高めようとしている。それを、EUやパリ協定復帰に向けたポストトランプ政権のバイデン政権との対話の糸口にする狙いがあることが透けて見える。

なお中国は、二〇二一年四月下旬のCO_2主要排出国によるサミット会議、さらに一一月にイギリスで開催予定のCOP26会議に向けて、対米協調姿勢と引き換えに、トランプ政権時代の対中制裁・抑制策を継承しつつあるバイデン政権に対し、制裁の解除・緩和を迫ると考えられる。一方、気候変動問題への対応や脱炭素化に関するルール形成での指導力、リーダーシップの発揮をめぐって、バイデン政権と論争する可能性も大いにありうる。

2 今後の世界政治経済構造の再編成のゆくえ

昨今の中国の台頭、アメリカのパワー低下に伴う米中対立の先鋭化をはじめ、世界の政治経済構造、いわゆる国際政治経済秩序は、大きく変容している。先述のように、新興国、特に中国は経済のパワー増大に伴い、世界政治経済への影響力を拡大し、アメリカをはじめとする先進国が支配している既存の国際政治経済システムの変化をもたらしている。とはいえ、中国などの新興国は、世界を支配する決定的影響力が限られている。中国は、アメリカに代わって、かつてのアメリカのような世界のヘゲモニー国にならない。では今後、世界政治経済構造が変容する中で、新たな政治経済構造や再編成にむけてどのような要素・ポイントが注目されるのであろうか。

目下、米中対立や世界政治経済構造の多極化・複雑化などによる地政学的変化が増幅している。そのような変化をもたらす新しい世界政治経済秩序の模索・再編成は、科学技術・イノベーションや国家のソフトパワーに左右されている。特に、主要国や米中国家間の競争と、またその競争優位を支えている科学技術・イノベーションは、激化する国家間の覇権争いの中核となっている。

†世界政治経済構造を再編成するファクター・条件

世界政治経済構造に大きく影響を与えるファクターであり、新たなプレイヤーとして注目されている中国は、今後世界政治経済秩序の再編成の要となりうるか、あるいは世界政治経済のヘゲモニー国となれるか。そのためには、二つの条件が必要不可欠である。それはすなわち、国家の技術パワーとソフトパワーである。

まず第一に、国家の技術パワーである。すでに述べたように、中国の産業革命は、本格的には一九七八年末の「改革開放」からスタートした。欧米と比べると、二〇〇年以上遅く、日本よりも一〇〇年以上遅れている。そのため、モノづくりのハイテク・コア技術・ノウハウの蓄積が乏しく、その八割以上を日欧米先進国に依存してきた。

技術資源の制約により、世界での支配的技術パワーが欠如しているため、世界政治経済構造の再編成において、アメリカの代わりにヘゲモニー国になるとは考えにくい。ただし、世界第一位の新興国として大市場の強みを活用し、特に世界の産業革命・イノベーションの新技術・新経営モデル、ハイテク製品などの応用分野で、世界に影響を与えうると考えられる。

次に、国家のソフトパワーである。これは経済・技術などハード面のパワーと異なり、一国の文化、イデオロギー、価値観、内外政策などソフト面での総合的なパワーである。ジョセフ・ナイが提唱したように、ソフトパワーは、主に三つの要素（①その国の有する文化、②国家の国内外政策も、ソフトパワーの源泉たり得るとしていること、③同じソフトパワーであっても、文化によるソフトパワーと政府の政策によるソフトパワーは、必ずしも一致しないこと）から構成されている。

要するにソフトパワーは、一国の価値観や文化、イデオロギー、体制に関わる内外政策によって他国・相手を魅了し、敬服させ、味方につける無形な力である。その大きなポイントは、自国・一国よりも、国際社会に賛同され、世界的普遍性があるかどうかである。

中国では胡錦濤政権時代、二〇〇七年秋の共産党第一七回大会で国家文化の「軟実力（ソフトパワー）」の大幅な向上が、重要な国家戦略目標として提唱された。それによって、経済力、科学技術力、国防力とともに、向上を求められる「国家のソフトパワー」は、二一世紀の国家戦略の重要な柱の一つとして位置づけられている。

近年政府は、積極的に世界的にパブリック・ディプロマシー（Public diplomacy）[3]を取り入れ、国家ソフトパワーを推進してきたが、期待通りにはならなかった。むしろパブリック・ディプロマシーよりも、それを推進するための環境づくりの力や、相手を魅了・敬服させるソフトパワーの真髄が欠かせないであろう。

確かに国際社会では、中国の伝統的な文化である「和諧（調和のとれた）」という価値観は魅力的であると賛同されている。しかし現在、それがいかに国際社会において生かされるのかこそがカギである。国際的な普遍性を持つ民主的価値観・習慣・包容性を欠く場合は、自国のソフトパワーはうまく進められないと考えられる。

繰り返すが、中国にとっては、世界の決定的影響力・支配国になるためにはソフトパワーが必要不可欠である。だが様々な制約で、ジョセフ・ナイの提唱するところの、世界に通用する普遍性のある「ソフトパワー」が欠けているのである。

今述べた二つのパワーの欠如から、当分の間、世界政治経済構造再編成において、中国はアメリカの代わりに、世界の決定的支配地位、あるいはヘゲモニー国にはならないと考えられる。ただし、中国が主導・支配する世界の政治経済構造にならずとも、その影響力は、世界政治経済の構造転換・再編成に大きく関わるであろう。特に経済・技術的パワーの上昇に伴い、既存の世界政治経済構造に激しい変化や揺らぎを増幅していくであろう。

第四次産業革命を契機に、5G・通信システムをはじめとする中国の技術水準は大いに上昇し、デジタル経済が新たな起爆剤として、中国経済の規模の拡大を押し上げている。

こうした中国の台頭に伴い、世界政治経済構造の多極化はますます加速し、中国をはじめとする新興国と、アメリカを中心とする先進国との間、とくに米中両大国の政治経済分野での主導権争いは、ますます深刻化しつつある。

†再編成に向けての技術主導権争いと技術制裁

米国商務省産業安全保障局（BIS）は、ファーウェイとその関連企業を二〇一九年五月以降、BISが管理するエンティティー・リスト（EL）に挙げ、これら企業への米国製品（物品、ソフトウエア、技術）の輸出・再輸出などを禁止。また二〇二〇年五月、ファーウェイなどが設計したもので、米国の技術・ソフトウェアを用いて国外で製造された直接製品について、ファーウェイなどへの再輸出や米国外からの輸出、国内移転をする際に、事前の許可を必要とした。

さらに二〇二〇年八月中旬、BISはファーウェイに対する制裁措置再強化に踏み切った。その新たな制裁のポイントは、まず米国由来の技術に関するファーウェイのアクセスを禁止する目的で、米国以外の企業が米国ソフトウェアにより設計した半導体までを禁輸対象とすること。次に、米国の国家安全保障・外交利益を損なうかたちで、米国の技術を使用する企業等を禁輸させるエンティティー・リストに、ファーウェイの関連企業三八社を追加した。これにより、エンティティー・リスト上で禁輸とされたファーウェイ関連企業は、一五二社にのぼった。

こうして、ファーウェイおよびその関連企業は、アメリカ企業からのチップ等ハイテク製品を調達できなくなっただけでなく、米国技術・設計に関わる韓国サムスンや台湾TSMCからの輸入もできなくなった。米国商務省官は、二〇二〇年八月一七日の電話会見で、具体的な企業名は挙げられないとしながらも、記者団からの「韓国サムスン電子や台湾メディアテックなどが設計し、米国技術を使って製造された製品も規制対象となるのか」との質問に「そうだ」と答えた。(4)

ファーウェイなど中国通信企業は、ハイテク半導体製品の八割以上をアメリカなどの先進国に依存していることで、国産で調達する場合、中国版TSMSである中芯国際集成電路製造（SMIC）に半導体製造のみを委託し、スマホ向け半導体を確保せざるを得ない。しかしながら、SMICはTSMCに比べ生産技術水準が二世代遅れであることから、高性能スマホで使う最新チップ半導体の調達・確保が厳しくなる。中国現地の専門家の話によると、半導体チップの在庫で需要を賄うしかないというわけだ。ファーウェイらは、現状で二〇二一年上半期までの約一年分の在庫を確保している。

また、二〇二〇年九月にアメリカは「クリーンネットワーク計画」の名の下に、アメリカで運営しているアプリ・動画大手である中国のTikTokの事業を停止、アメリカ企業に売却させるという制裁措置を発表した。その狙いは、AI技術によって成長中の、中国のデジタル企業におけるアメリカでの事業拡大やグローバル化を阻もうとすることにある。

イギリス政府も、同盟国のアメリカの戦略と一致する形で、ヨーロッパ域内でいち早くファーウェイ排除を打ち出した。イギリス政府は二〇二〇年一一月三〇日、5G通信網から中国の通信機器大手、ファーウェイを排除する予定だとして、二〇二一年九月末以降、国内の通信事業者に対して、通信網にファーウェイ製品を組み込むことを禁止するとした。

なおイギリス政府は、すでに二〇二〇年七月にイギリス通信事業者による同社製品の新規購入を二〇二一年一月から禁止し、二〇二七年までに5G通信網から完全排除する方針を打ち出している。[5]

スウェーデンもイギリスの方針に追随。同国通信当局の郵便電気通信庁（PTS）は二〇二〇年一〇月二〇日、5G通信網整備で、ファーウェイと中興通訊（ZTE）の機器を排除する方針を明らかにし、一一月一〇日に開始した5G周波数帯域割り当て入札に参加する同国企業は、中国両社の機器を使用することが禁止された。[6] さらにこれらの企業は、二〇二五年一月までに既存の通信基幹インフラで使用している両社製品を排除することになっている。

一方、ドイツ政府は二〇二〇年一二月一六日の閣議で、ITセキュリティ法（正式名称：情報技術システムの安全性向上のための第二法）案を承認し、重要な通信インフラに関する規制を強めつつも、中国の企業を明示しなかった。フィンランドでも、改正電子通信サービス法が二〇二一年一月一日から適用されている。こちらも、国家の安全を脅かす可能性がある通信ネットワーク機器を排除できる規定が設けられている。[7] 両国政府は具体的な特定企業名は挙げていないものの、いずれもセキュリティの視点で、西側の主要国に寄り、ファーウェイを念頭に置いたとみられる。

このほか、中東欧のチェコやポーランドでも5Gセキュリティの視点でファーウェイを排除するなど、アメリカと歩調を合わせようとする動きが見られている。

二〇二一年四月八日、バイテン政権は、中国でスーパーコンピューターの開発を手掛ける企業や研究機関など七社・団体に事実上の禁輸措置を発動すると発表した。米国技術の軍事開発への流出を防ぐためである。今回エンティティー・リスト追加された七社・団体は、スパコンの世界ランキングで一時首位に立った、国産の「神威太湖之光」を手掛ける国立スーパーコンピューティングセンター天津飛騰信息技術（Phytium）、上海集成電路技術産業促進中心（Shanghai High-Performance Integrated Circuit Design Center）、サンウェイ・マイクロ・エレクトロニクス、国立スーパーコンピューティングセンターの済南、深圳、無錫、鄭州の四拠点。[8] このように、中国が注力するスパコンの性能向上はより難しくなる可能性があるとみられる。

なお六月三日、バイデン米大統領は、国家安全保障に脅威をもたらす中国企業への証券投資を禁止する新たな大統領令に署名し、「中国の監視技術の開発や使用は、米国の安全保障や外交政策、経済にとって脅威となる」と記し、対象範囲の拡大を明らかにした。バイデン政権はトランプ前政権が作成した対象リスト（四八社）を改定し、通信機器大手のファーウェイを含む計五九社を指定した[9]。

こうしてバイデン政権は、トランプ前政権からの、スパコンや、ファーウェイなどの通信、半導体、人工知能（AI）やドローン、監視カメラを手掛ける企業に次々と禁輸措置を課してきたのに続き、制裁を科し、強化することで、米中のハイテク摩擦の激しさを増している。

†技術獲得型直接投資・M&Aへの規制強化

昨今アメリカは、中国の活発な対米技術獲得型投資・買収を警戒し、規制を課している。二〇一六年一月に、米国議会の諮問機関「米中経済・安全保障検討委員会」は、中国の国営企業による米国企業の買収を禁止すべきだと政府に提案。二〇一六年二月には、一五〇名以上の米国議員らが財務省に対し、対米外国投資委員会（CFIUS）による監査を強めるよう書簡を通じて促している。

アメリカ政府の、中国企業の買収に対する警戒・規制は、とりわけ半導体を中心とするハイテク技術分野である。たとえばアメリカは、紫光集団の米半導体大手マイクロン・テクノロジーへの二三〇億ドルの買収案を却下した。また、二〇一七年に入り中国の福建芯片投資基金(FGC)は、ドイツのアイクストロンのカリフォルニア州の子会社を約五億五〇〇〇万ドルで買収しようとしていたが、これも米国政府が停止させた。

こうしたアメリカの対中ハイテク技術の封鎖・規制の強化により、中国からの二〇一八年の対米直接投資・M&A額[10]はマイナス七億五四〇〇万ドルとなり、引き上げ、撤退分は新規進出よりも多かった。他方、二〇一八年の中国企業の対米投資・M&A額(撤退分を除く)は、一七年に比べて八割以上大幅減の五三億九〇〇〇万ドルとなり、さらに一六年の四六二億ドルから九割近くも大幅に縮小している。

特にIT情報技術の分野に関しては、対米外国投資委員会(CFIUS)による審査強化の影響を受け、対米投資・買収額は、規制強化前の一七年と比べると、二倍近くの二億二〇〇〇万ドルと、大幅に下がっていた。

トランプ政権は、米中の技術をめぐる競争関係について、「強大な覇権争い(great power competition)時代の到来と表現しており、また米国議会においても、米国企業が関わるサプライチェーンから中国を排除する動き(decoupling)を後押しするような発言がなされている[11]」。

こうした背景の下で、米国は二〇一八年八月に外国投資リスク審査現代化法（FIRRMA、二〇二〇年二月施行）を成立させ、対米外国投資委員会（CFIUS）による対米投資審査を強化させるようになった。中国の対米投資のみならず、中国での合弁企業を有する外資系企業に対しても、対米投資について厳重な審査が行われる対象になる。

なお、技術・制度面での米中覇権争いにおけるアメリカの対中強硬策は、米議会超党派でのコンセンサスとされ、二〇二一年一月に発足したバイデン政権でも、後述のように「戦略競争法」に基づき、中国の台頭を抑え、技術などの分野で対中制限・制裁を強化し続けている。

近年、アメリカの対中ハイテク技術制裁政策の影響や、中国企業が空港・港湾インフラ、ハイテク企業などのM&Aを活発化させたことを受けて、ドイツでは、二〇一七年七月に対外経済法施行令が改正された。外国企業による国内企業のM&Aに関する規制が強化されたことを背景に、二〇一八年七月、ドイツ当局は中国企業によるライフェルト社の買収を却下している。

ライフェルト社はドイツ西部に本社を構える精密機械メーカーであり、同社の技術はNASAのロケットにも使用されるほど非常に高度で、本件の却下は、ドイツ政府が同企業の高い技術力の流出をリスクと捉えたことで実施された対応と見られている。(12) なお、二〇一九年三月には、EU理事会も、戦略的に重要な産業分野に対する外国直接投資・M&Aの審査（スクリーニング）・規制をスタートした。

EU諸国が、中国企業によるハイテク分野のM&Aに対する警戒・規制を強化する中、二〇二一年四月八日、イタリアのマリオ・ドラギ首相は、自国政府が近年、国内の半導体企業の中国（第一自動車集団）による買収を阻止したことを明らかにし、イタリア企業に対する国家保護の延長をサポートすると表明した。[13] 日本でも二〇一九年八月一日に、安全保障上重要な技術の流出や、日本の防衛生産・技術基盤の棄損など、国家安全保障に重大な影響を及ぼす事態を適切に防止する観点から、半導体・情報処理などのハイテク技術・業種に対する対内直接投資等を、事前届出の対象に追加し、審査を強化している。

そもそも、アメリカをはじめとする先進国の対内直接投資・買収への規制は、一九九〇年代以後のグローバリゼーションの下、二〇〇〇年代に入ってからの中国・新興国の対先進国投資・買収活動の活発化に伴い、始まった。さらにアメリカなど先進諸国は、二〇一〇年代に入って以降、中国による対米・先進国のハイテク分野の技術資源獲得型投資・買収を懸念し、安全保障を理由とする外国投資の事前審査制度（投資スクリーニング制度）を導入・強化するようになっている。

米欧などの先進国の対内投資の制限・審査強化の影響で、中国、ロシア、南アフリカなどの新興国も、対内投資・M&Aへの審査を導入・強化するようになってきた。たとえばロシアは、二〇一七年に「連邦法第五七—FZ号」を導入し、対内投資・M&Aへの審査を強化している。

中国は二〇二〇年一月、「外商投資国家安全審査制度」を導入して、国家安全上に関わる業種などで審査を強化した。二〇一九年末時点で、投資スクリーニング制度の導入国数は少なくとも三〇に達しており、世界全体の直接投資残高に占める割合は六割を超え、制度導入の動きは、アメリカ等先進国を中心に世界的な広まりを見せる(14)。

今述べたように、ハイテク技術など国家安全上の理由で、米国をはじめとする先進国を中心に行われている中国からの対内投資・M&Aへの規制強化は、世界の直接投資・M&Aに大きな影響を及ぼしている。二〇一九年の時点で世界直接投資が三%増加している中、クロスボーダーM&Aは、約二五%と大幅に減少している。

近年のクロスボーダーM&A上位一〇社は、そのほとんどが米欧先進国企業である。二〇一九年時点では、中国など新興国企業は一社もなく、二〇一八年は中国から一社が入ったが、シンガポール不動産会社を買収したものであった。

また近年の買収側と被買収側を見ると、クロスボーダーM&A先進国と新興国のほとんどの企業は、それぞれ先進国と新興国域内で買収を行ったことがわかる。米国における、中国など対内投資・M&Aへの審査・規制強化により、世界の投資・M&Aの地域・業種構成に変化がもたらされつつある。

†サプライチェーンの変化・再編

ハイテク技術分野は経済的視点のみならず、国家安全保障上の視点からも重要性が増し、国を挙げての覇権争いの種となっている。それに伴い、アメリカは次世代通信規格など、ハイテク技術が台頭している中国に対して制裁を強化している。こうした背景の下、グローバルサプライチェーンの重要な環節である中国・アジアのサプライチェーンにおける数多くの日本企業は大きな影響を受けている。

たとえば、米国販売に占める三菱電機の中国製機種の比率は、放電加工機が七割、レーザー加工機が三割といずれも高い。こうした日本企業への米中貿易摩擦の影響として、中国における日本企業の米国向けに出荷できない分の損失や、中国から米国に輸出して賦課された追加関税および米国から中国に輸入した調達品に賦課された追加関税などが挙げられる。こうした米中摩擦・対立影響を軽減・回避するために、中国における日系企業は近年、中国からベトナムなどのASEAN地域に生産をシフトしつつある。

二〇一九年五月、事務機器大手のリコーは、中国上海と深圳にある複合機生産拠点をタイに移し始めた。米国の対中追加関税「第四弾」の対象（対米輸出分追加関税額：数十億円）の経営リスクを回避するためである。

また同年六月、中国浙江省にあるシャープは、追加関税二五％の負担を避け、代替の生産拠点を確保することでアメリカ市場での価格競争力を高めるために、米国向けのノートパソコン生産の一部をベトナムに移管することになった。

一方、セイコーエプソンも、中国生産プロジェクターのうち米国向けの六割を、ベトナムに移管している。京セラは、アメリカが対中制裁関税第四弾の発動方針を表明したことを受け、広東省東莞市の複合機・プリンター主力生産拠点、アメリカ向け複合機・プリンターの広東省東莞市生産拠点を、ベトナムへ移管する方針である。任天堂も、米中摩擦の深刻化に対応するため、七月から主力となる家庭用ゲーム機「ニンテンドースイッチ」の生産ラインの一部を、中国からベトナムへと移している。

なお、三菱電機は米中貿易摩擦に対応するため、米国向けの工作機械の生産（金型製造などに使う放電加工機と金属板を切断するレーザー加工機という二品目）を、中国・大連工場から日本に移管した。

ジェトロが実施した「二〇一九年度日本企業の海外事業展開に関するアンケート調査」によると、米中摩擦・保護主義的動きへの対応策として、サプライチェーン再編が行われている。アンケート回答企業によるサプライチェーン再編について、生産移管、調達、販売先の変更は、上述のように大手企業を中心に再編が進み、それぞれ一五九件、一七〇件、八三件となってい

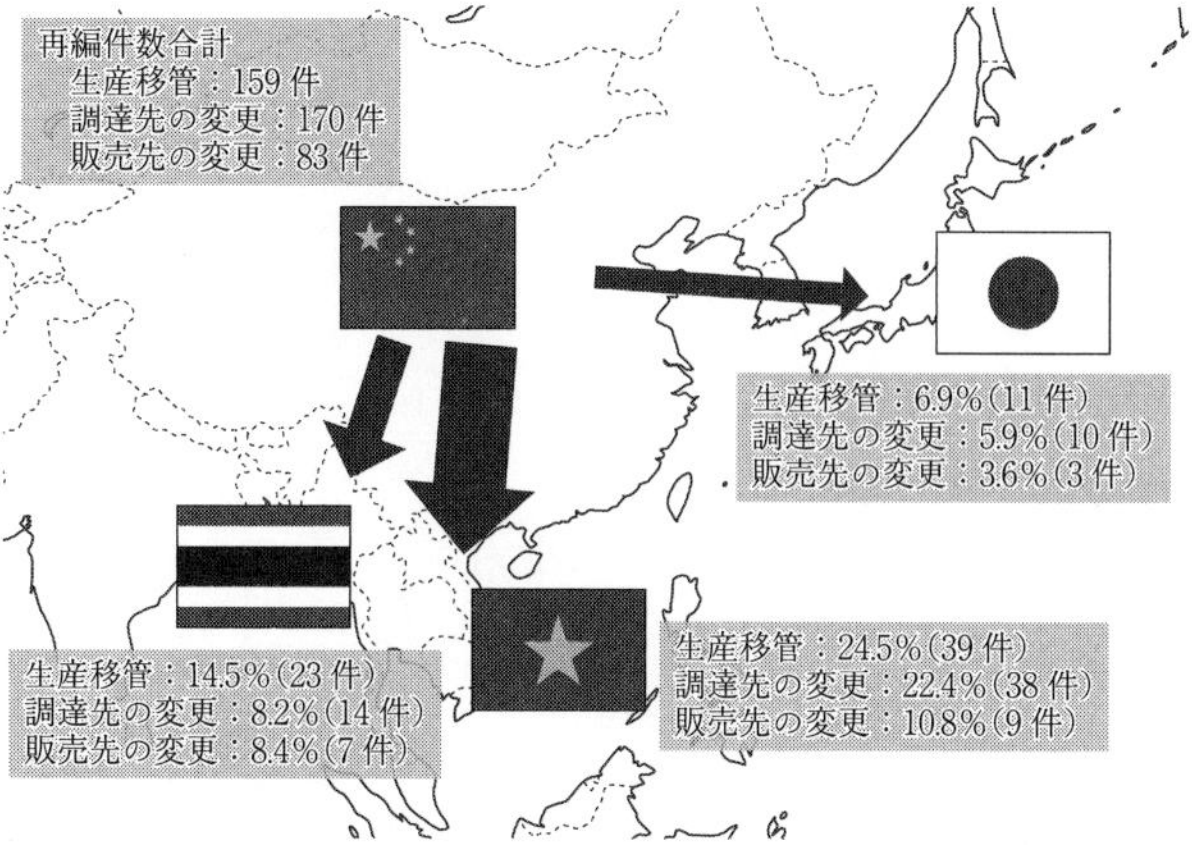

図終-1　サプライチェーン再編
注：再編件数は、再編をすでに実施または実施予定の案件数の合計。割合は各移管・変更パターンを100とした場合の比率（%）を示す。1社につき最大2件までの回答とする。
出所：2019年度「日本企業の海外事業展開に関するアンケート調査」（ジェトロ）。

る（図終-1）。

再編のための生産移管では、中国からベトナムなどのASEAN諸国へのシフトが目立つ。ベトナムへのケースが約四分の一と高く、再編・移管先はベトナムとタイを中心にASEANが全体の六割を占めるなど、日本企業を取り巻く国際政治経済環境の変化に適応すべく、サプライチェーンが形成されつつある。

二〇二〇年一二月二九日、共同通信社のアンケートよると、海外流出を防ぐ必要がある重要技術を持つと国が認定した大手日本企業九六社中、四割超がサプライチェーン（部品の調達・供給網）を見直し、中国から周辺国に生産拠点や調達先を分散する多元化を進めている。ハイテクをめぐる米中対立や新型コロナウイルスの感染拡大による医療品枯渇で、中国に生産力が集中する安全保障上のリスクが露呈したことを受けたこの措置により、中国依存からの脱却を模索する動きが鮮明になった。[15]

なお、アメリカにおける日系企業で、調達先を変更する/した企業のうち、調達先を中国から変更と答えた企業の割合は八割超(八四・四%、一〇八社)だった。変更後の主な調達先は、日本二八・九%(四二社)、米国三八・〇%(四一社)が上位となり、タイ二五・九%(二八社)、ベトナム二四・一%(二六社)、メキシコ一六・七%(一八社)と続いた。[16]

日本企業のほかに、中国における対米輸出の韓国企業や台湾企業、米国企業および中国本土の企業の多くは、米中摩擦に対応して、積極的にサプライチェーンの再編に乗り出している。

韓国系企業の場合、サムスンビナは、二〇二〇年内にパソコンモニターの生産ラインの大半を、中国からホーチミン市九区にあるサイゴンハイテクパーク(SHTP)のサムスン家電コンプレックスに移管することになった。[17] LGエレクトロニクスは、すでに二〇〇九年六月、中国泰州工場で生産して米国に輸出していたプレミアム冷蔵庫の生産を、すべて韓国の昌原(チャンウォン)工場に移転した。冷蔵庫だけではない。携帯電話、自動車、家電、流通、化粧品など全業種にわたり、韓国メーカーが中国市場から抜け出している。

サムスン電子は、二〇一九年末に天津の携帯電話工場と深圳の通信装備生産設備を撤収。L

Gエレクトロニクスは、煙台と青島にある携帯電話生産工場を一カ所に統合することを検討している。(18)

なお、二〇一九年六月五日付けの韓国「中央日報」には、韓国経営界では「韓国政府も、海外に出て行った韓国企業の工場をUターンさせるために積極的に取り組まなければならない」という意見が出ている。

ハイテク産業をめぐり、米中覇権争いを目撃した韓国の主要企業も、技術流出が懸念される先端生産設備と研究開発投資は韓国国内で行う傾向にあり、中国に大規模半導体工場を設立したサムスン電子とSKハイニックスは、先端半導体ラインを韓国国内に作っている。(19)

なお、韓国全経連が、香港に進出した韓国企業九三社のうち三四社を対象に行った「米中貿易摩擦と香港国家安全維持法の影響や展望」に関する調査によると、海外の取引先のうち、すでに香港から撤退した企業と撤退予定の企業は、およそ二〇・六%で、グローバル企業の「香港離れ」の動きもみられる。(20)

このように、韓国企業が中国に代わる生産拠点をベトナムにシフトする動きは、活発になってきている。エレクトロニクスをはじめとして、親企業と関連企業・部品メーカーは、ベトナムへの共同進出・集積を見せており、近年、韓国企業の対ベトナム直接投資が急増している。

二〇一八年には、その投資額前年比六〇%以上と大幅に増加し、さらに二〇一九年上半期では、一八年に比べると七二・六％の大幅増となっている。二〇二〇年には、韓国はベトナムの対内直接投資における第二位の投資大国となっている。

台湾系企業も米中摩擦・技術制裁の影響に対応し、中国における台湾の製造企業が中国大陸から回帰する動きを強めている。台湾政府への投資申請は二〇一九年一月から二〇二〇年六月一日までの累計で、ITなどハイテク分野を中心に七六〇〇億台湾ドル（約二七〇億米ドル）に達した。これは、対中投資の五倍以上である。米中貿易摩擦を受け中国外での生産を求められ、二〇二〇年六月時点で、台湾企業一九〇社以上が中国大陸から移転しようとしている。台湾企業は米中のハイテク産業デカップリングが進む中、活発に大陸からシフト・回帰の動きを見せている。

たとえば、二〇〇〇年代初期に中国に進出し、上海市や江蘇省・常熟市、重慶市などに三カ所の生産拠点を持っている世界EMS大手の広達電脳（クアンタ）は、近年中国の一部部品の生産能力を台湾桃園市に移し、約一五〇億台湾ドルを投じて、フェイスブックやグーグルなど、米IT大手にデータセンター向けサーバーを供給する計画である。

そのほか、液晶パネル大手のイノラックスは、中国大陸からパネル組立ラインを一部台湾に移し、七〇〇億台湾ドル以上を工場建設に投じている。電子部品やLED関連製品などを手掛ける台湾の光宝科技（ライトン・テクノロジー）、は二〇二〇年五月、年内に中国以外の国・地域での生産比率を二〇％に高め、生産を拡大させている。和碩聯合科技（ペガトロン）、台達電子工業（デルタ電子）、台郡科技（フレキシウム）など、台湾の通信情報機器企業も、自国への回帰を進めている。

なお、指摘すべきはファーウェイへの半導体・チップ供給大手メーカーであるTSMCが二〇二〇年五月、アリゾナ州と米国政府からの誘致で、一二〇億ドルを投じて同州に次世代製造工場を建設することを発表したことである。同工場は、新しい五ナノメートルプロセス技術を使用したチップを生産し、二〇二一年に着工、二〇二四年に稼働予定だ。

アメリカのファーウェイへのハイテク半導体技術・部品供給の禁止や、米中技術覇権争いの板挟みになっている台湾TSMCは、アジアでの最大供給先であるファーウェイを事実上放棄し、アメリカを選んだのである。このことから、いわゆる既存の合理的なグローバル・サプライチェーンは、中米の摩擦と技術的ヘゲモニー競争の地政学的リスクに直面し、非常に脆弱だとうかがえる。

一方の中国企業は、米中摩擦の影響を受けて、近年ベトナムをはじめ、ASEAN地域への進出を加速させている。直接投資から見ると、中国企業の対ベトナム投資は、二〇一九年一〜九月に前年同期比三倍近くの約二五億ドルへと大幅に膨らみ、過去最高を更新した。業種別に見ると、加工・組立など製造部門への投資が九割以上を占めている。

たとえば輸送機械・トラックやバス用のタイヤ製造（二億八〇〇〇万ドル、南部タイニン省）、タイヤなどのゴム製品製造（二億一四四〇万ドル、南部ティエンザン省）のほか、電子部品製造、ステンレス加工など、大型の製造案件が目立つ。(21)

大手企業が進出した例として、電気機器メーカーのTCL集団が挙げられる。TCLは一九年三月初旬、三億六〇〇〇万元を投資して年間三〇〇万台のテレビ生産能力を構築している。近年では、ベトナムのビンドゥオン省にあるベトナムシンガポール工業団地で、TCLベトナムの電気機械全体の統合製造基地建設に正式に着工した。同基地が完成すれば、中国のTVブランドが東南アジアの自社工場に投資する生産チェーンの中でも、最大のデジタル化製造拠点となる。

中国企業は米中摩擦対応のため、ベトナム以外のタイなど、ASEAN地域へも投資を拡大している。二〇一九年、中国企業の新規投資案件は二〇三件で、投資額は二七億一三〇〇万ドルと、前年比二・七倍の大幅増となっている。在中国タイ大使館投資処の参事官・タイ投資促進員会北京弁事処主任の鐘宝芬によると、二〇一九年に中国は日本を超えてタイ第一位の対内投資大国になる。ストック額は八六億六〇〇〇万ドルに達し、タイの対内直接投資ストック額の五割以上を占めている。

業種別にみると、ほとんどが輸送機械、電機機械・部品、ゴム・タイヤなどの製造分野に集中している。輸送機械とタイヤメーカーの主な例は、次の通りである。

北京汽車グループ傘下の企業である福田汽車は、二〇一九年五月、大手財閥CPグループと、タイでの車両生産・販売に向けた合弁事業に乗り出した。同年四月には、工業団地開発大手のWHAコーポレーション、中国山東省のタイヤメーカー浦林成山輪胎（プリンクス・チョンシャン・タイヤ）は、三億ドルを投じ、二〇二〇年半ばまでに、乗用車用ラジアルタイヤ年産四〇〇万本、トラック・バス用ラジアルタイヤ八〇万本の生産能力を構築し、生産する。それに備え、四月に工場建設に着工した。

また、中国深圳市を拠点とする液晶ディスプレイ（LCD）メーカー、シェンチェン・ベッサー（Besser）・ディスプレイ・イクイップメントは、二〇一九年四月に米中貿易摩擦による米国の関税障壁を避け、対米輸出競争力を維持するために、生産能力をタイにシフト。二〇二二年までにタイ東部に液晶ディスプレイ製造工場や研究開発センターを開設することになっている。

近年、中国企業がこのように「相対的企業優位」を活用し、ベトナム・タイなどASEAN地域への市場開拓型進出を展開している中、米中摩擦による影響は、中国企業の現地への移管・投資拡大をさらに押し上げている。二〇一九年に中国企業による、大陸および香港経由のASEANへの直接投資は、二〇一〇年の六五億ドルから二〇一九年には約三倍の二〇〇億ドルへと拡大し、二〇二〇年一～九月、中国大陸企業の対ＡＳＥＡＮ投資は、前年同期比約七七％大幅増の一〇七億二〇〇〇万ドルに達している。

他方、中国における米国企業や、米国企業の受託生産会社も、米中摩擦による追加関税の影響を受け、生産能力を中国からシフトしつつある。在中アメリカ商工会議所による中国の米国所有企業二三九社の調査によると、二二・七％の企業がサプライチェーンを中国から移転し、一九・七％が製造の一部またはすべてを中国から移転することを検討しようとしている。三三・一％は投資を延期またはキャンセルし、中国への投資を増やすのはわずか二・九％の企業である。[22]

中国における米系企業や米国企業の受託生産企業は、生産能力一部を中国からベトナムなど東南アジア地域に移管しつつある。たとえば、米アップルiPhoneの配線・ケーブルやコネクタ生産を専門とするHonHaiGroupのHonTeng 6088 Precision Technologyは、二〇一八年一〇月に、ベトナムのNew Wing Interconnect Technologyの株式を八億八〇〇〇万元で取得し、バクザン省での生産をさらに拡大している。

さらに、iPhoneの保護用ガラスサプライヤーのLens Technology、AirPodsメーカーのGoertek、アップル社携帯電話バッテリーサプライヤーのDesay Batteryもベトナムに設立し、生産ラインを増やした。

Goertek の場合は、二〇一九年一月、ベトナム北部バクニン省に二億六〇〇〇万ドルを投じて工場を建設し、二〇二〇年五月にベトナム生産が本格化している。二〇二〇年第二四半期では、AirPods 生産量は数百万台と、全体の三割程度に達すると見られている。こうして同社は、米中摩擦が深刻化するにつれ、従来は中国生産拠点に依存している AirPods 供給分の全量をベトナムに移転。生産の一極集中を回避し、製造拠点の分散を進めている。新型コロナウイルスの感染拡大で、中国依存のリスクが高まったことにも対応可能な状況が生まれつつある。

なお、米国のランニングシューズ市場で最大のシェアを持つブルックス・ランニングも、中国での生産を縮小し、ベトナムに大幅移管する方針を示した。米中貿易摩擦による関税の引き上げを踏まえた措置となる。専門家は、貿易摩擦の機会を生かしてベトナムが米国向けの輸出を今後も増やしていくと予測している[23]。

アメリカ政府は、製造業を海外・中国から、回帰政策として米国企業の中国離れを促している。ホワイトハウス経済顧問ラリー・クドローは、二〇二〇年五月二六日、米FOXビジネスの取材に対し、トランプ政権は香港や中国本土にある米国企業が国内回帰することを歓迎し「移転費用を全額カバーするために(政府は)できる限りのことをする」と述べた[24]。

このように、米中摩擦・対立に対応し、日本、韓国、台湾、中国および米国系企業の中国での生産拠点・生産能力においては、脱中国一極依存やベトナム、タイなどASEAN地域への移転の動きが活発化している。中国をはじめとするアジア・グローバル・サプライチェーンには大きな変化がもたらされ、再編されつつある。今後、米中対立の深刻化に伴い、さらに変容は拡大し、各国政府・企業の対応が迫られると予測されよう。

†技術覇権争いの展開——暗号化をめぐる米中摩擦対立

世界政治経済秩序を牽引しているメインファクターである米中両大国は、その主導権を決定する技術パワー・技術覇権をめぐって争いを激化させ、国際金融・経済分野にまで広がっている。それは、中国とアメリカをはじめとする先進民主主義諸国側陣営との、体制・イデオロギー・価値観の摩擦なのである。

中国は、機密情報が第三者によって監視されるのを防ぐ新世代暗号化技術「量子暗号化」の規則策定を主導しようとしている。量子暗号セキュリティの国際評価基準を確立するという中国のアイデアは、国際標準化機構（ISO）によって承認され、早くも二〇一九年、国際基準のベンチマークスキームになることが決定された。中国は量子暗号技術の開発だけでなく、ルール策定を主導し、セキュリティ分野での存在感を高めていく可能性がある。

中国の量子暗号技術開発は、日米欧よりも進んでいる。二〇一七年には、約一二〇〇キロメートル離れた地上二カ所で、衛星から放出された光子を受信することに成功した。二〇一八年には衛星経由で、中国とヨーロッパの間で量子暗号の重要な情報を共有した。光ファイバーネットワークに関しては、北京・上海間に二〇〇〇キロメートルの通信ネットワークが構築されており、送電網や金融など重要なインフラストラクチャーに関する情報が監視されないようになっていると考えられている。中国がルール作りを主導すれば、この分野での存在感は大幅に高まり、次世代技術における世界の主導権を獲得できる可能性がある。

アメリカは、中国主導の規則制定にますます不満を募らせ、中国が提案する国際基準確立の推進を決定の際に、米国代表としての投票権を有するアメリカ国立基準協会が、「中国の提案は不十分」であると反対した。米中間のハイテク競争が激化する中、アメリカは、これまで自国によって設定されたセキュリティ評価基準の主導権を中国に掌握されることに強く反対している。こうした背景の下、二〇二〇年七月、次世代暗号を提案した中国は落選した。残った提案候補は、米クアルコムや米インテル、スイスのＩＢＭチューリヒ研究所などによるものである。(25)

アメリカは、インターネットでのデータのやりとりに使う新たな暗号の標準技術を二〇二一年にも決定するが、今後実現が見込まれる高性能量子コンピューターをもってしても解読が難しいものを選ぶ予定である。中国は機密情報の管理を重視し、専用通信装置を使う別の通信技術で国際標準を狙う。将来のサイバーセキュリティーをめぐる主導権争いが激しくなっている。

すでに米中は、二〇一九年秋、ITUの世界無線通信会議による5Gの国際標準決定についても対立している。つまり5Gの運用方式において、低周波（〇・一～一〇〇〇ヘルツ）とTD－LTE方式を主張する中国側と、高周波（一〇〇〇〇ヘルツ～）とMD方式を主張する米国方式で異なっており、このように5Gに関する標準化で争いを見せているのである。

中国は、ハイテク技術標準をはじめ、脱アメリカ依存を念頭に、積極的に国際標準・ルールづくりに参加し、発言権を高め、国際社会への影響力を拡大しようとしている。中国国務院は、二〇一五年一二月に「国家標準化体系建設発展規画（二〇一六～二〇二〇年）」を掲げて国際標準化作業に積極的に参与した。国際標準化機構の常任理事国および技術管理機関の常任理事国としての中国の役割を十分に発揮し、国際標準化戦略、方針および規則の策定と修正を包括的に計画し、国際標準化活動に対する中国の貢献と影響力を強化する狙いだ。(26)

つまり、中国基準のグローバル化を積極的に推進し、世界に広めることによって、中国製品やサービスのグローバル化を支援しようとしているのである。

さらに中国政府は、自国の技術規格を国際標準化させる「中国標準二〇三五」戦略を作成しつつある。近い将来、世界の技術主導権のみならず、技術の国際標準の設定・応用に関する国際標準化の主導権を握ろうとしている。今後中国は、アメリカをはじめとする先進諸国から警戒され、米国との摩擦・争いが増幅することが必至であろう。

二〇二一年二月八日のウォール・ストリート・ジャーナルによると、「電球から長いす、窓、Wi-Fiルーターに至るまで米国の家庭にあるほとんどすべての製品は、それらの品質と機能の汎用性を保証するために設けられた基準や計測値の国際的システムに準拠している。米国とその同盟諸国によって何十年もかけてつくられてきた工業規格は、世界市場を支える見えないルール基盤となっている。それは当たり前のことのように聞こえるかもしれないが、この統一性は国際貿易にとって欠かせない。あらゆるボルト、USBプラグ、海運用コンテナなどが世界中で互換性を持つことが規格の統一性によって保証されるからだ。こうした規格は、西側の技術専門家らが長期にわたり支配してきたさまざまな国際パネルの合意を反映している」[27]。

すでに述べたように、中国の産業革命の歴史は、七〇年代末からのことで、欧米先進国に比べると二〇〇〜三〇〇年の差が存在している。日本に比べても一一〇年以上もの差があり、技術蓄積の歴史があまりにも浅い。半導体などのハイテク分野はもちろん、伝統的なモノづくり技術は、米日欧先進国に大きく依存している。

昨今の中国は世界のGDP第二位の大国、また貿易の第一位大国として存在感が増しているとはいえ、ハイテク分野はまだまだ苦手である。しかしながら、アメリカなどの先進国は、中国の台頭やハイテク技術獲得に対して警戒し、中国規制の度合いがエスカレートするに伴い米中技術摩擦も激しさを増している。中国は今後、自国の資金力や世界の市場を活用し、中長期的工業技術基準を先に作り、アメリカをはじめとする先進国に優位に立ち、そうした同盟国によるハイテク技術封鎖の壁を突破しようとしている。

こうして中国は、未来の産業分野での主導権を握りたいと目論む。中国政府が国の資金と政治的影響力を活用し、通信・送電・人工知能（AI）などあらゆる最先端技術の規格を設定しようとしていることに、多くの西側諸国は懸念を隠さない。

†デジタル人民元によるドルへの対抗

近年、中国貨幣当局は人民元の国際化を進める中で、中国ならではのデジタル化社会・市場の優位、つまり巨大化しつつあるデジタルプラットフォームパワー（スマートフォン保有者：国内一〇億人以上）を活用し、デジタル人民元を導入し、アメリカの基軸通貨であるドルに対抗しようとしている。

一方のアメリカ側は、ドルの覇権は続くのか。繰り返されてきた問いに、あらためて光が当たっている。発端は、米フェイスブックが二〇一九年に打ち上げた暗号資産「リブラ（Libra）」の発行構想である。

二〇二〇年一〇月、中国の深圳で「デジタル人民元」のテスト（五万人の使用：総額一〇〇〇万元）が開始された。一〇月二六日の、中国人民銀行（中央銀行）易綱総裁の談話によると、中国はデジタル人民元を、二〇二二年二月に北京で開催される冬季五輪までに発行する方針であるという。中国がデジタル人民元を推進する背景としては、次のいくつかの点が挙げられる。

第一に、脱ドル依存することで、さらなる人民元の国際化を拡大し、国際金融・通貨システムにおける影響力・存在感を高めることである。人民元の決済での地位は、すでに向上傾向にある。SWIFT（国際銀行間通信協会）が発表したデータでは、二〇年六月の時点で、金額の統計に基づくグローバル決済通貨ランキングで、人民元は五位に躍進し、その世界シェアは一・七六％であった。

二〇一六年一〇月一日より、正式にSDR（IMFの特別引き出し権）構成通貨に入ったことで、新しいSDR通貨バスケットは、ドル、ユーロ、人民元、円、ポンドといった五つの国際通貨となった。その中に占める人民元の比率は一〇・九二％と、円（八・三三％）やポンド（八・〇九％）の比率より高いものの、ドル（四一・七三％）とユーロ（三〇・九三％）の比率をはるかに下回っている。

またSWIFTによると、二〇二〇年一〇月時点、国際決済総額に占める人民元建て決済額シェアは一・六六％に過ぎず、一五年八月ピーク時の二・七九％（第四位）を下回り、ユーロ（三七・八二％）、USドル（三七・六四％）、ポンド（六・九二％）、円（三・五九％）、カナダドル（一・七四％）に次いで六位となっている。

これは、拡大しつつある中国経済・貿易の世界シェアにふさわしくないことを示している。その背景には当然ながら、人民元国際化拡大に必要な資本の自由化と人民元の利便性および基軸通貨ドルの影響力とその慣性力にある。しかし今後、デジタル人民元の使用は、とくに「一帯一路」沿線国や中国との経済・貿易関係が緊密な諸国との取引決済にあたり、仲介役通貨（ドルなど）越しに人民元建てでの直接決済につながるであろう。したがってデジタル人民元は、人民元の国際化を押し上げ、元の国際通貨の地位を強化することになるのである。

第二にアメリカ側のリブラ（ディエム）への対抗である。

リブラは、二〇一九年六月一八日にアメリカのフェイスブックによって開発されたブロックチェーンベースの仮想通貨である。二〇二〇年に発行される予定だったが、同年一二月一日に、フェイスブックが主導する暗号資産「リブラ」の管理団体リブラ協会は、暗号資産と団体の名称を「ディエム（Diem）」に変更し、経営体制を強化することを発表。二〇二一年内に発行するとみられている。

ディエムの前身であるリブラの発行・管理は、リブラ協会（創立メンバー：マスターカード、VISA、Paypal、eBay、Uber、Spotify）が行う。そのリブラ・リザートという通貨は、単一の法定通貨に固定されず、ドル、ユーロ、円といった複数通貨および政府短期証券を含む「通貨バスケット」である。その内訳は、アメリカドル五〇％、ユーロ一八％、円一四％、ポンド一一％、シンガポールドル七%となっている。人民元を除外したリブラ協会は、中国人民元の警戒を強めつつ、米国の金融でのリーダーシップを世界に広げ、民主主義的な価値観や監督力を高める狙いがある。

中国は、リブラのホワイトペーパー2・0が出された直後の二〇二〇年一〇月、デジタル人民元を実施するスケジュールを発表し、その開発を加速させている。中国のデジタルプラットフォームの優位性をデジタル人民元の推進に活かし、リブラ・ディエムに対抗しようとしているのである。

デジタル人民元は、リブラ・ディエムのように通貨の価値を裏づける通貨バスケットを必要とせず、法定の人民元に裏づけられている。今後中国貨幣当局は、アリババのアント・フィナンシャル(Ant Financial)やテンセント(Tencent)などの国内デジタルプラットフォーマーの強みを活かし、国内に徐々に導入・普及させ、ゆくゆくは東南アジアや中央アジアなど「一帯一路」沿線エリアや諸国でも使用を開始する狙いである。

こうして中国は、リブラとの競合を念頭にデジタル人民元の開発・推進を進めることで、リブラに対抗するのみならず、アメリカをはじめとする既存の国際決済システムの不健全性を打破し、脱基軸通貨ドル依存を目指すとともに、人民元の国際通貨としての本格的な地位を高めようとしている。

最終的には、近い将来、アメリカの基軸通貨ドルの決済システム・SWIFT決済システムによる制約・制裁を避けようとする狙いがある。

世界でドルを中心とした国際決済通信システムSWIFT（国際銀行間通信協会）は、一九七三年に米国や欧州などの金融機関がベルギーに本部を設立した協会であり、世界二〇六の国および地域、金融機関一万一〇〇〇社以上が加盟し、利用している。中国銀行、中国工商銀行などは、一九八三年以後にSWIFTに参加した。近年、米中技術摩擦・対立が激化する中、中国政府・金融機関は、アメリカが主導するドル建ての決済システム（SWIFT）からの制限・制裁を警戒。積極的にデジタル人民元の開発・構築を通じ、ドル決済システムへの依存リスクを軽減し、避けようとしている。

また中国人民政治協商会議の報告によると、首都経済貿易大学の劉業進教授によると、中国やデジタル人民元を使用できる他の地域・国での取引決済が進むことで人民元の国際化がさらに促進され、その拡大が、ドル決済システムの打破に役立つという。(28)

香港金融ブロックチェーン組織であるアジアブロックチェーン学会会長蔡志川氏は、デジタル人民元は、アメリカがコントロールしているSWIFT決済システムを回避し、国際支払い・決済メカニズムにおける新しい代替案になる可能性があると指摘している。

特筆すべきは、アメリカは二〇一二年に対イラン、二〇一八年に対ロシアの三八人・企業、二〇二〇年に対香港高官一一人に対して、資産凍結などの禁輸制裁を行っている点である。これは、中国政府高官、金融機関に大きなインパクトを与えた。米中摩擦・対立がエスカレートして以来、国内のマスコミや多くのアナリスト、および政府系研究機関の専門家などは、警戒の必要性を説きつつ、対応すべき問題であると騒いでいる。

今後米中対立がさらに激化すれば、アメリカは、SWIFT、CHIPS、Fedwireによるドル主導の国際決済システムを駆使し、中国の金融機関・企業・個人に対する金融制裁を開始し、清算・決済・支払いチャネルを遮断し、米国内の資産を凍結することなどを余儀なくされると も考えられる。

こうしたことも背景に、中国ではデジタル人民元の導入や、人民元の国際化の拡大を脱ドル依存のための手段として速められた経緯がある。

今後中国は、デジタル人民元による人民元の国際化を目指すと同時に、足元で「一帯一路」・SOC諸国との輸出入貿易決済での人民元建て決済比率の拡大を狙う。

たとえば、中国とロシアとの貿易決済のドル建て比率を、二〇一五年の約九〇%から二〇一九年には五一%に下げ、さらに二〇二〇年第一四半期では、ドル建ての比率を四六%にまで大幅に下げた一方、ユーロ建ての比率は三〇%を超え、人民元建ての比率は、一七%にまで達している。

なお、ロシアの外貨準備高においては、二〇一五年に人民元がロシアの外貨構成通貨になって以降、中露の金融協力によって、人民元の構成率が高められている。ロシアの外貨通貨構成では、ドルが四三・七%から二三・六%に下がった。一方で人民元の比率は五%から一五%にまで上昇している。[29]

このように中国は、デジタル人民元の国内での導入・普及を促進させた上で、さらに「一帯一路」沿線エリア・新興諸国を中心に、さらに人民元を展開させ、足元ではデジタル応用可能な仕組み・技術確立を進めつつある。米中技術・体制の摩擦がますます深刻化する中、一方のアメリカは、中国標準・モデルの人民元が世界へ広がることを警戒し、中国による世界デジタル通貨の先行・主導権を抑制するために、禁輸分野での対中国規制や制裁を強めかねず、金融分野での米中摩擦対立はますます深まるものと考えられる。

†米中対立とブロック化――非対称のブロック化・デカップリング

これまでの中国・新興国は、アメリカなど先進国の対内直接投資に伴い、先進諸国の資本・技術や経営管理の手法および国際市場の販路を活用。労働集約型をはじめとするローエンド・ミドルエンド分野の比較優位を発揮し、対先進国・世界輸出を拡大させ、国力を伸ばしてきた。さらにIoT・AIをはじめとする第四次産業革命の技術を活用し、5Gやビッグデータなどの分野でアメリカなどの先進国に拮抗するようになりつつある。

一方、アメリカなど先進国は資本利益最大化の原則で、対外直接投資により、産業資本・製造業を中心に中国などの新興諸国に移転し、海外現地生産を拡大してきた。前述のように、被投資国は一九八〇年代、特に九〇年代以降、先進国から資本のみならず、製造技術やマネジメントも吸収するようになっている。こうして中国などの新興国は、先進多国籍企業の対内直接投資を盾に「学習効果」を通じ、キャッチアップ型技術能力を高め、さらにグローバル経済に参加し、大きな輸出利益や経常収支黒字をもたらした。

それに対して、アメリカなどでは資本家・経営者が製造業などの海外移転から大きな利益を取得する一方、国内の産業空洞化を生じさせ、ブルーカラー層の失業者を増大させてきた。

加えてアメリカなどは金融資本主義に集中し、資本所得が増長しているが、労働配分率が下がっていることで国内所得格差が拡大している。特に二〇一〇年以降、中国・新興国は、労働集約製品をはじめとする「集中豪雨的な」輸出によるアメリカなどの市場シェアを拡大させ、アメリカの経常収支・貿易赤字はますます拡大している。二〇一八年時点で、モノの貿易赤字は前年比一〇・四%増の八七八七億以上に達し、二〇〇六年以来、一二年ぶりに過去最大を更新。対中国の貿易赤字は、二〇〇六年の二〇〇〇億ドル余りから、二〇一八年には四一九二億ドルにまで膨らんで、貿易赤字総額の五割近くにあたる四八%を占めている。中国を含めた対新興国貿易赤字額は、貿易総額の約八割を占める。

その背景には、中国などの新興国が後発利益を活用して、一九九〇年代後半には積極的にグローバル化した国際分業へ参入していったことにある。

中国は二〇〇一年にWTOに加盟し、本格的にグローバル経済・国際分業に参加。モノづくりのセンター、世界の工場・市場として、本国経済を大いに発展させると同時に、世界経済の発展を牽引してきた。一九九〇年以降は、中国のほかにロシア・東欧などの旧社会主義国も民主化を実現して市場経済に移行し、国際分業・グローバル経済のメリットを活用し、経済発展を促進してきた。インド、ブラジル、南アフリカ、東南アジアなどの新興国・地域も、先進国からの対内投資・技術移転を積極的に受け入れ、グローバリゼーション・国際分業に参入し、国際市場シェアを拡大し、経済成長を遂げた。その結果、先進国の国際市場・貿易市場シェアおよび先進諸国との所得・富の格差を縮小した。

先述のようにアメリカをはじめとする先進国は、金融資本主義を重視し、資金運用・金融活動に集中した結果、モノづくり型、技術革新・開発パターンの経済発展を怠ってきた。これにより、資本所得・資本分配率が高いが、労働分配率が低下してきた。二〇一〇年代後半には経済・所得格差がますます拡大し、ひいてはグローバリゼーションに反対する低・中所得層の不満が高まり、保護貿易主義、国家ナショナリズムの高揚に至っている。

ポピュリズムの台頭・拡大を招いた主因は、中国をはじめとする新興国のグローバリゼーションへの参加、対先進国貿易黒字の拡大というよりも、アメリカなど先進諸国が金融資本主義に集中し、モノづくりの製造業および技術革新を怠ったことにより、国内の資本所得・分配率が上昇し、労働分配率の低下および所得格差の拡大がもたらされたことにある。

つまり新興国の台頭や世界経済の多極化、グローバリゼーションによる先進国への輸出拡大・貿易黒字の増加は、アメリカなど先進国内のポピュリズムの台頭を生んだ内因ではなく、そのポピュリズムを拡大した外因である。

一九九〇年代以降、中国などの新興国の台頭により、世界政治経済構造は多極化しているが、二〇一〇年代中葉までは、こうした動きは比較的融合した多極化と言える。しかしながら、二〇一五年以降、先述のアメリカなど先進国の経常収支赤字がますます膨張し、国内所得の格差および中国など新興国の対米・対外貿易黒字は増大した。経済・技術力が向上するにつれ、アメリカでは、自国第一主義や保護貿易主義とポピュリズムが高揚するようになっている。

アメリカは米中貿易摩擦・技術摩擦を仕掛け、双方は関税合戦を展開し、米中摩擦が深刻化している。これは世界政治経済に大きなインパクトを与えている。中国の5Gをはじめとするハイテク技術の台頭に伴い、アメリカの対中技術制裁・封鎖はますます激化した。アメリカなどの先進国は、中国ファーウェイの5G通信システムを除外している。加えて中国の新型コロナウイルス初動対応や香港国家安全法問題をめぐって、米中摩擦・対立がさらにエスカレートし、「新冷戦」の現実味を帯びつつある。

こうした背景の下で、世界の政治経済構造は一段と複雑化し、不確実性を増しており、多極化している政治経済構造がますます揺らぎ、対立が先鋭化している。言い換えれば、これまでの、比較的融合的で協調・競争的な多極化から、より対立的な多極化――体制・価値観やイデオロギーの摩擦・対立・対抗を孕む多極化――へと変容しようとしている。

指摘すべきは、こうした新冷戦は、旧ソ連時代のように、二つの東西陣営に分かれて、対抗するという構図ではないという点である。中国の場合、旧ソ連と比べると経済力・技術力が上であるとはいえ、旧ソ連のように社会主義・共同信仰といった絆や、西側先進国に対抗できる陣営を持っていない。中国が推進してきた「一帯一路」エリアにおける東南アジアや中央アジア、西アジアおよびアフリカ地域との関係は、そのほとんどがビジネスおよび投資利益の関係で、旧ソ連のように政治的影響力を持っていない。それゆえ、近い将来ますます深刻化するであろう米中両国の対立・冷戦は、かつて戦後世界を二分した西側のアメリカ合衆国を盟主とする資本主義・自由主義陣営と、東側のソ連を盟主とする共産主義・社会主義陣営といった東西対立構造とはならないのである。それはむしろ、非対称的対立・対抗構図になると考えられる。

近年、アメリカは対中攻勢を強め、米中の経済関係を切り離すデカップリング（分断）を進めようとしている。

しかしながら、現在中国の世界経済における存在感・シェアは、旧ソ連をはじめとする東側陣営を大幅に上回る。一九五〇年時点で、アメリカは、一国で世界のGDPの約三割を占める圧倒的な経済力を持っており、ソ連、東ヨーロッパなど東側陣営のGDPを合計しても、実質的にはアメリカの六割ほどにしかならなかった。二〇一九年の中国GDP規模は一四兆七三一〇億ドル以上で、アメリカGDPの約七割にあたる六八・七%に達しており、世界GDP総額の約一七%を占めている。購買力平価ベースでは、アメリカより一割高く、世界購買力平価ベースのGDP規模は第一位となっている。

貿易分野でも中国の存在感は大きい。二〇一九年時点、中国の輸出規模は世界シェアの一三・五%を占め、アメリカの輸出額の一・五倍に達している。一方、当時のソ連をはじめとする東側陣営が世界の輸出に占めた割合はわずか八%に過ぎず、現在の中国一国に比べるとはるかに下回っていた。

世界の国々の七割近くは、対中国貿易額が対アメリカ貿易額を上回っている。しかも主要国地域の対中国貿易総額は、その対世界貿易の上位を占めている。たとえば、日本の対世界貿易総額に占める中国との貿易比率は二一%以上であり、対米貿易額は一九%にとどまっている。EUの対中国貿易の対世界貿易総額に占める比率は約一五%と、アメリカ貿易総額の比率に次いで第二位となっている。

また、直接投資の面でも世界との関係は深い。二〇一九年時点で、中国の対外直接投資は一一七一億ドルと、米日に次ぎ世界第三位となっている。対内投資も一四二一億ドルに達し、アメリカに次ぎ世界の第二位の投資大国である。現在、先進国の多国籍企業で、中国における外資系企業の事業拠点は、約一〇〇万社にのぼっている。

いまや中国は、主な世界の市場として、世界の工場として、世界経済・諸外国との貿易・投資・ビジネス関係をより強く結びつけており、切り離し（デカップリング）は容易ではなく、非現実的だと考えられる。もしアメリカがデカップリングを強制的に進めた場合、自国を含め、世界経済に大きな影響を及ぼすだろう。

「クリーンネットワーク計画」に見られるように、米国市場からの中国企業やその製品・サービスの排除は着々と進められている。その意味で、米中デカップリングはすでに始まっているとも言えようが、問題はこれがどこまで広く深くなるかである。

†米中対立の深刻化——国際政治経済秩序のさらなる揺らぎ・複雑化

昨今、中国の台頭、特に5Gをはじめとしたハイテク技術パワーの拡大は著しい。国際政治系構造の主導権をめぐる争いの背後のカギは、技術覇権である。アメリカは、既存の国際政治経済構造・国際秩序における主導権・優位性を維持するために、自国の技術革新、イノベーションを強化すると同時に、ライバルである中国のハイテク技術の台頭を抑え、半導体やレアアースなどの中国依存から脱却し、ハイテク分野のサプライチェーンから中国を排除しようとしている。

二〇二一年一月に発足したバイデン政権は、トランプ政権の対中制裁政策を継承し、しかも同盟国・友好国と連携し、技術制裁の包囲網づくりを行いつつある。

同年二月には、バイデン大統領は供給網の国家戦略をつくるよう命じる大統領令を出し、半導体や電気自動車（EV）用の電池、レアアース（希土類）、医療品を中心に、供給網の強化策づくりに乗り出している。同大統領令を通して、「同盟国との協力が強靭な供給網につながる」と強調。つまり半導体は友好関係にある台湾をはじめ日本や韓国と連携し、レアアースでは有力企業を持つオーストラリアなど、アジア各国・地域と協力しようとしている。三月一二日には、日本、米国、オーストラリア、インドの、初の首脳会談がオンラインで開催された。一六日には日本で日米外相・防衛相のいわゆる「2プラス2」が行われ、ウイグル問題に対する懸念を共有するなどを通して、対中牽制をしようとしている。

三月二二日、EUとカナダが、ウイグルの人権などの政治問題に関して、中国への制裁で足並みを揃え、同日にはアメリカが「ファイブ・アイズ」（米、英、豪、カナダ、ニュージーランド）

の外相による共同声明を出し、中国を念頭に連携し、対中包囲網づくりを目指している。

さらに四月八日、米国上院外交委員会は「戦略的競争法」を発表した。インド太平洋地域の安全保障支援を優先することにより、同地域および世界の同盟国・パートナーに米国のコミットメントを再確認させ、西半球、欧州、アジア、アフリカ、中東、北極、そしてオセアニアへ中国が及ぼすチャレンジに対処しようとしている。このように、同盟国・友好国と連携で国際社会および多国間でのリーダーシップを果たして対中牽制をするアメリカからは、世界での優位性や主導権を確保する意図が透けて見える。

また、バイデン政権は中国を念頭に同盟国日本との連携を強化し、対中牽制を加速させている。同盟国や友好国と手を携えて中国と対峙する構えで、日本をその最大のパートナーとして位置づけている。四月一六日には米日首脳会談に伴い、日米首脳の「新たな時代における日米グローバル・パートナーシップ」との共同声明を発表した。その主な趣旨として、次の点が挙げられる。(31)

まず、日米両国が共有する安全および繁栄のためには、二一世紀にふさわしい新たな形の協力が必要であることを認識し、両首脳は「日米競争力・強靭性(コア)パートナーシップ」を立ち上げた。日米両国のパートナーシップは、持続可能であり、包摂的で、健康で、グリーンな世界経済の復興を日米両国が主導していくことを確実にし、自由や民主主義、人権、法の支配といった普遍的価値を共有する両国が結束して、国際社会からの信頼を高め、中国の挑戦に共同で対応する。

さらに日米両首脳の合意により、二〇三〇年代の実用化を目指す次世代通信規格「6G」の研究開発に、両国で今後計四五億ドル（約四九〇〇億円）を投入する計画を明らかにし、中国を念頭に半導体などのサプライチェーンの構築において協調することで一致した。

具体的には日米両政府は次世代通信をめぐり、6Gの研究開発やその基盤となる5Gの普及に向けて、米国が二五億ドル、日本が二〇億ドルを投じると、共同声明の付属文書に明記している。「安全でオープンなネットワークを推進する」と記し、中国勢を牽制している。[32] こうした背景には、次のことがある。

現状では、中国の華為技術（ファーウェイ）や中興通訊（ZTE）が、基地局シェアで計四割を握り、これら中国勢に欧州のエリクソン、ノキア、韓国のサムスン電子を加えれば、そのシェアは計九割を占める。5G特許では、日本企業トップのNTTドコモが六％ほどを持ち、米クアルコムがファーウェイと同水準の一割超。5Gで躍進した中国を念頭に、日米で連携して巻き返しを図る。

トランプ政権時から制裁対象となっているファーウェイをはじめ、情報を盗み取るリスクが指摘される「中国機器外し」を加速させる見込みだ。また、半導体など重要物資のサプライチェーンの強化でも一致、中国依存からの脱却を目指す。

一方、中国政府は前述のEU対中国制裁に対して即座に反撃した。三月二二日、欧州の一〇議員、外交官、四つの組織および家族に対し、中国入りや中国との取引を禁止するなど、より広範囲かつ厳しい懲罰措置を取った。

中国は、豪州が中国通信機器大手ファーウェイに、次世代通信規格5G市場の参入を禁止したことなど、過去数年の対中政策に不満を募らせてきたが、調査要求を契機に、豪州の工場で検査・検疫に関する違反があったとして食肉の輸入を一部停止し、不当に安い価格で輸入されたとするオーストラリア産大麦の関税を大幅に引き上げた(33)。

さらに二〇二〇年一二月、中国政府は、輸入を禁止するオーストラリア製品のリストにワインを追加し、二一二・一%の輸入税を課して制裁を強化した。オーストラリアの経済産業は、コロナ禍による打撃が大きい。中国の一連の制裁措置は、弱った豪経済に、中国はオーストラリアの市場にとって大きな影響力を持っているという重みを思い知らせる狙いがあると考えられる。今回の日米首脳会談の共同声明(34)を受けて、中国政府は即座に「共同声明は中国内政に乱暴に干渉し、国際関係の基本的な規則に著しく違反している。中国側は強い不満を示し、断固反対する」と強く不満を表明している。

前述のようにアメリカは、同盟国・友好国と連携して対中制裁、包囲網づくりをしてきているのに対し、中国は強く反発して対抗している。こうして米中覇権争いをめぐる米中や、米・同盟国・友好国と中国の摩擦・対立がさらに深刻化しつつある。加速している世界政治経済構造や国際秩序の多極化はますます混迷を極め、新冷戦化しつつあると考えられる。

米中覇権（その背後の技術覇権）の争いの結果が新冷戦をもたらし、世界政治経済に大きな影響を与えている。軍備増加、軍事支出の莫大なコストはもちろん、すでに貿易・経済に対する制裁や反制裁により、米中だけではなく、関係諸国の貿易・経済・雇用に大きなマイナスの影響を及ぼしつつある。

特に昨今、米中貿易摩擦に伴い、中国における日本企業を含めた数多くの外資系企業は、中国大陸からベトナムなどのASEAN諸国や台湾などにその拠点を移していることから、中国ならではの既存のサプライチェーンの寸断や、そのことによる再建のために、多大なコストが発生した。

さらにバイデン政権は、トランプ政権と同じく、先端技術分野における対中排斥やサプライチェーンにおける中国排除を行っている。これが甚大なコストを生むだけでなく、既存の世界的サプライチェーンに寸断をもたらし、半導体供給の逼迫も増幅させている。

要するに、米中技術覇権や世界主導権をめぐる争いは、世界経済の成長や雇用の拡大、地球規模の気候変動などの問題へのマイナスの影響を生じかねないであろう。新冷戦の結果が、地域安定や世界的平和を脅かすと考えられる。

†中国がアメリカを恐れない理由

そもそも、中国政府はなぜ世界第一位の経済・軍事大国であるアメリカに強く対抗しなければならないのか。そして対抗を恐れないのか。筆者は、次のいくつかのポイントで考えている。

まず第一に、中国の民族復興のための戦略目標によるものであること。つまり中国は、二〇三五年までに世界の中レベル先進国グループに入り、さらに二〇四九年、建国一〇〇周年までに世界のトップレベルの先進国になるという、この目標の下、中国共産党政権は統治基盤を固め、維持し続けるだろう。この戦略目標達成のために中国は、アメリカによる抑制に猛烈に反発・対抗しようとしている。そして戦略目標に向けて、国家パワー拡大につながる先端技術の導入・獲得や、自主開発に積極的に取り組み、アメリカの対中技術制裁・封鎖に対抗しなければないのである。

第二に、世界第二位の経済大国として、国力がますます拡大していること。前述のように、中国のGDP規模は一九八〇年時点での世界の三%から、二〇二〇年には世界シェアの一七%強にも達し、アメリカGDPの四分の三の規模にまで迫っている。イギリスなどの研究機関の近年の予測によると、早くも二〇二八年にアメリカのGDP規模を抜き、世界の第一位となる見込みである。そして世界の工業生産シェアは、三割近くまで占め、イギリスやアメリカのような、世界へゲモニーを握った時点（一九世紀後半、二〇世紀初期）の工業生産能力に匹敵するようになっているだろう。世界の消費財、生産・資本財の生産量および消費量は世界の五〇％を超えて、世界第一位の工場・市場として注目を浴びるであろう。

第三に、中国ならではの強みを持っていること。現在もますます拡大傾向にある一四億人の世界市場は、世界の莫大な商品・資本の受け皿として、諸外国とくに多国籍企業の頼るところとなっている。中国政府は、この大市場の強み・魅力を盾に、世界的な商品・資本を吸収し、アメリカに対抗しつつある。

多国籍企業・国際資本の最大の目的は、中国のような労働熟練度の高い低端技術・生産工程だけではなく、ローエンド・ミドルエンド技術生産加工・新技術・市場などでの最適分業・調達先としての、国際分業の展開である。

また開放しつつある中国金融市場も、国際資本にとってポテンシャルの大きい投資先である。中国は、欧米などの大手多国籍製造企業、国際金融資本との関係を維持し、大きな市場を盾に、アメリカをはじめとする米欧議会・政府の対中国制裁・ハイテク技術の封鎖・排除に対抗し、乗り越えようとしている。たとえば、トランプ政権時代の米中貿易摩擦や、対中技術制裁の最中である二〇一九年一月九日、李克強中国首相は、米電気自動車（ＥＶ）メーカー、テスラのイーロン・マスク最高経営責任者（CEO）と北京で面会し、同社が上海工場の建設を始めたことに関連し、李氏は「中米関係を安定的に発展させるための推進役となってほしい」と期待を示した。

さらに二〇二一年四月一三日、米大手多国籍企業二〇社以上の経営者や、米中ビジネス評議会メンバーとオンラインで会談し、中国の対外開放方針を説明するとともに、一四億人を抱える巨大市場の潜在能力の高さをアピールした。(35)

先進諸国など多国籍企業の対中国直接投資のストック額は、二〇二〇年末の時点で三兆一八〇〇億ドルで、新興国第一位の対内直接投資大国となっている。また、中国国家外貨管理局の王春英副局長よると、二〇二〇年の外国の対中国直接投資のフォロー額は世界第一位で、前年比三七％大幅増の二一三〇億ドルに達している。(36) 米中摩擦の深刻化に加え、世界的にクロスボーダー投資が低迷している中で、過去最高を記録した。

ここから、多国籍企業や国際資本は、米中摩擦や異なる体制・価値観との摩擦・対立よりも、資本最大化の本質、つまり利潤を求めていることを、改めてうかがい知ることができる。そのため、最も有利な投資先である中国への投資を拡大したことは確実である。今後もこうした多国籍企業・国際資本の動向は変わらない。それゆえに、これからの新冷戦時代に、米国が対中技術制裁を強化しても、中国は簡単に敗れないと考えられる。というのも、米欧などの多国籍企業・国際資本との利益の絆・関係に、今後はより支えられるからである。

米中、そして日本のゆくえ

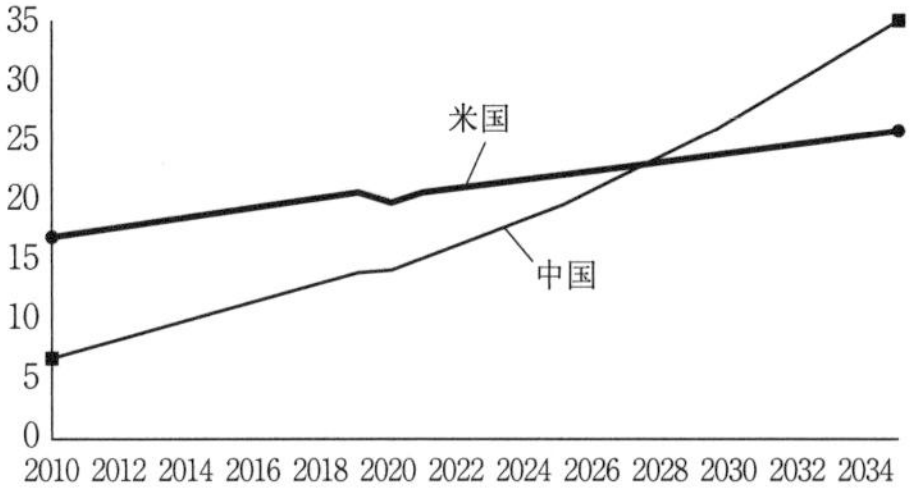

図終-2　米中経済逆転
出所：BBC “Chinese economy to overtake US ‘by 2028’ due to Covid” 26 December 2020.（https://www.bbc.com/news/world-asia-china-55454146）

他方、世界政治経済秩序の再編、つまりこれまでのアメリカの覇権国としての地位を中国が取って代われるかは、内外で注目を集めているポイントである。これまで国際機関による数多くの予測では、中国のGDP総額は二〇三五年前後にはアメリカを超えて世界第一位となる。二〇二〇年一二月二六日に、イギリスの研究機関（CEBR）は、世界がパンデミックの中、中国はいち早く経済が回復し成長していることから、早くも二〇二八年にはアメリカを抜き、世界第一位の経済大国になる見通しを示した（図終-2）。同研究機関は、新型コロナウイルスによる感染症への中国の「巧みな」管理能力が、今後数年間で、アメリカや欧州と比較して、相対的な成長を後押しするだろうとした(37)。

ちなみに、二〇二〇年末の時点で、中国の名目GDPは米GDPの七割を超えた。中国国家統計局が二一年四月二八日に発表したドル建てのGDPは、前年比三・〇%増の一四兆七三〇〇億ドルとなり、主要国で唯一のプラス成長となった。

その背景は、中国は二〇二〇年四月以降、コロナ禍から生産の回復を急ぎ、不動産開発やインフラ整備などの固定資産投資を牽引したことで、経済が持ち直したことにある。(38) 一方、米国はコロナ禍が経済の足を引っ張り、米国の名目GDPは二〇兆九三四九億ドルと、前年比二・三%の減少となった。

この結果、中国の米に対するGDP比率は七〇・四%に達している。こうして中国は、二〇一〇年に九%だった世界のGDPに占めるシェアも、一七%を超えている。新型コロナ対応の明暗が今後の米中GDPの接近を速め、二〇二八年に逆転する見通しだというわけだ。ただし、前述したが、中国のハイテク分野技術の弱みやソフトパワーの制限で、総合的実力の視点では、第一位にふさわしい大国にはなれないと考えられる。

変容している国際政治経済構造における主導権は、依然として、アメリカが握り続けるであろう。世界政治経済構造・秩序の再編、いわゆるヘゲモニー・主導権地位の交代は、長期化していく。二〇五〇年までは、その地位交代はおそらく不可能だと考えられる。

とはいえ、中国の台頭、経済パワーのさらなる拡大に伴い、米中の覇権争い・対立がさらに激化、増幅していくのは間違いない。それにより、国際政治経済構造・秩序や、国際政治経済関係が一層揺らぎ、不安定となり、新冷戦へと突入していく。

こうした中、関係諸国とくに同盟国である米国と最大経済パートナーである中国という両大国に挟まれる日本は、難しい立場に立たされている。今後日本の長期的国家戦略が問われるだろう。とりわけ米中両大国が世界政治経済の主導権をめぐる摩擦・対立が深刻・長期化し、世界政治経済構造が激変・新冷戦化していく中で、日本は、日本ならではの文化・ソフトパワーや、技術優位性の活用を軸に、一億二六〇〇万の国民利益にかなう、多様性・柔軟性を有する、対米・対中を含む長期的な対外政治経済戦略が求められる。

(1) 以下、ジェトロ「WTO改革の意見書を提出、上級委員選定など提案」(『ビジネス短信』二〇一九年五月二二日)を参照。
(2)『環球網』(中国北京)二〇一九年五月一四日
(3) 自国の国家利益につながる、国家の対外イメージ・好感度をアップするための広報文化外交や広報外交、対市民外交である。
(4)『日本経済新聞』「米、ファーウェイ禁輸強化 半導体の調達を完全遮断」二〇二〇年八月一七日。
(5) 森悠介、ベアナデット・マイヤー「英国がファーウェイ排除、スウェーデンも追随」JETRO『地域分析レポート』。
(6) 同上。

（7）同上。
（8）ジェトロ「米商務省、中国のスパコン関連七機関を輸出管理対象に追加」『ビジネス短信』二〇二一年四月九日。
（9）「米、中国企業五九社へ投資禁止　監視技術〝安保の脅威〟　大統領令を刷新」時事通信社、二〇二一年六月四日。
（10）近年中国の対米直接投資について、M&A型の投資は九割以上を占めている。
（11）経済産業省『通商白書』二〇一九年、三九頁。
（12）矢吹明大「中国企業によるM&A・買収事例二〇選——EUは中国企業のM&Aに規制強化」『M&A総合研究所』二〇二一年三月八日。
（13）Chiara Albanese and John Follain, "Italy Blocked Chinese Semiconductor Bid, Draghi Says", *Bloomberg* April 9, 2021.
（14）JETRO『世界貿易投資報告二〇二〇年版』二〇二〇年、八五頁。
（15）『東京新聞』二〇二〇年一二月三〇日。
（16）JETRO「特集：米中摩擦でグローバルサプライチェーンはどうなる?-」二〇二〇年四月一四日。
（17）「サムスンビナ、PCモニター生産を中国からベトナムに一部移管へ」VIET JO、二〇二〇年六月二三日。
（18）https://s.japanese.joins.com/JArticle/254132?sectcode=320&servcode=300
（19）経営界では「韓国政府も海外に出て行った韓国企業の工場をUターンさせるために積極的に取り組まなければならない」という意見が出ている。新産業をめぐり米国と中国が行っている覇権争いを目撃した韓国の主要企業も技術流出が懸念される先端生産設備と研究開発投資は韓国国内でしようとする傾向だ。中国に大規模半導体工場を設立したサムスン電子とSKハイニックスは最近に入り、先端半導体ラインを韓国国内に作っている。

(20) https://world.kbs.co.kr/service/news_view.htm?lang=j&Seq_Code=76510

(21) JETRO「中国企業の投資が急増、ベトナム国内では警戒の声も」『地域・分析レポート』二〇二〇年一月一〇日。

(22)『財形雑誌』(中国北京)「製造業外遷博弈：超40%在華米国企業考慮外遷供給連」二〇一九年一二月二三日。

(23)「米ブルックスが越生産を拡大　関税を懸念、中国を大幅に縮小」『NNA ASIA』二〇一九年五月九日。

(24)「クドロー氏、中国からサプライチェーン国内回帰で企業を支援」『EPOCH TIMES』二〇二〇年五月二七日。

(25) 日本からはNTTの技術が一部採用された(『日本経済新聞』二〇二〇年一〇月二〇日。

(26) 中国国務院『国家標準化体系建設発展規画(二〇一六-二〇二〇年)』(http://www.gov.cn/gongbao/content/2016/content_5033856.htm)

(27) 以下、Valentina Pop, Sha Hua and Daniel Michaels "World technology standard aimed at by China, from light bulbs to 5G—Focus on setting standards that are favorable to the Western countries in order to win and secure profits" *The Wall Street Journal* February 8, 2021. を参照。

(28) 大公網「専門家倡在〝一帯一路〟使用　央行数字貨幣可另建賽道突破SWIFT制約」二〇二〇年九月一五日(http://www.takungpao.com/finance/236131/2020/0915/497960.html)。

(29)「人民幣国际化在俄再獲新進展」『経済参考報』(北京)二〇二〇年一一月一九日。

（30）当時の中国も含む。
（31）外務省『日米首脳共同声明』二〇二一年四月一六日。（https://www.mofa.go.jp/mofaj/na/na1/us/page1_000948.html）
（32）『日本経済新聞』二〇二一年四月一七日。
（33）「豪、中国との対立激化　日本やインドと連携」『JIJI COM』時事通信社二〇二〇年六月一四日。
（34）共同声明では「台湾海峡の平和と安定の重要性を強調するとともに、両岸問題の平和的解決を促す」と明記し、およそ半世紀ぶりに台湾に言及するとともに、香港や新疆ウイグル自治区の人権状況に対し、深刻な懸念を共有するなど中国を強く牽制する内容を明記している。
（35）『NNA ASIA 経済ニュース』（共同通信社グループ）二〇二一年四月一五日。
（36）『経済日報』二〇二一年二月一九日。
（37）BBC "Chinese economy to overtake US 'by 2028' due to Covid" 26 December 2020.（https://www.bbc.com/news/world-asia-china-55454146）
（38）二〇二一年四月一六日中国統計局の公表によると、二〇二一年一〜三月期の実質ＧＤＰ成長率は、前年同期比一八・三％と大幅に増加している。

あとがき

本書の執筆のきっかけは、二〇〇八年九月にアメリカに端を発したリーマンショックである。筆者は、同年一〇月、「国際金融危機の深層的原因——アメリカモノづくり産業のイノベーションの停滞及び金融資本主義への追求」と題する小文をある大手専門紙の編集者宛に投稿した。

当時筆者は、この国際金融危機を招いた主因は、アメリカが金融資本主義のもとに非実体経済の利潤追求にこだわりすぎたあまり、モノづくり産業・イノベーションを怠ったことにあると考えたのである。

ところが、編集担当者からは、「あなたの観点には、同意しかねます。というのも、これまでこのような観点からの見解をのせたことがほとんどなかったからです」との断りの連絡が届いたのみであった。

その後、アメリカでは、タイラー・コーエン著『大停滞』（二〇一一年）がベストセラーとな

り、日本でも好評を博した。イノベーションの欠如がアメリカの衰退と金融危機を招くという
その主旨は、金融資本主義のもと、モノづくり産業・実体経済よりも非実体経済・擬制資本利益へのこだわりがサブプライムローンなどをめぐる金融危機を引き起こし、経済停滞・経済パワーの衰退をもたらすという筆者の見方を図らずも裏づけている。

リーマンショック以降、筆者は、アメリカのモノづくりのイノベーションの欠如と金融資本主義への集中の関係・相互作用の研究を踏まえて、代表的なイノベーションである産業革命と国際政治経済構造との関わりに焦点を当て、イノベーションや産業革命による主要国経済パワーの消長、ヘゲモニー国の地位の交代や国際政治経済構造の変容への影響・作用を研究し始めていた。

ちょうど二〇一二年以来担当してきた、大学院の国際経済特講のゼミおよび学部生の国際政治経済学科目の講義では、イノベーションと国際政治経済との関係を主なテーマにし、国際政治経済が構造的に変容した裏の本質に関する主要国のパワーおよびそのパワー消長の原因であるイノベーション・各次産業革命、そして米中摩擦・覇権争いと技術・イノベーションパワーとの関係を取り上げた。学生や院生たちが意外なほど大きな関心を持ったことは興味深かった。こうして重ねてきた講義や学生・院生の質問や討議を踏まえ、第一次から第四次の産業革命・イノベーションの視点から見た国際政治経済構造・国際政治経済秩序の変遷やヘゲモニー国の

盛衰、および米中の覇権争い・国際政治経済秩序のゆくえを主旨とする調査・研究を進めてきた。

具体的には、産業革命・イノベーションと主要国経済パワーとの関わり・国際政治経済秩序への影響という視点からの以下のような研究である。一八世紀後半〜一九世紀後半の第一次産業革命とイギリスのヘゲモニーとの関係、イノベーション・産業革命により、作り上げたイギリスの世界支配のパワー・ヘゲモニーの盛衰・特徴、一九世紀半ば〜二〇世紀初頭における第二次産業革命により、形成されたアメリカのパワー・ヘゲモニー過程・特質、そして一九七〇年代〜二〇一〇年代における主要国のパワー消長と第三次産業革命との関わり、アメリカの国力の衰退や国際政治経済秩序の変遷の原因、さらに二〇一〇年代初期〜二〇二〇年の第四次産業革命・イノベーションによる主要国への影響・米中の覇権争いの激化や、国際政治経済構造のゆくえを研究してきた。

二〇一九年七月にこれらの調査・研究をまとめた著作の執筆に着手した。その構成案を知人であるちくま新書編集長・松田健氏に知らせたところ、出版を快諾してくださった。その後、コロナ流行が拡大してきた影響で、調査と執筆作業が予定通り進まず、原稿の完成が大幅に遅れながらも、松田氏は忍耐強く待ってくださった。ここにあらためて、彼の立派な仕事と激励に感謝の意を表したい。

最後に、拙著が、昨今の国際政治経済情勢の目まぐるしい変化や国際政治経済秩序の変遷の本質、大国のヘゲモニー争いの今後の方向性を、よりよく認識・把握するための一助となれば幸いである。

二〇二一年九月二日

ちくま新書
1609

産業革命史《さんぎょうかくめいし》
——イノベーションに見《み》る国際秩序《こくさいちつじょ》の変遷《へんせん》

二〇二一年一〇月一〇日　第一刷発行

著　者　郭四志（かく・しし）

発行者　喜入冬子

発行所　株式会社　筑摩書房
東京都台東区蔵前二―五―三　郵便番号一一一―八七五五
電話番号〇三―五六八七―二六〇一（代表）

装幀者　間村俊一

印刷・製本　株式会社　精興社

ISBN978-4-480-07434-8 C0233

ちくま新書

1260 金融史がわかれば世界がわかる【新版】——「金融力」とは何か　倉都康行
金融取引の相関を網羅的かつ歴史的にとらえ、資本主義がどのように発展してきたかを観察。旧版を大幅に改訂し、実務的な視点から今後の国際金融を展望する。

1274 日本人と資本主義の精神　田中修
日本経済の中心で働き続けてきた著者が、日本人の精神から、日本型資本主義の誕生、歩み、衰退の流れを様々な資料から丹念に解き明かす。再構築には何が必要か？

1413 日本経営哲学史——特殊性と普遍性の統合　林廣茂
中世から近代まで日本経営哲学の展開をたどり、渋澤栄一、松下幸之助、本田宗一郎ら20世紀の代表的経営者の思想を探究。日本再生への方策を考察する経営哲学全史。

1431 習近平の中国経済——富強と効率と公正のトリレンマ　石原享一
対米貿易戦争と成長鈍化で中国経済は重大な転機を迎えている。なぜ改革は行き詰まっているのか。中国は凋落していくのか。中国経済の矛盾を見つめ今後を展望する。

1492 日本経済学新論——渋沢栄一から下村治まで　中野剛志
日本の近代資本主義を確立した渋沢栄一の精神は、いかに高橋是清、岸信介、下村治ら実務家たちに受け継がれたか。気鋭の評論家が国民経済思想の系譜を解明する。

1504 アフリカ経済の真実——資源開発と紛争の論理　吉田敦
豊富な資源があっても、大規模開発があっても、人々は貧しいまま。それはなぜなのか？　日本では知られていないアフリカ諸国の現状を解説し、背景を分析する。

1538 貿易の世界史——大航海時代から「一帯一路」まで　福田邦夫
国であれ企業であれ、貿易の主導権を握ったものが世界を動かしてきた。貿易の始まった大航海時代までさかのぼり、グローバル経済における覇権争いの歴史を描く。